Diogenes Taschenbuch 22528

de
te
be

Guy Cullingford

Frauen gemeinsam sind stark

Roman

Aus dem Englischen von
Nikolaus Stingl

Diogenes

Titel der Originalausgabe:
›Third Party Risk‹

Umschlagzeichnung von
Tomi Ungerer

Deutsche Erstausgabe

100/92/36/1
ISBN 3 257 22528 8

1

Mrs. Squirl hatte noch nie in ihrem Leben eine Rede gehalten. Als Frau eines untergeordneten Staatsbediensteten hatte sie sich allerdings schon sehr viele angehört. Sie hatte sich Reden von Stadträten beider politischer Lager, von Bürgermeistern auf Besuch, von Berufspolitikern und solchen, die sich zu Politikern berufen fühlten, angehört. Zusätzlich zu diesem speziellen Intensivkurs war sie wie Millionen andere mit Radio- und Fernsehreden aller möglichen Leute, von prominenten Schauspielerinnen bis zu Molkereibetreibern, von Diplomaten bis zu Müllmännern, bombardiert worden. Hätte es ein Diplom fürs Redenhören gegeben, Mrs. Squirl hätte gute Aussichten gehabt, es zu erwerben. Als ihr aufging, daß sie selbst eine Rede würde halten müssen, durchlief sie drei Phasen: erstens heftige Verwunderung, zweitens geschmeichelte Vorfreude und schließlich, als der Zeitpunkt näherrückte, schieres Entsetzen. War Dorothy Squirl von ihrem bevorstehenden Debüt beunruhigt, so war das nichts im Vergleich zu den Auswirkungen, die es auf ihren Mann Dudley hatte. Als Stellvertreter des Stadtkämmerers mit der Aussicht, dieses erhabene Amt, falls er lange genug lebte, eines Tages selbst zu bekleiden, war er sich jederzeit zutiefst bewußt, wie wichtig es war, nur ja nirgendwo anzuecken. Am kommunalen Leben teilzunehmen war eine Notwendigkeit – tatsächlich hatte er seine Frau überhaupt erst veranlaßt, der Ladies Luncheon League beizutreten –, aber es hatte unaufdringlich zu geschehen. So ermutigte er seine Frau zwar, städtische Veranstaltungen zu besuchen, ermahnte sie jedoch stets, sich nicht in den Vordergrund zu spielen und sich hübsch, aber dezent in marineblauen oder beigefarbenen Tönen zu kleiden. Als er hörte, daß man sie zur Vorsitzenden gewählt hatte, mischten sich daher leise Befürchtungen in seine Freude, und als er erfuhr, daß es zu ihren Aufgaben gehörte, die Eröffnungsrede des Fallowfield-Festes zu halten, verlor er fast den Verstand vor lauter Sorge.

»Aber das ist was für die großen Tiere«, erklärte er ihr, »für Leute wie Mrs. Rollo und Lady Cynthia. Die können das, die sind daran gewöhnt.«

Als er das sagte, befand sich Mrs. Squirl gerade in Phase zwei.

»Das ist mir egal, Dudley«, sagte sie reichlich kühn, denn sie hatte ihm noch nie widersprochen. »Es ist nun mal Aufgabe der Vorsitzenden, und man hat mich gebeten, es zu übernehmen. Letztes Jahr hat es Mrs. Dutt gemacht, und die ist ein Niemand.«

»Das mag ja sein«, sagte Dudley, »aber ihr Mann ist im Einzelhandel. Er hat keine Position zu behaupten. Es spielt keine Rolle, ob sie sich blamiert.«

Mrs. Squirl lief ziemlich rot an und meinte: »Das weiß man erst, wenn man's ausprobiert hat. Vielleicht halte ich ja eine ganz gute Rede. Und wenn nicht – so gut wie manche andere, die ich gehört habe, wird sie allemal.«

»Du kannst ja nicht einmal die Ratsherren auseinanderhalten«, meinte Dudley bissig, »und wie willst du dir eigentlich merken, was du als nächstes sagen mußt, wenn du vor allen Leuten da oben stehst? Wenn du so versessen darauf bist, gibt es nur eins. Ich muß dir die Rede schreiben, und du mußt sie ablesen.«

»Mrs. Dutt hat ihre letztes Jahr abgelesen, und kein Mensch hat ein Wort verstanden.«

»Dann mußt du eben laut reden. Am besten liest du sie mir immer wieder vor, bis du den Bogen raushast. Ja, genauso machen wir's. Ich werde gleich mal was zu Papier bringen.«

Bei diesen Worten hellte sich seine Miene auf, und er begann sich besser zu fühlen. Vielleicht würde es ja doch nicht zu der Katastrophe kommen, die er befürchtet hatte. Wenn die Leute ihm zur Rede seiner Frau gratulierten, konnte er ein amüsiertes Gesicht aufsetzen und lässig sagen. »Na, und ob sie gut ist, alter Junge. Ich habe sie ihr schließlich geschrieben.«

»Mr. Gunter sagt, sie soll ungefähr zehn Minuten dauern. Ich habe mir gedacht, wenn ich mich verhasple, sage ich einfach: ›Ich erkläre das Fest für eröffnet.‹«

»Genau das macht mir Sorgen. Du hast anscheinend nicht die leiseste Vorstellung, wie wichtig der Anlaß ist. Was hat Gunter noch gesagt?«

»Ich soll ein paar Worte über die Ziele der Veranstaltung und etwas Nettes über die Organisatoren sagen. Außerdem soll ich die Standinhaber erwähnen, sie zu ihrer hervorragenden Arbeit beglückwünschen und ein paar leichte Scherze über die zum Verkauf stehenden Sachen einstreuen. Dann kann ich noch die Schaubuden erwähnen und behaupten, daß ich mir wahrsagen lasse und das Schwein zu gewinnen versuche. Und ich muß um Spenden bitten. Er sagt, es kommt hauptsächlich darauf an, daß ich etwas Besonderes anhabe, einen netten Eindruck mache und so lange rede, bis er mir zublinzelt. Dann soll ich aufhören und sagen, daß das Fest eröffnet ist.«

Mr. Gunter war Hauptorganisator des Fallowfield-Festes, eines Gemeinschaftsunternehmens der verschiedenen Organisationen von Wytt's End zur Tilgung einer gemeinsamen Verbindlichkeit, die man durch den Bau einer sehr großen Halle zur abwechselnden Benutzung eingegangen war. Zunächst hatte man geglaubt, die Kosten ihrer Errichtung in einer einzigen Kraftanstrengung decken zu können, aber leider waren die Löhne gestiegen und mit ihnen der Kostenvoranschlag der Baufirma. Außerdem hatte man irgendwie übersehen, daß die fertige Halle laufende Kosten verursachte und mehr an Gebühren, Strom und Heizung verschlang, als ihre Vermietung jemals einbrachte. Und so mußte das Fest zur jährlich wiederkehrenden Veranstaltung und das Organisationskomitee zur Dauereinrichtung werden. Mr. Gunter bedauerte, daß sich überhaupt eine Verknüpfung mit der Ladies Luncheon League ergeben hatte, aber das lag daran, daß Mrs. Rollo das erste Fest eröffnet hatte, als sie Vorsitzende war. Im Jahr darauf hatte Lady Kestrel nachgezogen, und zu diesem Zeitpunkt war die Verbindung unauflöslich. Da der Status der Vorsitzenden ständig abnahm, war Mr. Gunter der Ansicht, daß ihm mit Sabrina oder Nancy Spain besser gedient wäre, aber die Damen leisteten den Hauptteil der Arbeit, und er wollte sie nicht vor den Kopf stoßen.

»Der alte Gunter wußte wahrscheinlich, daß er sich

darauf verlassen kann, daß ich dir beistehe«, sagte Dudley. »Trotzdem finde ich es ganz schön riskant. Die Frau des Chefs ist zum Glück bettlägerig. Es ginge auf gar keinen Fall, daß du etwas übernimmst, was als Versuch gewertet werden könnte, ihr den Rang abzulaufen.«

Dudley hielt sein Wort. Als Resultat ausgedehnten, tiefen Sinnierens im Eßzimmer, nachdem der Abendbrottisch abgeräumt war, kam er mit einem Stapel in winziger Schrift beschriebener, ausgiebig korrigierter, linierter Blätter wieder, die er am nächsten Tag ins Büro mitnahm und von dem Mädchen, das für ihn arbeitete, tippen ließ. Schließlich präsentierte er seiner Frau mit bescheiden-triumphierender Geste das Endprodukt, zehn zweispaltig getippte, paginierte Seiten, die mit einer Büroklammer zusammengeheftet waren.

»Ich denke, du wirst feststellen, daß das Problem damit gelöst ist, meine Liebe«, meinte er. »Geh es rasch durch und sag mir deine Meinung. Ich kann alles ändern, was du geändert haben willst, obwohl ich bezweifle, daß es sich noch verbessern läßt. Ich wüßte nicht, wie sich jemand davon auf die Zehen getreten fühlen könnte.«

Seine Frau versuchte es zu lesen, während er über sie gebeugt daneben stand, aber sie war sich seiner gespannten Aufmerksamkeit derart bewußt, daß sie aus der Rede einfach nicht schlau werden konnte. Während ihr Blick verständnislos von Wort zu Wort huschte, wartete er begierig auf Lob und war bereit, bis zum letzten Blutstropfen für die Beibehaltung jeder Silbe seines Werkes zu kämpfen.

Am Schluß sagte sie lediglich: »Wirklich sehr hübsch, Liebling.«

»Mehr hast du nicht zu sagen, nachdem ich mir für dich die Seele aus dem Leib geschuftet habe?« fragte er bitter.

»Was soll ich denn sagen, Dudley?«

»Man erwartet schließlich ein bißchen Anerkennung für seine Mühe.«

»Offenbar hast du alles berücksichtigt.«

»Ja, ich schmeichle mir, daß ich auf sämtliche Punkte eingegangen bin.«

Das war er tatsächlich. Das Dumme war nur, daß sie das Manuskript, als sie endlich dazu kam, es allein zu lesen, so fürchterlich enttäuschend fand. Es hatte ungefähr soviel Charme wie ein Steuerbeleg. Sie zeigte es heimlich ihrem Sohn, der in diesem Jahr das Abitur machte.

»Wenn du mich fragst«, sagte Owen, »es ist Dudley-doof.«

»Es ist sehr ungezogen von dir, dich über deinen Vater lustig zu machen«, sagte sie streng. Aber sie mußte sich eingestehen, daß Owen den Finger auf den wunden Punkt gelegt hatte. Die Rede las sich wie Dudley. Sie paßte einfach nicht zu ihr, wie manche Hüte, die sie von Zeit zu Zeit aufprobierte. Und wenn sie schon nicht zu ihr paßte, durfte sie ruhig etwas ausgefallener sein – etwas, wonach die Leute sagten: »Also das hätte ich der kleinen Mrs. Squirl nie zugetraut!« Wie viele andere schüchterne, unterdrückte Frauen war sie eine große Wunschträumerin.

Im Bad, dem einzigen Ort, wo sie ihrer Phantasie insgeheim freien Lauf lassen konnte, sprach sie sich einige ihr geläufige Formulierungen vor, die sie gern verwendet hätte, und verlieh ihnen dabei genau den gewinnenden Tonfall, den Mr. Gunter ihrer Vorstellung nach erwartete.

»An diesem bedeutenden Tag...«, begann sie, mit seligem Lächeln zur Decke aufschauend. »An diesem bedeutenden Tag... mein Gott, wie fleckig die Decke vom Dampf wird.« Sie arrangierte ihr Lächeln neu und fuhr fort:

»...möchte ich mit einem Gefühl großer persönlicher Freude und...«, hier senkte sie den Blick bescheiden auf die Seife, »im Bewußtsein der Unzulänglichkeit meiner Worte all denen meine Anerkennung aussprechen, die zu diesem gewaltigen Unternehmen beigetragen haben. Wie Sie sicher alle wissen, geht es darum, in großem Umfang Mittel aufzubringen für... für...«, und sie beendete den Satz mit einem an ihre große Zehe gerichteten Ausbruch von Freimütigkeit, »für eine blöde Halle, die kein Mensch braucht, jetzt wo sie fertig ist.« Mit einer weiteren Grimasse fügte sie hinzu: »Bitte leisten auch Sie Ihren Beitrag. Schicken Sie einen Scheck an Lady Dorothy Squirl, Im Bad, Hill Crest Avenue 18. Mein Gott, das schaffe ich nie. Ich werde mich wohl doch an Dudley halten müssen.«

»Hätte ich mich doch bloß nicht zur Vorsitzenden dieses elenden Vereins wählen lassen«, beklagte sie sich bei ihrer Türnachbarin und Freundin Ivy Duke, die vorbeigekommen war, um das Kleid zu begutachten, das Dorothy sich für den großen Anlaß gekauft hatte.

»Aber wieso denn, Schatz?«

Unterhaltungen zwischen Dorothy Squirl und ihrer Freundin hörten sich immer an wie Dialoge der Komikerinnen Gert und Daisy auf geringfügig höherem sozialen und geistigen Niveau. Sie sprachen beide mit Nord-Londoner Akzent, dessen Scheußlichkeit nur von dem West-Londons oder vielleicht Süd-Londons übertroffen wird.

»Na, dann bräuchte ich jetzt nicht diese blöde Rede zu halten.«

»Aber das ist eine Ehre, Liebes«, sagte Ivy, die den Stoff des Kleides betastete. »Du solltest stolz darauf sein. Sag, findest du wirklich, daß so etwas Wickelkleidartiges dein Stil ist? Ich hätte gedacht, du fühlst dich in etwas Schlichterem vielleicht wohler.«

»Nun red es mir bloß nicht aus. Ich habe die ganze Oxford Street nach etwas Passendem abgeklappert. Die Farbe ist doch hübsch, oder?«

»Ein bißchen heller, als man's von dir gewohnt ist. Hat Dudley es schon gesehen?«

»Nein. Nein. Warum auch?«

»Och, nur so. Du mußt tun, was du für richtig hältst. Laß dir von Dudley nicht dreinreden. Das ist bloß ein alter Miesepeter.«

»Ich traue mich nicht mal, ihm die Rechnung zu zeigen.«

»Dann hast du wohl sehr viel dafür bezahlt?«

»Mehr, als ich normalerweise für Kleider ausgebe«, antwortete Mrs. Squirl vorsichtig. »Mr. Gunter hat gesagt, ich soll mir etwas Besonderes besorgen. Das gäbe Selbstvertrauen.«

»Das stimmt. Und du kannst immer am Haushaltsgeld sparen, bis es bezahlt ist. Nur mit dieser Stoffbahn da weiß ich nicht recht. Angenommen, es windet an dem Tag?«

»Ich konnte mir schlecht ein Kleid für jedes Wetter kaufen. Außerdem haben wir Juni.«

»Ich habe im Juni schon Schneestürme erlebt. Und vergiß nicht, daß du auf dem Podium höher stehst als wir anderen. Du mußt an deine Knie denken, wenn du dich hinsetzt.«

»Ich werde an nichts anderes denken können als an die Rede.«

»Bekommst du ein Mikrophon?«

»Ich weiß nicht. Spielt das eine Rolle?«

»Vergewissere dich, ob es die richtige Höhe hat. Du mußt nämlich genau hineinsprechen. Das Dumme ist, daß die Dinger nie richtig funktionieren.«

»Du bist mir ja nicht gerade ein großer Trost, muß ich sagen. Du machst mich nur noch nervöser mit deinem Gerede.«

»Wenn du wirklich nervös bist, dagegen weiß ich was.«

»Falls du einen doppelten Whisky vorm Aus-dem-Haus-Gehen vorschlagen wolltest, kannst du das gern für dich behalten.«

»Wer redet denn von Alkohol«, sagte Ivy tugendhaft. »Nein, ich spreche von phantastischen Tabletten, die mein Arzt mir verschrieben hat. Sie haben überhaupt keine Nebenwirkungen, aber du kriegst so was von Selbstbewußtsein davon, daß dir vor gar nichts mehr bange ist. Ich habe vor meinem Auftritt in *The Maid of the Mountains* zwei genommen. Und du weißt ja, was der Kritiker dazu gesagt hat: ›Ivy Duke traf die Obertöne wie eine Berufssängerin.‹ Ha, ich hätte ohne mit der Wimper zu zucken in der Albert Hall singen können. Es sind so winzig kleine Dinger ... herzförmig.«

»Vielleicht wirken sie bei mir anders als bei dir.«

»Ich bringe das Röhrchen mal mit, dann kannst du sie ausprobieren.«

»Also gut. Meinetwegen. Aber ich verspreche nicht, daß ich an dem Tag welche nehme. Du kennst ja Dudley. Ich kann es nicht riskieren, die Sache zu vermasseln. Er war von vornherein strikt dagegen.«

»Er ist bloß neidisch. Er kann es nicht ertragen, daß ausnahmsweise mal du im Rampenlicht stehst. Da fühlt er sich zurückgesetzt.«

»Meinst du wirklich?«

»Aber sicher. Wir leben in einer Männerwelt. Sie versuchen ständig, uns zu unterdrücken. Aber das klappt nicht mehr. Verlaß dich drauf, die Zeit der Frauen kommt schon noch. Die können uns nicht ewig an die Spüle fesseln.«

»Dudley macht sich wahnsinnige Sorgen. Er traut mir geistig überhaupt nichts zu.«

»Du gibst ihm zu oft recht. Du solltest dich öfter auf die Hinterbeine stellen. Soviel Köpfchen wie er hast du allemal.«

»Manchmal denke ich, ich habe sogar mehr. Das heißt natürlich nicht«, fügte sie hastig hinzu, »daß ich ihn nicht mag.«

»Wir können sie mögen«, sagte Ivy, »und uns trotzdem klarmachen, woran wir mit ihnen sind. Ich bin gescheiter als mein James, und du bist gescheiter als dein Dudley. Und damit wären wir schon zwei, die Tür an Tür wohnen. Auf welche Zahl kommst du wohl, wenn du das Straße für Straße zusammenrechnest?«

»So hab ich das nie gesehen.«

»Ich schon. Meinst du etwa, wir wären in den Schlamassel geraten, in dem wir heute stecken, wenn die Frauen etwas zu sagen hätten?«

»Ich dachte, sie hätten etwas zu sagen.«

»Ach was! Höchstens pro forma. Und das auch nur, damit sie nicht aufmucken.«

»Glaubst du, Frauen könnten den Lauf der Geschichte ändern, wenn sie sich wirklich zusammentäten?«

»Falls du damit meinst, ob sie mit Kriegen Schluß machen und die Verkehrsprobleme lösen könnten – ja.«

»Warum tun sie's dann nicht?«

»Weil man sie in ihren schnuckeligen Wohnungen einsperrt und mit Katzenfüttern und Wäschewaschen beschäftigt.«

»Daß Frauen anders sind, war mir schon immer klar«, sagte Dorothy Squirl, »aber für vernünftiger habe ich sie nie gehalten.«

»Weil Dudley nichts anderes tut, als dir ständig zu suggerieren, daß du vollkommen schwachsinnig bist. Ich habe es doch erlebt. Er kauft dir deine Fahrkarte, steckt sie in deine Handtasche und sagt, verlier sie nicht. Und wenn du die Tür abgeschlossen hast, überprüft er, ob sie auch wirklich zu ist. Und überzeugt sich persönlich, ob du auch das Licht ausgemacht hast.«

»Stimmt«, sagte Dorothy Squirl mit verwunderter Stimme, »das tut er wirklich.«

»Das Ganze ist eine Verschwörung ... eine gemeine männliche Verschwörung. Wenn du in Fallowfield aufstehst und das Wort ergreifst, dann denk einfach daran, wie überlegen du dem Durchschnittsmann bist und daß es nur noch eine Frage der Zeit ist, bis er das anerkennen muß. Dazu meine Tabletten, und du hältst die Rede des Jahrhunderts.«

»Aber es ist Dudleys Rede. Er hat sie mir Wort für Wort geschrieben.«

»Ach Dot, du bist ein hoffnungsloser Fall. Tja, ich muß los. Wenn ich nicht bald anfange, meinem Haustyrannen etwas zu kochen, schlägt er mich grün und blau. Bis die Tage, Liebes.«

An der Tür drehte sie sich noch einmal um. »Weißt du, warum ich so eine Laune habe? Ich bin den ganzen Vormittag zu Hause geblieben und habe auf den Installateur gewartet, der einen Dichtungsring am Küchenhahn austauschen soll. Und der Kerl ist einfach nicht aufgetaucht.«

Aber ihre Freundin hörte sie kaum. Als die Tür zufiel, rezitierte sie träumerisch: »Dies ist ein großer Tag im Leben der Menschen von Wytt's End.« Dann trug sie das Kleid am Bügel nach oben und verstaute es in einer Ecke des Kleiderschrankes, weit weg von Dudleys inquisitorischem Blick.

Die temperamentvolle Ivy verschwendete nie wieder einen Gedanken an das Gespräch; sie dachte allerdings daran, am Vortag des großen Ereignisses das Tablettenröhrchen über den Gartenzaun zu reichen.

»Wie geht's denn, Liebes?« erkundigte sie sich.

»Ach, ich weiß nicht. Dudley will mich heute abend abhören.«

»Dann nimm eine halbe Stunde vorher zwei von meinen Aufputschpillen. Du wirst sie brauchen.«

»Ich habe versprochen, die Rede heute nachmittag nochmal durchzugehen.«

Doch am Nachmittag im Wohnzimmer, umgeben von den vertrauten Gegenständen und Dudleys Manuskript im Schoß, konnte sie sich partout nicht konzentrieren. Ihre scheinbar so ruhigen Gedanken schwirrten hin und her wie die Insekten eines Mückenschwarms. Und sie mußte ständig aufspringen, um ans Telefon zu gehen.

Zu Dudleys großer Überraschung klappte die Probe bemerkenswert gut. Wenn Dorothy ihm auch nur den kleinsten Absatz aus der Morgenzeitung vorlas, nuschelte, stotterte und versprach sie sich für gewöhnlich; doch an diesem Abend las sie ihre Rede – seine Rede – vor, als wäre sie Fernsehansagerin. Dennoch wollte er ihr kein uneingeschränktes Lob zollen.

»Nicht schlecht«, sagte er. »Du übst besser noch, am Ende jedes Satzes eine Pause zu machen, falls Beifall geklatscht wird. An der Rede als solcher ist meines Erachtens nichts auszusetzen. Ich finde, das habe ich prima hingekriegt.«

»An der Rede ist nichts auszusetzen«, pflichtete seine Frau bei. Sie übte das Pausemachen. »Außer daß sie so fade ist wie Spülwasser.«

Dudley starrte sie fassungslos an.

»Alle haben sie heute nachmittag angerufen«, fuhr Mrs. Squirl unbekümmert fort. »Zuerst Mrs. Rollo; dann Lady Kestrel und dann Amy Asshenden; und zweimal Doris, nicht zu vergessen. Anscheinend machen sie sich wegen irgendwas Sorgen. Wenn ich bloß wüßte, weswegen.«

Nun war es an Dudley, eine Pause zu machen.

»Fehlt dir auch ganz bestimmt nichts?« fragte er schließlich.

»Ich habe mich noch nie im Leben besser gefühlt«, sagte Mrs. Squirl.

»Und du bist ganz sicher, daß du es auch wirklich machen willst?«

»Ganz sicher«, sagte Mrs. Squirl. Und sie war sich noch einer anderen Sache sicher: Ivys Tabletten wirkten genau so, wie sie es von ihnen behauptet hatte.

Der Tag des Fallowfield-Festes kam, schön, aber stürmisch. Ja, es windete. Einen Moment lang hatte Dorothy Squirl den Verdacht, daß Ivy ihr das eingebrockt hatte. An diesem Vormittag traute sie jedem nur das Schlimmste zu. Die olympische Stimmung vom Vorabend war völlig verflogen. Sie brachte ihren Frühstückstoast nicht hinunter, und ihre Teetasse klapperte beim Absetzen auf dem Unterteller. Auch ihre Knie ließen sie im Stich. Dudley verließ das Haus voller böser Vorahnungen, froh, daß seine Arbeit ihn am Erscheinen hinderte. Merkwürdigerweise hatte die Kritik seiner Frau ihn erschüttert. Er war zwar überzeugt, daß seine Rede nicht fade war, fragte sich jedoch, ob andere Leute sie möglicherweise so empfinden würden.

»Hast du denen am Taxistand auch ganz bestimmt klargemacht, daß du vor halb drei abgeholt werden mußt?« fragte er, ehe er ging.

»Nun fang bloß nicht damit an!« rief Mrs. Squirl mit flammendem Blick und zitternden Gliedern, »sonst... sonst weiß ich nicht, was ich tue! Laß mich doch in Frieden. Geh endlich in dein Büro.« Er ging.

Seine Frau verbrachte die nächsten drei Stunden beim Friseur, wo Antoine dem Anlaß entsprechend höchstpersönlich eine derart kunstvolle Coiffure gestaltete, daß seine Kundin darunter nur schwer zu erkennen war. Sie begann sich zu sorgen, ob ihr Blümchenhut halten würde. Während sie unter der Trockenhaube saß, repetierte sie unaufhörlich Dudleys Rede. Schließlich machte sie sich wieder auf den Heimweg, die Frisur unter einer Plastikhaube, um sie vor den Elementen zu schützen.

Von da an bis zu dem Zeitpunkt, wo das Taxi sie abholte, nahm das Leben alle Eigenschaften eines Alptraums an. Ihre Hände, auf die sie doch angewiesen war, schienen einem anderen und zudem äußerst unkooperativen Menschen zu gehören. Der Reißverschluß ihres Kleides klemmte auf halbem Wege, einer ihrer beiden besten Strümpfe bekam eine Laufmasche, und sie verlegte ihren Lieblingslippenstift. Sie war überzeugt, daß sie niemals rechtzeitig fertig werden und der Taxifahrer sie in halbbekleidetem Zustand antreffen würde. Um zwei Uhr steckte sie sich fahrig zwei Tabletten in den Mund und schluckte sie hinunter. Um viertel nach zwei hatten sie immer noch nicht zu wirken begonnen, und sie nahm voller Panik zwei weitere. Als die Türglocke das Eintreffen des Taxis ankündigte, hatte sie vergessen, daß sie schon welche genommen hatte, und schob sich noch einmal zwei in den Mund. Eine halbe Stunde später zeigten sie alle Wirkung, und als Mrs. Squirl das Podium von Fallowfield erstieg, hatte nicht nur die Stoffbahn an ihrem Kleid etwas Luftig-Schwebendes.

Das Fallowfield-Fest fand auf dem Gelände des früheren Herrensitzes von Fallowfield und heutigen Naturkundlichen Museums von Wytt's End statt. In der weitläufigen Parkanlage – das leichte Gefälle hatte bereits eine korpulente Dame vom Kuchenstand zu wilder Verfolgung einer Biskuitrolle genötigt, die sich hangabwärts selbständig gemacht hatte – waren Stände aufgebaut, die alles boten, was das Herz keinesfalls begehrte. Zwei Festzelte und zahlreiche Fähnchen, die von der Krönung übriggeblieben waren, verliehen dem Ganzen ein heiter-arkadisches Gepräge. Von Mrs. Squirls erhöhter, zentraler Position aus, eingezwängt wie sie war zwischen der gesamten weiblichen Hautevolee der Stadt, vom Gefolge des Bürgermeisters ganz zu schweigen, hatte die Szenerie etwas Märchenhaft-Unwirkliches, das sie teils ihrem Medikamentenkonsum und teils der Tatsache verdankte, daß sie zum erstenmal in ihrem Leben selbst zur Hautevolee gehörte.

Mit ihrer behandschuhten Hand hielt sie krampfhaft Dudleys Rede fest, aber sie verspürte keine Angst mehr. Sie spürte, daß sie alle Vorzüge einer vornehmen Herkunft, großen Reichtums, exquisiter Schönheit und überragender Intelligenz besaß. Mit einemmal war ihr großer Moment da. Mr. Gunter stellte sie vor und bat sie nach vorn. Aller Augen ruhten auf ihr, das Mikrophon war vor ihr.

Sie hielt sich Dudleys Rede vor die Augen.

»Euer Gnaden, my Lord, meine Damen und Herren«, las sie mit fester, sicherer Stimme, die offensichtlich nicht die ihre war. Genau in diesem Moment fegte ein kräftiger Windstoß über das Podium und ließ die Stoffbahn an ihrem Kleid aufflattern wie eine Fahne. Ihre behandschuhte Hand versuchte automatisch, größeres Unheil zu verhindern, Dudleys Rede mit der von häufigem Gebrauch ausgeleierten Büroklammer wurde ihr entrissen, und die einzelnen Blätter wirbelten in die Luft und schwebten über die Köpfe der Menge davon.

Sie starrte auf ihr Publikum hinunter. Und mit einem ungeheuren Gefühl der Erleuchtung ging ihr auf, daß es nur aus Frauen bestand. Eine Sekunde lang nahm sie einen Gesamteindruck ihrer Anwesenheit wahr: Hunderte mit Farbtupfern bekrönte Ovale, aufwärts zu ihr hingewandt. Sie erinnerte sich an Mr. Gunters väterlichen Rat – es spielt keine Rolle, was Sie sagen, solange Sie nur weiterreden –, richtete den Blick auf ein Gesicht in der vordersten Reihe, ein mütterliches, besorgtes Gesicht, nahm all ihren Mut zusammen und begann zu sprechen.

»Meine Damen«, wiederholte sie. »Dies ist in der Tat ein stolzer Tag im Leben der Frauen von Wytt's End.«

Sie sah die Erleichterung in dem mütterlichen Gesicht. Alles war gut, die Situation war gerettet. In einer jähen Anwandlung gewaltigen Selbstvertrauens fuhr sie entschlossen fort:

»All das hier« – und sie breitete in einer weitausholenden Geste die Arme –, »all das hier ist das Ergebnis der Arbeit von Frauen. Und ohne Ihre gemeinsamen Bemühungen wäre es nie zustande gekommen. Zu Hause im stillen Kämmerlein haben Sie gebacken, genäht, geplant und organisiert, um dieses Fest zu dem Erfolg zu machen, der es zweifellos werden wird.«

Dudleys Mahnung eingedenk, hielt sie inne und wurde durch kurzes Händeklatschen belohnt. Davon und von den nickenden Köpfen um sie herum ermutigt, holte sie tief Atem und fuhr fort:

»Aber, verehrte Zuhörerinnen, ist Ihnen eigentlich je die volle Bedeutung dieses Erfolges aufgegangen?« Sie sah einen verständnislosen Ausdruck in dem mütterlichen Gesicht, versuchte es anders und fragte schlicht: »Haben Sie je überlegt, was das heißt? Es heißt, daß wir alles fertigbrächten, was wir wollten, wenn wir nur den Mumm dazu hätten.«

Dieser Geistesblitz erzeugte eine Welle von Gelächter.

»Die Lage der Frau in der heutigen Welt«, verkündete Mrs. Squirl, »ist eine Schande für uns alle. Wir lassen uns an der Nase herumführen.«

An dieser Stelle wurde deutlich, daß ein Riß durchs Publikum ging. Auf dem Podium hörte man auf, beifällig mit dem Kopf zu nicken, während man unten echtes Interesse bekundete.

»Aber warum?« wollte Mrs. Squirl wissen. »Wir arbeiten genauso hart wie die Männer.«

»Härter!« rief eine Stimme aus der Menge, und wieder kam Gelächter auf.

»Jawohl, härter. Und wir sind vernünftiger. Die Männer tun so, als läge es an uns, dabei sind sie es, die ständig alles verpfuschen. Sie sind es, die nicht daran denken, den Sommerurlaub zu buchen, und vergessen, an die Versicherung zu schreiben, und das Gartenumgraben aufschieben, bis es zu spät ist.«

Stürmisches Klatschen bewies, daß dies offenbar verbreitete Erfahrungen waren.

»Wenn auf einen Schlag drei Busse in die Stadt fahren

und dann eine halbe Stunde lang kein einziger; wenn die Zebrastreifen alle an gefährlichen Ecken liegen; wenn man nirgendwo ein knuspriges Brot kaufen kann, wer ist dann daran schuld?«

»Die Männer!« schrie eine Stimme.

»Und wenn man für sein Kind keinen Schulplatz in Wohnungsnähe bekommt und sein Badezimmer selbst streichen muß und alle Schuhe so spitz sind, daß man die Füße nicht hineinkriegt, wer ist daran schuld?«

»Die Männer«, schrien sie unisono.

»Und wenn es Krieg gibt«, sagte Mrs. Squirl in ganz anderem, feierlichem Ton, »was ist dann?«

Ein merkwürdiges Schweigen senkte sich über die Menge.

»Dann sind wir daran schuld«, sagte Mrs. Squirl mit sachlicher Stimme. »Sie haben uns mit einer Unmenge Sachen bestochen, die wir gar nicht wirklich brauchen. Waschmaschinen, Fernseher und die Frauenseite in der Tageszeitung. Und Nylon und Perlon und Dralon und all die anderen, von Männern hergestellten Fasern. Wir haben die Macht, und wir benutzen sie nicht. Viele andere Frauen haben gelitten und gekämpft, um uns das Wahlrecht zu verschaffen, und wir wissen nichts Besseres damit anzufangen, als einen dummen Mann durch einen anderen zu ersetzen. Das brauchen wir aber nicht. Wir brauchen unsere eigene Partei im Parlament. Die Frauenpartei. Wenn wir die hätten, könnten wir endlich einmal tun, was wir wollen. Mit einer solchen Partei und ein bißchen Zeit könnten wir alle Probleme der heutigen Welt lösen. Na, meine Damen, was meinen Sie dazu?«

Auf dem Gelände des Herrensitzes von Fallowfield erhob sich nicht enden wollender, begeisterter Applaus, der die Luft erzittern ließ. Nur auf dem Podium herrschte betretenes Schweigen, und Mienen forschten in Mienen nach Gründen, Erklärungen und Mitteln, Mrs. Squirl zu bremsen.

Sogar Mrs. Squirl selbst ahnte dumpf, daß sie irgendwie vom Thema abgekommen war.

Sie hob die behandschuhte Hand und sagte, als Stille eintrat:

»An den Ständen finden Sie allerlei Nützliches für jeden Geldbeutel. Spenden werden dankend angenommen«. Sie setzte ein bezauberndes, gewinnendes Lächeln auf. »Falls es Ihnen gefallen hat, schicken Sie Ihren Beitrag bitte an mich, Dorothy Squirl, Mrs. Dorothy Squirl, Hill Crest Avenue 18, Wytt's End.«

Sie lächelte erneut, ein Lächeln, das sämtliche Herzen schmelzen ließ. »Jede noch so kleine Summe hilft.«

Sie spürte eine Hand auf ihrem Arm, die Hand eines Mannes, drehte sich um und sah sich Mr. Gunter gegenüber, der wie von einem schweren Leiden befallen die Augen abwechselnd zusammenkniff und aufriß.

War das möglich? Warum blinzelte er bloß so? Wie war das gleich nochmal – was sollte sie tun, wenn Mr. Gunter blinzelte?

Plötzlich fiel es ihr wieder ein.

»Und hiermit erkläre ich das Fest offiziell für eröffnet«, sagte Mrs. Squirl.

2

Kein Postbote hielt es länger als zwei Monate in Wytt's End aus, ohne seine natürliche gute Laune einzubüßen. Die Steigungen waren einfach zu extrem. Sid Murch machte diese Arbeit nun schon fünfzehn Jahre. Während er den Anstieg der Hill Crest Avenue erklomm, bewegte ihm sein innerer Groll die Lippen, ohne daß er die Luft tatsächlich mit Worten verschmutzte.

Er stellte seine Muskeln auf das steile Gefälle des Asphaltweges ein, der zu Nummer 18 führte; als er mit seinem spatelförmigen Daumen den Klingelknopf drückte, wurde ihm von Dudley Squirl geöffnet, der gerade ins Büro gehen wollte.

»Wo wollnse's hinha'm?« knurrte Mr. Murch in das Gebimmel hinein.

»Wo will ich was hinhaben?« fragte Dudley verwirrt.

»Das ganze Zeugs hier«, sagte Mr. Murch und deutete auf eine extra Posttasche, die er zusätzlich zu seinem normalen Kontingent bei sich hatte. »Is' alles für Sie, Meister.«

»Da muß ein Mißverständnis vorliegen.«

»Jedenfalls sind se alle an Ihre Gnädige adressiert. Ha'm wohl ihren Geburtstag vergessen. Wenn's nach mir ging, hätten die den Wagen schicken müssen. Ich bin auch bloß 'n Mensch. Na egal, ich hab keine Zeit, hier rumzutrödeln, ich muß meine Runde machen. Wo soll ich's hinkippen?«

»Können Sie nicht die Tasche dalassen?«

»Nee, kann ich nich'. Is' Eigentum der Post.«

»Dann leeren Sie sie wohl am besten gleich hier aus.«

Mr. Murch machte einen Schritt in den Flur und löste einen Riemen, worauf eine Kaskade von Kuverts auf das Parkett herabregnete. Es bildete sich ein Berg, von dem einzelne Briefe nach links und rechts davonschlitterten.

»Schönes Durch'nander, was?« meinte Mr. Murch etwas heiterer und ging.

»Dorothy!« rief Dudley die Treppe hinauf. »Dorothy!«

Mrs. Squirl kam nach unten. Sie sah etwas blaß aus, und ihr kunstvoll aufgetürmtes Haar fiel allmählich zusammen, so daß sie wie eine Kreuzung zwischen ihrem gewöhnlichen Alltags-Ich und dem neuen Menschen vom Vortag wirkte.

Sie bückte sich und hob ein Kuvert auf, das an der Treppe gelandet war.

»Warum zum Teufel ist das ganze Zeug hierher gekommen?« fragte Dudley. »Es hätte an Gunter oder das Festkomitee gehen müssen. Wahrscheinlich hast du Mist gemacht und die falsche Adresse angegeben.«

Mrs. Squirl sagte nichts, sondern beschränkte sich darauf, das Kuvert mit dem Daumen aufzureißen, eine Methode, die Dudley mißbilligte, da er selbst stets einen richtigen Brieföffner benutzte.

»Du brauchst dich nicht selbst damit zu befassen. Man kann sie en bloc an das Komitee schicken«, meinte er gereizt. Er sah sie an. »Das ist wohl die Reaktion auf die Bitte um Spenden. Meine Rede muß ja ziemlich gut angekommen sein.«

»Ganz so einfach ist es, glaube ich, nicht«, sagte Mrs. Squirl mit schwacher Stimme, während sie die eine Seite las, der sechs Dreipenny-Briefmarken und eine Postanweisung über einen Shilling beigefügt waren.

»Egal, ich muß jetzt los. Ich komme deswegen sowieso schon zu spät ins Büro. Am besten rufst du Gunter an. Du wirst die Briefe aufsammeln und ein ordentliches Paket daraus machen müssen. Du weißt doch, wie das geht, oder?«

»Natürlich weiß ich das.«

»Dann mache ich mich jetzt auf den Weg. Auf Wiedersehen, Liebes.« Er gab ihr noch rasch einen flüchtigen Kuß, eine Gewohnheit, die er angenommen hatte, seit er so häufig von Verkehrsunfällen las. Dudley hinterließ gern alles ordentlich, auch die Beziehung zu seiner Frau.

Die Tür fiel zu, und sie stand da und las noch einmal den ersten ihrer Briefe. Er lautete wie folgt:

Ser ferehrte Mrs. Squirl,

Das ist mein kleiner Beitrag für Ihre neue Partei. Forwärts mit den Frauen!

Eine Sümpatisantin.

Das war um viertel vor neun. Um zehn Uhr fand im exklusiveren Teil von Wytt's End, einem Viertel, das in den Briefköpfen seiner Bewohner häufig unter einer Ziffer anstatt unter seinem Namen figurierte, eine Krisensitzung statt. Daran teil nahmen die Großen Vier der Ladies Luncheon League, die außerdem deren Exekutivkomitee bildeten: Mrs. Bertha Rollo, Lady Kestrel, Miss Asshenden und Ruth Mirbel, die einzige berufstätige Frau unter ihnen. Anwesend war außerdem Estelle Meade, die Schatzmeisterin, die kraft ihres Amtes teilnahm. Sie hatte nicht ganz die gleiche gesellschaftliche Stellung wie die anderen. Sie wußte, daß sie nur eine kleine Rolle zu spielen hatte, hoffte jedoch, ihrem Part gerecht zu werden.

Alle Damen waren schon Vorsitzende gewesen, und Mrs. Rollo hatte das Amt im Gründungsjahr innegehabt. Sie war in der Tat eine höchst eindrucksvolle Frau. Man traf sich in ihrer Wohnung, und sie saß in deren Mitte wie eine Spinne, die ihr Netz beherrscht. Wie eine Spinne war sie untersetzt und dunkel, doch damit endete auch schon alle äußere Ähnlichkeit, da sie eine Vorliebe für Kleidung in hellen Farben hatte. Auf ihrer Oberlippe wuchs leichter Flaum, was manche für sexuell attraktiv hielten. Glücklicherweise wurde dieser fatale Reiz durch ihr Gewicht geschmälert, das Gertie Gant, die im Kuchenraten so gut war, einmal auf 90 Kilo und 300 Gramm geschätzt hatte. Bisher hatte noch niemand den Nerv gehabt, Mrs. Rollo um eine Bestätigung oder ein Dementi zu bitten.

Mrs. Rollos Zimmer war geräumig und behaglich, wenn auch eine Spur überladen. Es überblickte ein Agglomerat von Pergolen, Bäumen und Schiffstrossen, ganz ähnlich dem Rosengarten im Regent's Park. Doch an diesem Tag hatten sich die Damen nicht nur mit den Rosen zu beschäftigen.

»Es gibt nur eins«, sagte Mrs. Rollo, deren senfgelbe Kleidung gewisse Rückschlüsse auf ihre Stimmung zuließ. »Wir werden uns von ihr distanzieren müssen.«

»Die Frau muß unter Alkohol oder Rauschgift gestanden haben«, meinte Miss Asshenden mit ihrer Oberlehrerinnenstimme, die sie über die Pensionierung hinweggerettet hatte.

»Oder beides«, ließ sich Estelle Meade vernehmen.

»Wie hat Gunter es aufgenommen?« fragte Lady Kestrel. »War er wütend?«

»Mr. Gunter war nicht so betroffen, wie er es hätte sein müssen«, sagte Mrs. Rollo und schürzte die Lippen. »Zumindest war das mein Eindruck.«

»Warum hat er sie nicht unterbrochen?«

»Er sagt, er hätte versucht, sie auf sich aufmerksam zu machen, aber sie sei schon nicht mehr aufzuhalten gewesen. Ich hatte mir auch schon etwas in dieser Richtung überlegt, aber es war schließlich seine Aufgabe. Er hielt es offenbar für lustig.«

»Ach, dann hat es Gunter also amüsiert?« bemerkte Lady Kestrel, die ihr umgängliches Lächeln, ein plötzliches Zähneblecken, mit gewohnt phantastischer Geschwindigkeit an- und ausknipste.

»Er ist ein Mann«, sagte Amy Asshenden, als reiche diese Erklärung völlig hin.

»Vielleicht bringen sie es ja gar nicht. Vielleicht schreiben sie einfach, Mrs. Squirl erklärte das Fest für eröffnet, und lassen es dabei bewenden«, murmelte Estelle hoffnungsvoll.

»Unsinn, Estelle«, fuhr ihre Gastgeberin ihr über den Mund, während Lady Kestrel ihre Ansicht zu dieser Möglichkeit durch ein silberhell perlendes Lachen kundtat.

»Sie haben diesen widerlichen kleinen Kerl mit der immergleichen Jacke und der Krawatte mit Füchsen geschickt«, sagte Mrs. Rollo mit äußerstem Ekel. »Er hat direkt vor dem Podium gestanden, und ich habe gesehen, wie er mit schmierigem Grinsen wie ein Wilder in sein Notizbuch kritzelte. Ich habe schon einmal die Klingen mit ihm gekreuzt. Er schmückt den Bericht vielleicht aus, aber daß er die wesentlichen Punkte von Mrs. Squirls Tirade oder ihre Verbindung zur League wegläßt, ist unwahrscheinlich.«

»Und wenn wir uns an die Redaktion wenden?« schlug Amy Asshenden vor.

»Daran habe ich natürlich auch schon gedacht. Gleich als ich zu Hause war, habe ich als erstes Mr. Richards persönlich angerufen. Ich wollte ihn erwischen, ehe die Zeitung in Druck geht, sonst hätte ich mich zuerst mit euch beraten.« Sie hielt inne und strich sich ihr Bärtchen glatt. »Zu meinem Bedauern muß ich sagen, daß er alles andere als entgegenkommend war. Er hatte den Artikel noch nicht gesehen, wiederholte aber ständig nur ihren albernen Wahlspruch: ›Im *Chronicle* steht *alles.*‹«

»Pfui!« entfuhr es Miss Asshenden.

»Ich habe ihm gesagt, es habe ein kleines Mißgeschick gegeben, die vorbereitete Rede sei ihr aus der Hand geweht worden und sie habe improvisieren müssen. Ich habe vorgeschlagen, er soll die ursprüngliche Rede drucken, um Mißverständnisse zu vermeiden.«

»Und was hat er dazu gemeint?«

»Er ist ziemlich patzig geworden und hat gesagt, daß der *Chronicle* nur das berichtet, was die Leute gesagt haben, nicht was sie hatten sagen wollen.«

»Und wenn schon, da kräht doch bald kein Hahn mehr

danach«, sagte Lady Kestrel leichthin. »Wer liest schon den *Chronicle*?«

»Meine liebe Cynthia, sämtliche Einwohner von Wytt's End lesen den *Chronicle* von vorn bis hinten, und die Geschichte erscheint garantiert auf der Titelseite, mit einem Foto von uns allen auf dem Podium. Man wird uns mit dieser dummen Pute identifizieren.«

»Da sie unsere diesjährige Vorsitzende ist, identifiziert man uns bereits jetzt mit ihr«, sagte Miss Asshenden. »Diese Wahl hat sich als höchst verhängnisvoll erwiesen.« Sie fixierte angelegentlich Cynthia Kestrel, die den Blick verbindlich und keineswegs verlegen erwiderte.

»Jawohl, Cynthia«, sagte Mrs. Rollo. »Du hast uns die Sache eingebrockt. Nun mußt du uns auch wieder heraushelfen.«

»Also wirklich!« protestierte Lady Kestrel leicht amüsiert. »Ich habe Mrs. Squirrel lediglich nominiert. Ihr alle habt für sie gestimmt.«

»Sie heißt Squirl, nicht Squirrel«, sagte Mrs. Rollo verärgert. »Du nimmst das Ganze viel zu sehr auf die leichte Schulter, Cynthia. Mir ist unbegreiflich, wie du sie überhaupt vorschlagen konntest.«

»Meine Güte, ich habe mich eben gelangweilt. All dieses Getue um Wettspiele und Flohmärkte! Und dann waren sie auch noch so diskussionsfreudig. Bla, bla, bla, ich dachte schon, die Sitzung hört überhaupt nicht mehr auf. Es war ganz offensichtlich, daß niemand, aber auch niemand das Amt übernehmen wollte, also habe ich jemanden ausgesucht, von dem ich wußte, daß er zu duckmäuserisch ist, um abzulehnen.«

»Duckmäuserisch!«

»Du mußt zugeben, daß sie bei den Luncheons nie den Mund aufgemacht hat, außer um Essen hineinzustecken. Woher sollte ich denn wissen, daß sie über Nacht erblühen würde? Ich dachte, jemand Schlimmeres als Mrs. Dutt gibt es gar nicht, und die war von Anfang bis Ende eine Niete. Was spielt das überhaupt für eine Rolle? Der alberne Klub war doch praktisch schon tot; jetzt kann er wenigstens anständig begraben werden.«

»Dagegen erhebe ich Einspruch«, sagte Mrs. Rollo noch verärgerter.

»Nun hör aber auf, Roly-Poly!« Wer anders als Lady Kestrel hätte es gewagt, den lächerlichen Spitznamen zu verwenden? »Ich weiß noch, daß du die Sache ins Leben gerufen hast und wir viel Spaß daran hatten, solange eine von uns den Vorsitz führte. Aber alles Schöne endet einmal, und jetzt ist offensichtlich der Zeitpunkt gekommen, auf Wiedersehen zu sagen.«

Mrs. Rollo überlegte. Sie war selbst schon zu diesem Schluß gekommen, konnte es aber auf den Tod nicht ausstehen, wenn andere für sie Entscheidungen trafen. Sicher war der Klub ihr Werk, aber da sie Dutzende anderer Projekte angeleiert hatte und dieses allmählich lästig wurde, konnte sie es sich durchaus leisten, es fallenzulassen. Das war allerdings nicht ganz so einfach, wie es aussah.

»Wir können nicht darüber hinwegsehen, daß wir nur Teil einer größeren Organisation sind«, gab Miss Asshenden zu bedenken. »Falls wir uns auflösen wollen, werden wir uns mit dem Bezirk in Verbindung setzen müssen.«

»Wenn die Sache dieser gräßlichen Thorby-Smith zu Ohren kommt«, sagte Mrs. Rollo, »werde ich nie wieder erhobenen Hauptes durch Nord-London gehen können.«

Das war ein weiterer wunder Punkt. Sie hatte die Gründung des Klubs in der Absicht betrieben, sich Zugang zu den höheren Sphären der Organisation zu verschaffen und schließlich dem Landesvorstand anzugehören. Doch dieses Jahr war sie schon am ersten Hindernis gescheitert: Mrs. Thorby-Smith hatte sie bei der Wahl zur Bezirksvorsitzenden geschlagen. Die beiden waren Todfeindinnen, und das machte die gegenwärtige Situation in der Tat äußerst heikel.

»Wenn bloß die überregionale Presse es nicht aufgreift«, murmelte Estelle und gab damit Mrs. Rollos eigener Befürchtung Ausdruck.

»Als erstes müssen wir Mrs. Squirl loswerden«, sagte Mrs. Rollo mit ungeheurem Ingrimm.

»Aber meine Liebe, das hört sich ja an, als wolltest du sie ermorden!« rief Cynthia.

Mrs. Rollo fixierte die eigentliche Anstifterin des Unheils ohne Humor und ohne Zuneigung. Sie sagte nichts, aber ihre Knopfaugen waren so ohne jede Menschlichkeit, daß sich ein unbehagliches Schweigen über die Gesellschaft senkte.

»Aber wie können wir denn eine Vorsitzende gewissermaßen zurückversetzen, nachdem wir sie ernannt haben?« fragte Miss Asshenden schließlich.

»Man muß sie zum Rücktritt auffordern.«

»Und wenn sie sich weigert?«

»Ich werde schon dafür sorgen, daß sie sich nicht weigert.«

Wieder trat unbehagliches Schweigen ein.

Cynthia schlug ihre bewundernswerten Beine übereinander und sah zu Ruth Mirbel hinüber, die adrett auf einem einfachen Stuhl saß und zum Fenster hinausstarrte. In ihrem geschmackvollen grauen Kostüm wirkte sie auf kühle Weise tüchtig, ganz die Anwältin, fand Cynthia. Ihr gefiel das, ohne daß sie das Gefühl des Neides auf eine attraktive, zehn Jahre jüngere Frau ganz unterdrücken konnte.

»Sie sind so still, Ruth«, sagte sie. »Sie sagen überhaupt nichts.«

Ruth Mirbel fuhr leicht zusammen. Sie hatte nur mit halbem Ohr zugehört und sich gefragt, wann sie wohl anständigerweise verschwinden konnte. Sie fand, daß man sie unter Vorspiegelung falscher Tatsachen hergelockt hatte. Sie hatte mit einer regulären Sitzung gerechnet und an der Abwesenheit der Schriftführerin bald gemerkt, daß es sich nur um einen Aufgalopp vor der eigentlichen Auseinandersetzung handelte. Sie stand noch nicht lange als sehr junge Juniorpartnerin auf dem Messingschild von Cross, Warbeck und Mirbel, und der alte Cross legte großen Wert auf Einhaltung der Bürozeiten und der Anstandsregeln. Vor allem der Unmut über Mrs. Rollos Rücksichtslosigkeit machte sie nun streitlustig, und sie sagte:

»Ich bin nun mal zufällig der Ansicht, daß Dorothy Squirls Rede durchaus Hand und Fuß hatte.«

»Wir wollen Kaffee trinken«, bemerkte Mrs. Rollo, als

halte sie das für die einzig angemessene Antwort auf solche Torheiten. Sie klingelte nach Bates.

»Aber es war reine Hysterie«, sagte Miss Asshenden. »Sie hat ganz einfach die Kontrolle über sich verloren.«

»Ja, sicher. Das hat sie mir hinterher auch gesagt. Sie hatte zu viele Aufputschtabletten genommen. Aber das Ganze muß ihr schon vorher durch den Kopf gegangen sein. Und genau deshalb war es so interessant.«

»Schön, daß wenigstens einer sich für meinen Schützling einsetzt«, murmelte Lady Kestrel.

»Als Feministin, Miss Asshenden, verstehe ich nicht, wie Sie irgend etwas von dem, was Mrs. Squirl gesagt hat, beanstanden können.«

»Ich beanstande es ja gar nicht, meine Beste. Was sie gesagt hat, oder jedenfalls die wesentlichen Punkte, wäre absolut vernünftig gewesen, wenn es jemand anders an anderer Stelle gesagt hätte.«

»Dann ist der Gedanke einer Frauenpartei also doch nicht so abwegig?«

»Nun ja, vermutlich hat sich die gute Mrs. Pankhurst nicht ans Geländer gekettet, damit die Frauen das Wahlrecht bekommen und dann nichts damit anfangen.«

Mittlerweile war der Kaffee gekommen, und Mrs. Rollo, deutlich bemüht, dem Geschwätz ein Ende zu bereiten, begann einzugießen und unterbrach gereizt: »Miss Asshenden, wenn Sie vielleicht die Tassen herumreichen könnten ... wären Sie so freundlich?«

Cynthia Kestrel erhob sich geschmeidig von ihrem Stuhl, schlenderte zu Ruth hinüber und meinte: »Ich wußte gar nicht, daß Sie sich für Politik interessieren.«

»Eigentlich tue ich das auch gar nicht.«

»Also wenn es um Politik geht«, sagte Estelle lebhaft, während sie mit kaum zu zügelndem Eifer darauf wartete, Sahnekännchen und Zuckerdose anbieten zu können, »müssen wir uns heraushalten. Das verstößt gegen die Satzung. Steht alles in den Statuten.«

Miss Asshenden brachte Cynthia eine Tasse, hielt sie ihr hin und verlor dann das Interesse an der ihr zugewiesenen Aufgabe.

»Mich beschäftigt das alles sehr«, sagte sie und fixierte Ruth mit mesmerisch-starrem Blick. »Ich würde gern mehr darüber erfahren.«

Sie und Lady Kestrel beugten sich gemeinsam über Ruth, wie um sich ihr zum Vergleich anzubieten. Sie waren beide gleich groß und gleich mager, aber wo Lady Kestrel ganz schlanke Anmut war und jeden Muskel unter Kontrolle hatte, bestand Amy Asshenden nur aus scharfen Kanten und nervösen Zuckungen. Gewiß, sie war viel älter, aber das allein erklärte den Unterschied nicht. Beide bevorzugten sie saloppe Kleidung, doch die von Cynthia war maßgeschneidert, während die der armen Amy offensichtlich von der Stange, und zwar von der falschen, stammte.

»Ich dachte, Sie wären eine Liberale«, sagte Mrs. Rollo säuerlich.

»Ach Gott, wir alle bekennen uns wohl aus Neigung oder Tradition oberflächlich zu der einen oder anderen Partei. Aber mir geht es um menschliche Werte. Wir leben in einer Männerwelt, gerade heute, wo wir es am wenigsten vermuten. Die Gleichberechtigung von Mann und

Frau ist ein Mythos. Die Frauen tragen wohl kürzere Röcke und haben gelernt, in der U-Bahn zu rauchen, aber alles, was ihnen ihre sogenannte Gleichberechtigung eingebracht hat, ist das Recht, arbeiten zu gehen und mitzuhelfen, ihre Männer zu versorgen.«

»Oder sich selbst zu versorgen, falls sie keine Männer haben.«

»Sich selbst zu versorgen ist einfach nur gräßlich fade«, sagte Lady Kestrel und gab reichlich Sahne und Zucker in ihren Kaffee.

»Frauen wie Lady Kestrel, die aufgrund ihrer Herkunft und Erziehung meinen, einen Anspruch auf gewisse Vorteile in der Gesellschaft zu haben, sind natürlich schlechter dran als zur Zeit Viktorias«, verkündete Miss Asshenden etwas vieldeutig.

Cynthia zwinkerte Ruth Mirbel zu.

»Zumindest Sie müßten besser dran sein.«

»Das würde ich nicht unbedingt sagen. Sicher, die akademischen Berufe stehen uns alle offen. Aber man speist uns doch weitgehend mit den Routinearbeiten und den unteren Rängen ab. Von gelegentlichen Ausnahmen abgesehen, gehen die meisten lukrativen Jobs nach wie vor an Männer.«

»Ich habe viele Positionen von erheblicher öffentlicher Bedeutung bekleidet«, sagte Mrs. Rollo in ihrem würdevollsten Ton, »und ich habe niemals festgestellt, daß mein Geschlecht mir im Wege war.«

Niemand widersprach, und daß Cynthias Blick schließlich an Mrs. Rollos Oberlippe hängenblieb, war vermutlich nur Zufall.

»Allerdings sind wir ganz allein daran schuld, wenn Fortschritte für die Frauen ausbleiben«, sagte Ruth. »Keine Milch, danke, Estelle. Wir tun ja auch nichts, um unsere Geschlechtsgenossinnen zu unterstützen. Ich habe Dutzende von Frauen sagen hören: ›Ich würde nie eine Anwältin beschäftigen‹ oder: ›Ich würde nie zu einer Ärztin gehen.‹ Anscheinend sind uns Männer lieber.«

»Wie wahr«, sagte Lady Kestrel und zeigte ihr strahlendstes Lächeln.

»Wir sind vom Thema abgekommen«, sagte Mrs. Rollo. »Fest steht, daß ich nicht vorhabe, mich von Mrs. Squirl zum Narren machen zu lassen.«

In diesem spannungsvollen Moment klingelte das Telefon, und sie riß ohne ein Wort der Entschuldigung den Hörer von der Gabel.

Um nicht den Eindruck zu erwecken, sie belauschten ein Privatgespräch, begannen die Damen, in gedämpftem Ton leicht verkrampft miteinander zu plaudern.

Mrs. Rollo jedoch forderte sie mit einem lauten »Ach, *Sie* sind's, Mrs. Squirl« und einer vielsagenden Grimasse zum Zuhören auf.

Doch obwohl sie verstummten, wurden sie nicht klüger, da auch Mrs. Rollo stumm blieb und sie lediglich das schwache Zischeln des aus dem Hörer dringenden Redestroms vernahmen.

Schließlich sagte Mrs. Rollo grimmig: »Ich verstehe. Aber das haben Sie sich ja wohl selbst zuzuschreiben, nicht wahr?«

Das schwache Zischeln setzte wieder ein.

»Dann sollten Sie wohl sofort hierherkommen«, sagte

Mrs. Rollo, als es aufhörte. »Ich habe übrigens die Damen vom Komitee hier. Wir besprechen gerade bei einer netten Tasse Kaffee die Lage. Ich würde mich freuen, wenn Sie auch kämen.«

Die letzte Bemerkung hatte eher den Charakter eines Befehls als einer Einladung.

»Ich muß das alles zuerst sehen, ehe ich mich dazu äußern kann«, sagte Mrs. Rollo scharf. »Wie bitte? Na, dann müssen Sie eben ein Taxi nehmen. Wir erwarten Sie in fünf Minuten. Auf Wiedersehen.«

Mrs. Rollo drehte sich langsam ihrem Publikum zu.

»Wißt ihr, wie sie sich gemeldet hat?« fragte sie, als könne sie es noch immer nicht recht glauben. »›Hier spricht Ihre Vorsitzende.‹«

»Na, das ist sie ja schließlich auch, meine Liebe«, erinnerte sie Cynthia.

»Nicht mehr lange, will ich hoffen!«

»Will sie zurücktreten?«

»Aber woher denn. Ich glaube, euch ist der Ernst der Lage nicht klar. Mrs. Squirl ist mit dem Taxi auf dem Weg zu uns und bringt einen Koffer voller Briefe mit Spenden zur Gründung einer neuen Partei mit.«

»Sie haben sie also ernst genommen«, sagte Ruth Mirbel mit verwunderter Stimme.

»Und das müssen wir leider auch. Alle diese Spenden müssen natürlich unverzüglich zurückgeschickt werden.«

»Puh!« machte Estelle Meade.

»Ja, leicht wird das nicht. Es erfordert bestimmt eine Menge Büroarbeit. Wir werden einen Serienbrief brauchen. Dann sind da die Kosten für Versand und Briefpapier. Und manches ist ja vielleicht anonym geschickt worden.«

»Es wäre viel einfacher, es zu behalten«, meinte Lady Kestrel.

»Das ist natürlich Unsinn. Damit würden wir uns strafbar machen.«

»Sie hat also etwas wirklich Wichtiges angesprochen«, sagte Ruth versonnen.

»Worauf eine unmittelbare Reaktion erfolgte«, fügte Amy Asshenden hinzu.

»Es besteht wahrscheinlich sogar eine geringe Chance, daß ein solches Vorhaben gelingen könnte.«

»Statistisch ist es natürlich möglich«, sagte Amy Asshenden.

»Es wäre zum Schießen«, sagte Cynthia.

»Undenkbar!«

»Aber Roly-Poly, denk nur an den Spaß!«

»Jetzt wäre es günstig, wo die Opposition in rivalisierende Fraktionen zerfällt. Schließlich ist es auch nichts Neues. Frauen haben schon früher die Zügel der Regierung in der Hand gehalten.«

»Es wäre nicht unbedingt eine Regierungspartei ...«, begann Ruth Mirbel.

»Aber, aber, meine Damen!« beschwor Mrs. Rollo sie. »Wir wollen doch mit den Beinen auf der Erde bleiben. Mrs. Squirl kann jeden Moment kommen. Dann müssen wir bereit sein, uns mit ihr auseinanderzusetzen. Sie will eine Sondersitzung des gesamten Klubs einberufen. Das muß unter allen Umständen verhindert werden. Man wird sich auch so schon genug über uns lustig machen. Falls nötig, trage ich die Kosten für die Rückerstattung der Spenden selbst. Auf diese Weise braucht die Sache im Klub gar nicht zur Sprache gebracht zu werden.«

»Ich finde schon, daß sie zur Sprache kommen muß«, sagte Ruth Mirbel. »Wir können das nicht vor den anderen Mitgliedern geheimhalten.«

»Wenn ich als Schatzmeisterin dafür zuständig bin, das Geld zurückzuschicken, brauche ich Hilfe«, sagte Estelle. »Allein schaffe ich das unmöglich.«

»Ich denke, wir werden den Bezirk um Rat fragen müssen«, sagte Miss Asshenden.

»Ich werde mich ganz bestimmt nicht Thorby-Smith ausliefern«, gab Mrs. Rollo ziemlich hitzig zurück.

»Beschließt, was ihr wollt. Mir ist es egal«, sagte Lady Kestrel. »Ich muß jetzt sowieso gehen.«

»Du kannst jetzt nicht gehen, Cynthia. Du bist an allem schuld.«

In diesem Augenblick klingelte es an der Tür.

»Das ist sie!« rief Mrs. Rollo.

Alle versanken in Schweigen. Sie hörten die Schritte des Dienstmädchens durch die geflieste Halle klacken. Gleich darauf wurde Mrs. Squirl hereingeführt. Sie war Besuche in derart großen Häusern nicht gewohnt, da sie eher die Reihenhäuser kannte, in denen die Kollegen ihres Mannes wohnten. Die hohen Decken, das prächtige Buntglas, das Mädchen in richtiger Kluft, all das machte ihr angst. Aber sie war eine Frau, die eine Mission hatte. Mit der behandschuhten Hand umklammerte sie den Griff eines großen Koffers, von dem sie sich nicht hatte trennen wollen.

Wie sie so dastand, die Fußspitzen in Mrs. Rollos flauschigen Teppich bohrte und ihrer Gastgeberin ins Gesicht sah, schwirrte der Ärmsten der Kopf, aber sie war entschlossen, sich nichts von dem Entsetzen anmerken zu lassen, das sie gepackt hielt. Keine Aufputschtabletten heute für Mrs. Squirl: sie war, ob dafür geeignet oder nicht, die Vorbotin einer neuen Bewegung. Sie hatte schon oft gehört, daß Menschen, die dazu ausersehen waren, den Lauf der Geschichte zu ändern, vorher ein ruhiges, eintöniges Leben geführt hatten, in dem es keinerlei Anzeichen für die ihnen zufallende Bedeutung gab. Dann plötzlich kam ihre große Stunde, und sie wußten es. Mittlerweile erkannte Mrs. Squirl, daß alles, was auch immer geschehen war, einer Bestimmung folgte. Aus heiterem Himmel hatte Lady Kestrel befunden, daß sie, Dorothy, Vorsitzende der Wytt's End Luncheon League werden sollte. Sie hatte beim Fallowfield-Fest Dudleys Rede vorlesen wollen, aber sie war ihr aus der Hand geweht worden. Statt dessen hatte sie den Mund aufgemacht, und heraus war die Rede gekommen, in der sie ... nun ja, sie konnte sich nicht *genau* erinnern, was sie gesagt hatte, aber es hatte diese gewaltige Reaktion von Frauen ihresgleichen hervorgerufen. Sie hatte sich auf die unterste Stufe gesetzt, und als sie ein halbes Dutzend ihrer Briefe gelesen hatte, hatte sie geweint, jawohl, wirklich und wahrhaftig geweint, weil sie alle so aufrichtig und hoffnungsfroh waren und wegen der schweren Last der Verantwortung, die sie ihr auferlegt hatten. Aber bald hatte sie ihre Tränen getrocknet und die Fassung wiedergewonnen, und dann hatte sie genau gewußt, was sie zu tun hatte, und ohne Bedenken Mrs. Rollo angerufen. Und hier in diesem vornehmen, luxuriösen

Raum in Gesellschaft dieser fremden, bedrohlichen Damen war es nicht anders: sie mußte lediglich abwarten und standhalten, dann würde die Erleuchtung kommen, und sie würde wissen, wie sie mit ihnen allen fertig wurde, sogar mit Mrs. Rollo. Sie hatte sich einer Sache verschrieben. Sie hatte ein Ziel.

»Stellen Sie den Koffer ab, dann gieße ich Ihnen eine Tasse Kaffee ein«, sagte Mrs. Rollo ruhig. Der Kaffee war mittlerweile lauwarm, aber sie goß ihn trotzdem, ja sogar mit einer gewissen Bosheit, ein.

»Nehmen Sie doch hier Platz, Mrs. Squirl«, sagte Ruth und sprang auf. Sie würde nicht zulassen, daß Mrs. Squirl in einem dieser atemlähmenden Sessel versank, soviel konnte sie immerhin für sie tun.

»Danke«, sagte Mrs. Squirl, nahm die angebotene Tasse entgegen und gab wie betäubt Zuckerwürfel auf Zuckerwürfel hinein, bis Estelle ihr in einem flüchtigen Anfall von Mitgefühl die silberne Schale wegnahm.

»Machen Sie nicht so ein ängstliches Gesicht, wir fressen Sie schon nicht«, sagte Cynthia, aber ihr Lächeln hatte weder einen tröstlichen noch sonst einen Effekt. Mrs. Squirl nahm es schlicht nicht wahr.

»Es gibt keinen Grund, sich so zu sorgen«, sagte Miss Asshenden. Auf diese Weise hatte sie manches zitternde Mädchen beruhigt, das im Zimmer der Direktorin gesessen hatte.

»Wenn Sie alles uns überlassen, sorgen wir dafür, daß sämtliche Spenden zurückerstattet werden«, sagte Mrs. Rollo. »Das ist zwar schwierig, aber nicht unmöglich. Wir haben die Sache besprochen, und ich habe beschlossen, daß es keinen Anlaß zu einer außerordentlichen Sitzung gibt. Solche Dinge vergißt man am besten.«

Dorothy Squirl erhob sich wie eine Schlafwandlerin und stellte ihren unberührten Kaffee auf das Tablett zurück.

»Da muß wohl ein Mißverständnis vorliegen«, sagte sie, und die Gelassenheit ihrer Stimme überraschte nur die anderen, nicht sie selbst. »Die Vorsitzende beschließt, ob eine Sitzung einberufen wird. Mit dem Komitee hat das gar nichts zu tun.«

»Aber unter diesen besonderen Umständen...«, begann Mrs. Rollo mit rotem Gesicht, doch ansonsten unerschüttert.

»...ist es trotzdem das alleinige Recht der Vorsitzenden.«

»Wenn Sie kein Vertrauen zu unserem Komitee haben, sehe ich nicht, wie wir Sie weiter unterstützen können, Mrs. Squirl.«

»Dann müssen Sie zurücktreten, fürchte ich. Das wäre schade, denn ich weiß, daß Sie in der Vergangenheit gute Arbeit geleistet haben.«

Da Mrs. Rollo so aussah, als würde sie gleich platzen, sagte Ruth Mirbel hastig: »Wir wollen uns nicht mißverstehen. Wir möchten Sie lediglich im Interesse des Klubs beraten.«

»Zu den Zielen des Klubs gehört die Förderung der Sache der Frauen in der englischsprachigen Welt. So steht es jedenfalls in der Satzung.«

»Ach, tatsächlich? Ich habe sie nie gelesen«, bemerkte Lady Kestrel mäßig interessiert.

»Nichts, was ich getan habe, hat dagegen verstoßen.«

»Nein. Aber in der Satzung steht auch, daß der Klub unpolitisch bleiben muß.«

»Ja, ich weiß. Aber ich war mir sicher, daß jemandem etwas einfällt, wie sich das umgehen läßt.«

Es verging ein Weilchen, ehe sich Mrs. Rollo hinreichend erholt hatte, um in ihrem bedrohlichsten Ton zu fragen:

»Wenn Sie schon unseren Rat nicht wollen, warum bringen Sie dann Ihre elenden Briefe hierher?«

»Ich fand, wir sollten keine Zeit verlieren. Ich wollte, daß Estelle den Empfang bestätigt und Quittungen verschickt.«

»Und wenn ich mich weigere?« wollte Estelle wissen.

»Eben deshalb wollte ich ja eine Sondersitzung. Wir werden vielleicht einige Ämter neu besetzen müssen.«

»Niemand wird bei diesem albernen Affentheater mitmachen«, rief Estelle wütend. »Ich kenne sonst keine im Klub, die mit einem Buchhalter verheiratet ist – und keine, die sich zur Schatzmeisterin machen läßt, wenn ich den Posten hinschmeiße.«

»Dann werde ich als Vorsitzende zurücktreten und mir außerhalb des Klubs jemanden suchen«, erwiderte Mrs. Squirl ungerührt. »Ob es Ihnen paßt oder nicht, es wird eine Frauenpartei geben, und ich bin Gründungsmitglied.«

3

Miss Asshenden erwachte beim Klang der Schläge ihrer Wohnzimmeruhr. Eins – zwei – mehr nicht? Sie versuchte erst gar nicht, sich vorzumachen, ihr wäre ein Schlag entgangen. Aufgrund häufiger Erfahrung kannte sie die Intervalle genau. Sie ächzte. Sie hatte sich mindestens drei, mit etwas Glück vielleicht sogar vier erhofft. Sie schlief schlecht. Das Einschlafen war kein Problem, aber ihr Schlaf war nie von langer Dauer. Der Arzt hatte ihr Schlaftabletten verschrieben, doch für eine gebildete Frau hatte sie eine seltsame Angst vor Medikamenten, besonders vor Betäubungsmitteln. Sie fürchtete, daß sie ihren Verstand beeinträchtigen könnten.

Denn sie schlief zwar nicht viel, aber im Wachen quälten sie heftig die typischen Alpträume eines alten Menschen. Sie beobachtete ihren Verstand mit dem gleichen Eifer, mit dem sie den Verstand ihrer begabten Schülerinnen beobachtet hatte. Kleine Tücken des Gedächtnisses – der Brief, von dem sie hätte schwören können, sie habe ihn in ein bestimmtes Fach gelegt, und der in einem anderen auftauchte; die zweimal bezahlte Milchrechnung – derartige Vorkommnisse erschreckten sie. Sie kontrollierte sich unablässig streng auf Fehleinschätzungen, das erste Zeichen nachlassender Intelligenz. Körperliche Schwächen konnte man durch Willensanstrengung überwinden; sie konnte energisch ausschreiten, auch wenn ihre Zehenballen entzündet und von Hühneraugen verunstaltet waren; sie konnte mit schmerzenden Augen weiterlesen; sie konnte mit bis zum äußersten angestrengten Ohren hören; aber sie wußte, wenn ihr Verstand sie im Stich ließ, war sie rettungslos verloren.

Sie war auf sich selbst angewiesen. Sie hatte keine Verwandten und keine echten Freunde. Engere Kontakte hatte sie lediglich zu einer Reihe von Mädchen gehabt, die längst verheiratet oder mit ihrer Karriere beschäftigt waren.

Sie bewohnte drei Zimmer zur Miete und bildete sich bereits ein, daß ihre Hauswirtin sie mit weniger Respekt behandelte. Steigende Kosten und eine gleichbleibende Pension hinderten sie daran, die kleinen Geschenke zu machen, welche die Kluft zwischen Menschen zweier Gesellschaftsschichten überbrücken, die sich ein Badezimmer teilen.

Da Miss Asshenden damit rechnete, nun bis zum Morgentee um halb acht wachzuliegen, begann sie sich noch einmal die Ereignisse des gestrigen Tages vor Augen zu rufen. Zuerst ließ sie die Frauen Revue passieren, mit denen sie jenen äußerst eigenartigen Vormittag verbracht hatte. Dabei stellte sie sich Mrs. Rollo, Lady Kestrel und die anderen merkwürdigerweise nicht so vor, wie sie waren, sondern setzte sie mit bestimmten Mädchen gleich, die vor langer Zeit durch ihre Hände gegangen waren. Mrs. Rollo war jene überaus energische Aufsichtsschülerin, die zur Unterdrückung von Aufsässigkeit so nützlich gewesen war, freilich von Zeit zu Zeit selbst einen Dämpfer brauchte. Lady Kestrel war das flatterhafte Geschöpf aus der unteren Sechsten, das sich schminkte und fortwährend über die Autoritäten lustig machte. Ruth Mirbel war das ziemlich gescheite, verträumte Mädchen, das sich seine schulischen Möglichkeiten dadurch verbaute, daß es mit dem Musiklehrer durchbrannte, und Dorothy Squirl war das Mäuschen aus der oberen Dritten, das sich das Handgelenk verstauchte und bloß deshalb, weil es den Arm in einer Schlinge trug, über Nacht seinen Charakter änderte. Estelle Meade mit jemandem zu vergleichen machte sie sich nicht die Mühe.

Aber wenn Dorothy Squirl auch unbedeutend war, ihre Idee war es nicht. Amy Asshenden rief sich scharf zur Ordnung. Sie hoffte zumindest, daß es so war. Und sie hoffte, daß es nicht auf ein Nachlassen ihres Denkvermögens hindeutete, wenn sie darin ein Thema sah, das sorgfältigster Prüfung bedurfte. Eine gute Idee konnte am unmöglichsten Ort entstehen – das geschah sogar häufig –, denn der ungeordnete Verstand legte der Phantasie keine Zügel an. Wer die Idee hatte, war unwesentlich – es kam nur darauf an, was danach mit ihr geschah. Wenn man es Dorothy Squirl allein überließ, etwas aus ihrer Idee zu machen, würde sie lediglich Heiterkeit hervorrufen und binnen vierzehn Tagen verpufft sein. Wenn aber jemand anders sie übernähme, sähe es schon anders aus.

Amy wand sich unbehaglich zwischen den Laken. Warum konnte das nicht in meinen besten Jahren passieren? fragte sie sich.

»Sie sind eine hervorragende Organisatorin!« Hatte das nicht der Vorsitzende des Verwaltungsrates gesagt, als sie in St. Biddulph's war?

Ach, wenn das nur damals passiert wäre! Kurzes Nachdenken überzeugte sie freilich davon, daß die Zeit damals zwar für sie, ganz sicher aber noch nicht für das Projekt reif gewesen war. Erst zwei große Kriege hatten die Emanzipation der Frau erzwungen, so wie sie die Weiterentwicklung des Flugzeuges von einem mit Streben und Draht zusammengehaltenen, plumpen Gestell zu den stromlinienförmigen Monstern von heute erzwungen hatten. Und die Situation im Parlament war heute ganz anders, viel instabiler.

Sie richtete sich leicht in den Kissen auf, und fieberhafte Erregung brachte ihre trägen Gedanken in Bewegung, während sie in der trüben Stille lag, die der Dämmerung vorausgeht. Was könnte sie mit der entsprechenden Macht schon allein auf ihrem eigenen Gebiet, dem Gebiet der Erziehung, nicht alles bewirken. Ihre Lieblingstheorien sausten ihr durch den Kopf wie Fledermäuse. Was für ein Unsinn, aberwitzig teure Lehranstalten, riesige Glaspaläste, zu bauen, wo man doch überall unterrichten konnte, in Scheunen, in Wellblechbaracken, sogar in Zelten. Auf die Lehrer kam es an, nicht auf die Schulen. Man brauchte nur die Lehrer richtig auszubilden, der Rest ergab sich dann von selbst. Und man mußte sie ordentlich bezahlen, damit die mit der entsprechenden Berufsausbildung nicht in die lukrativeren Gefilde der Industrie abwanderten. Und mit Lehrerausbildung meinte sie nicht die zwei Jahre in der Lehrerbildungsanstalt. Sie meinte einen echten, langwierigen Bildungsprozeß, der aus dem richtigen Material einen ganzen, wirklich engagierten Menschen machen würde, nicht einen dieser naßforschen, halbgebildeten Typen mit der Sehnsucht nach Reisen auf dem Kontinent. Nach ihrer Vorstellung war es undenkbar, daß ein Lehrer heiratete. Es handelte sich um eine Berufung, die der eines Ordens vergleichbar war und dieselben Verpflichtungen mit sich brachte.

Dann und erst dann, dachte sie, würden wir keine jugendlichen Straftäter mehr haben, oder nur noch sehr wenige. Ein, zwei bösartige Einzelgänger mochte es dann allenfalls noch geben, aber keine Banden übler Schurken.

Wie sie feststellte, hatte sie sich durch ihre Vision derart echauffiert, daß sie leicht zu schwitzen begonnen hatte. Sie tastete unter dem Kissen nach ihrem Taschentuch und wischte sich mit dem viereckigen Stück Cambric die Stirn.

›Armes, närrisches altes Weib‹, dachte sie und ließ sich zurücksinken. Ihre deutlich geäderten, mageren Hände zitterten.

Sie zwang ihre rasenden Gedanken zur Ruhe und stellte sich vor, wie sie wieder an dem großen Schreibtisch in ihrem alten Arbeitszimmer saß und plante, beaufsichtigte und mit kalter Klarheit Entscheidungen traf.

Bin ich wirklich schon zu alt? fragte sie sich. Frauen halten jahrelang durch. Sie sind viel unverwüstlicher als Männer. Ich habe mindestens noch zehn Jahre vor mir. Könnte ich etwas wirklich Sinnvolles damit anfangen? Etwas, was für alle Zeiten mit meinem Namen verknüpft bleibt? Bin ich dazu verurteilt, in diesen drei Zimmern vor mich hin zu modern, bis mein Verstand schließlich doch versagt und man mich notgedrungen wegbringt, in das, was früher das Arbeitshaus und dann die Anstalt hieß und am Ende als St. Sowieso-Krankenhaus bezeichnet wird?

Niemals ... niemals.

Und plötzlich kam es ihr vor, als sei ihr Verstand so vollkommen klar und rational wie in den alten Zeiten und sie könne die Situation deshalb absolut objektiv beurteilen. Da sie noch nie einen Sinn für Humor gehabt hatte, kam sie nicht auf den Gedanken, wie komisch das war.

Sie nahm Dorothy Squirl weiß Gott nicht ernst, denn sie erinnerte sich wohl, wie das Mäuschen wieder normal geworden war, sobald man ihm die Schlinge abgenommen hatte. Falls Dorothy Squirl sich als Problemfall erwies, konnte man sie jederzeit ausschließen! Hier entfuhr Amy zu ihrer eigenen Überraschung ein kurzes, freudloses Gackern. So idiotisch die berühmte Rede in mancher Hinsicht auch sein mochte, sie war nun einmal gehalten, und der Stein war ins Rollen gebracht worden. Sofern nicht in einem bedeutenderen Blatt als dem *Wytt's End Chronicle* darüber berichtet wurde, würde sich die ganze Aufregung wahrscheinlich von selbst legen, und es bliebe, wie Mrs. Rollo es gewünscht hatte, nur übrig, die Spenden zurückzuerstatten und vor der Bezirksvorsitzenden zu Kreuze zu kriechen. Falls die Idee aber einschlug und Anhängerinnen fand, müßte man rasch handeln, bräuchte man einen genau festgelegten Plan, um sofortige Schritte zu ermöglichen. Sonst ginge die Initiative in andere Hände über, und die Damen von Wytt's End befänden sich in der Nach- anstatt in der Vorhut.

Sie begann, über mögliche Verbündete nachzudenken, die Aufsichtsschülerin, die Flatterhafte, die gescheite, aber sprunghafte Romantikerin – und ihre Wahl fiel auf letztere. Ruth Mirbel war bereits interessiert. Amy begann zu planen und vorauszuschauen, als sei die Idee nicht bloß eine wilde, verschwommene Vorstellung, sondern durchaus realitätstauglich und ausbaufähig, und dabei schlief sie,

Wunder über Wunder, wieder ein und wurde erst von ihrer Zimmerwirtin geweckt, die den Tee brachte.

»Na, Sie ha'm ja geschlafen wie 'n Murmeltier«, sagte Mrs. Bush in gönnerhaftem Ton, während sie die Vorhänge zurückzog. »Hab zweimal klopfen müssen, bis Sie mich gehört ha'm.«

Sie trat ans Fußende des Bettes und musterte ihre Untermieterin in deren hochgeschlossenem Flanellnachthemd mit spöttischem Blick. Könnt sich auch ma' was Moderneres kaufen, dachte sie, gerauhtes Nylon, wenn se nix Durchsichtiges mag.

»Ich geh heut abend zu meiner Versammlung«, sagte sie. »Ich stell Ihnen dann wie üblich bißchen Rogen hin, dazu könn'Se sich Toast machen und das Ganze untern Grill tun.«

»Ich möchte eine kleine Seezunge«, sagte Miss Asshenden sehr bestimmt. »Ich habe in letzter Zeit viel zu häufig Rogen gegessen. Und bitte sorgen Sie dafür, daß der Fischhändler sie auf beiden Seiten abhäutet«, fügte sie streng hinzu.

Mrs. Bush war zu verblüfft, um mehr als ein Nicken zustande zu bringen. Doch kaum war sie zur Tür hinaus, brummelte sie mit einem streitlustigen Blick zurück:

»Was'n in den alten Besen gefahren? Is ja ganz was Neues!«

An diesem Nachmittag, einem Freitag, dem normalen Erscheinungstag, kam der *Wytt's End Chronicle* mit einer Balkenüberschrift heraus: FRAUENPARTEI INS PARLAMENT, und darunter ›Fordert Vorsitzende des Luncheon Club‹.

»Eine von deiner Bande ist anscheinend völlig übergeschnappt«, sagte Edward Rollo, als er vom Büro nach Hause kam, und reichte seiner Frau die Zeitung.

»Du kommst auch jeden Tag früher«, meinte sie und nahm die Zeitung ohne ein Wort des Dankes entgegen.

»Heute haben wir Freitag«, erklärte Mr. Rollo geduldig. »Nach vierzig Jahren Herumhocken am selben Schreibtisch kann man sich ohne allzu große Gewissensbisse davon losreißen.«

Edward Rollo war irgend etwas bei der Stadt. Was genau, hatte offenbar sogar Mrs. Rollo vergessen. Aber was machte das schon, solange er weiterhin für ein gutes Einkommen sorgte.

»Ts!« machte sie, als sie wie befürchtet oben auf der Titelseite ein Foto sämtlicher Leute auf dem Podium, sie selbst deutlich erkennbar im Vordergrund, sah.

»Du wirst ihr kräftig auf die Finger klopfen müssen«, fuhr Mr. Rollo fort und fügte vieldeutig hinzu: »Das dürfte dir eigentlich nicht schwerfallen.«

Mrs. Rollo, die gerade etwas hatte sagen wollen, überlegte es sich anders und antwortete bissig: »Wenn ich deinen Rat brauche, Edward, sage ich dir Bescheid.«

»Das heißt hoffentlich nicht, daß du irgend etwas mit diesem Unsinn zu tun haben willst.«

»Du hältst es also für Unsinn!«

»Jawohl, für verdammten, gefährlichen, schädlichen Unsinn! Wer weiß, wo das alles hinführt, wenn man erst einmal anfängt, den Frauen solche Ideen in den Kopf zu setzen. Womöglich gibt es noch ein paar Dummköpfe, die das Ganze ernst nehmen.«

»Du würdest mich doch wohl nicht als Dummkopf bezeichnen, Edward?«

»Heißt das etwa, daß du...?« Er starrte sie entgeistert an.

»Ich habe mich noch nicht entschieden. Ich stürze mich nicht in etwas hinein, ohne es vorher gründlich zu überlegen, das ist nicht meine Art. Ich stimme dir zu, daß das hier« – sie klopfte mit den Fingerkuppen scharf auf die Zeitung – »äußerst unglücklich ist. Äußerst unglücklich. Aber die Idee als solche bietet Möglichkeiten. Ja, sie bietet durchaus Möglichkeiten.«

»Aber du lieber Gott, es wäre eine nationale Katastrophe, den Frauen noch mehr Mitspracherechte zu geben, als sie im Augenblick haben! Sie richten ohnehin schon genug Schaden an. Und sie in wirkliche Machtpositionen zu bringen – so verrückt und voreingenommen und dogmatisch, wie sie sind –, Allmächtiger, der Gedanke jagt mir einen Schauer über den Rücken.«

»Ach ja?«

»Frauen sind ihrer ganzen Veranlagung nach völlig ungeeignet, über irgend etwas, das größer ist als ein Haushalt, Autorität auszuüben.«

»Danke für das Kompliment, Edward.«

»Mit einer Ausnahme, meine Liebe«, ergänzte er hastig. »Ich war immer der Meinung, daß du eine außergewöhnliche Frau bist.«

»Ich hoffe doch, ich mache sinnvollen Gebrauch von meinen Gaben«, sagte Mrs. Rollo einigermaßen besänftigt.

»Eben deshalb vertraue ich ja auch darauf, daß du mit

deiner Vernunft der Sache von vornherein entschieden entgegentrittst. Auf dich hören sie. Wenn man das erst einmal einreißen läßt, dann gnade uns Gott!«

»Du klingst ja wirklich beunruhigt, Edward.«

»Natürlich bin ich beunruhigt. Das wärst du auch, wenn du sähst... wenn du sähst...«

»Schon gut. Ich weiß schon, was du sagen willst. Ich sehe nur eins. Nach der Heftigkeit deiner Reaktion zu urteilen, ist an der Idee erheblich mehr dran, als ich zunächst dachte.«

»Dann hör ausnahmsweise einmal auf meinen Rat. Distanziere dich, so schnell du kannst, von dieser Mrs. Squirl. Ohne deine Unterstützung kann sie sich nicht halten und richtet keinen weiteren Schaden an.«

»Ach, was Dorothy Squirl angeht, steht mein Entschluß fest. Wir müssen sie bei nächster Gelegenheit loswerden.«

Sie sagte das mit solcher Bösartigkeit und eisiger Entschlossenheit, daß Edward Rollo blinzelte, unbehaglich auf dem Stuhl hin- und herrückte und sagte: »Wohlgemerkt, ich wünsche ihr natürlich nichts Schlimmes.«

»Das Wort ›loswerden‹ ist nicht gleichbedeutend mit ›ermorden‹. Cynthia Kestrel ist dem gleichen Irrtum unterlegen.«

»Dann macht sie also auch mit, wie?«

»Du weißt sehr wohl, daß sie dem Komitee angehört, genau wie Amy Asshenden und Ruth Mirbel.«

»Ich weiß sehr wenig über deine Beschäftigungen, außer daß sie zahllos sind und dir keine Zeit für deinen Mann lassen.«

»Ich bitte dich, Edward, in unserem Alter kann man

nun wirklich nicht erwarten, daß wir ständig umeinander herumtanzen. Ich habe nicht vor, mein Interesse an öffentlichen Aktivitäten aufzugeben, um mit dir am Kamin zu sitzen.«

»Nicht einmal, wenn ich mich pensionieren ließe?«

»Du kannst dich noch nicht pensionieren lassen. Du wärst nur unglücklich ohne Beschäftigung; außerdem können wir uns das nicht leisten.«

Mr. Rollo zuckte die Achseln. »Was meint denn Cynthia Kestrel zu alledem?«

»Im Moment neigt sie zu Enthusiasmus. Aber sie ist völlig verantwortungslos. Ihr Privatleben war schon immer skandalös, aber mittlerweile wird es auch noch lächerlich. Du weißt vermutlich, daß sie sich von dem Brigadier aushalten läßt, und der ist mindestens achtzig.«

»Und die anderen beiden?«

»Die sind noch unschlüssig. Sie warten auf einen Hinweis von mir.«

»Dann gib ihnen um Gottes willen den richtigen.«

»Du kannst sicher sein, daß ich meiner Pflicht entsprechend handeln werde«, sagte Mrs. Rollo kühl. Dann schenkte sie ihm keine Beachtung mehr, sondern ließ sich nieder, um den ausführlichen Bericht über Dorothy Squirls Jungfernrede zu lesen und darüber nachzudenken, während Edward Rollo in dem traurigen Bewußtsein, sich durch die Enthüllung seiner Ängste einen Bärendienst erwiesen zu haben, in sein Arbeitszimmer davonschlich.

Als Lady Kestrel gegen halb sieben in ihre Wohnung zurückkehrte, fand sie dort einen nicht unerwarteten, aber nie sehr willkommenen Gast vor. Da Jacko seit geraumer Zeit die Miete bezahlte, konnte sie ihm schlecht das Privileg eines eigenen Schlüssels verweigern.

Er saß in einem Ohrensessel, in dem er wegen seiner zerbrechlich wirkenden Magerkeit kaum zu sehen war. Auf seinen Knien lag der auf der Börsenseite aufgeschlagene *Daily Telegraph*. Er war eingedöst, was ihm in letzter Zeit häufiger passierte. Als sie ins Zimmer geschlendert kam, ihren Mantel ablegte und dann ihren Hut auf ein kleines Sofa warf, wachte er auf.

»Du kommst spät«, sagte er vorwurfsvoll.

»Und wenn schon. So hast du wenigstens dein Nickerchen machen können. Ach, gib mir einen Drink, Jacko. Einen Tio Pepe. Ich war bei dieser gräßlichen Meade, und die haben nur zwei Sorten Sherry: goldenen Sirup und schwarzen Zuckersaft.«

»Also nein, ich muß schon sagen, das ist ja köstlich, meine Liebe. Goldener Sirup oder schwarzer Zuckersaft. Geradezu druckreif. Verteufelt komisch!«

Im Sprechen taperte er auf dünnen Beinen zum Cocktailschrank hinüber, während seine ganze Gestalt von Greisenheiterkeit geschüttelt wurde.

Sie zuckte die Achseln, richtete sich mit den Fingerspitzen die toupierten Haare und betrachtete dabei ihr Gesicht im Spiegel über dem Kamin, der von Einladungskarten starrte wie ein Stachelschwein von Stacheln.

»O Gott, ich sehe ja entsetzlich aus! Ich habe im Geld gewühlt, Jacko, auf einem scheußlichen Blümchenteppich auf Händen und Knien Postanweisungen über eine halbe Krone sortiert. Tue ich dir nicht leid?«

»Trink das, dann geht's dir gleich besser, meine Liebe. Geld, wie? Ich dachte, davon wäre nicht mehr viel da.«

»Aber doch nicht mein Geld. Es waren Spenden von einer Menge langweiliger Frauen, die sich gern im Parlament sähen.«

»Aber gibt's da nicht schon genug Mädels? Verdirbt sie bloß, denke ich immer. Kostet sie ihre ganze Weiblichkeit.«

»Das hier ist etwas anderes. Es ist für eine Partei, verstehst du?«

»Ach, für eine Party? Das ist allerdings etwas anderes. Für eine Party bin ich immer zu haben, besonders wenn es was Anständiges zu trinken gibt.«

»Nein, für eine Partei. Wie Labour und die Tories. Aber nur für Frauen.«

»Dummes Zeug! Ich weiß gar nicht, warum Frauen sich den Kopf über Politik zerbrechen wollen. Warum können sie nicht alle so sein wie du, lebenslustig und hübsch. Männer mögen keine gescheiten Frauen, das war schon immer so und wird auch immer so sein.«

»Ich weiß ja nicht, was ich davon halten soll!«

»Du bist anbetungswürdig, so wie du bist.« Er machte einen ungeschickten Versuch, ihr einen Kuß auf die Wange zu geben, dem sie geschickt auswich, indem sie ihm das Glas zum Nachfüllen hinhielt. »Was gibst du dich überhaupt mit den albernen Geldgeschichten dieser Leute ab?«

»Tja, das war meine eigene Schuld. Ich habe mich aus reiner Neugierde freiwillig gemeldet. Ich wollte nur sehen, wieviel ihnen daran liegt und ob sich etwas daraus machen läßt. Vielleicht schicken wir das Geld ja zurück. Vielleicht auch nicht.«

»Ziemlich dumm, jemandem Geld zurückzuschicken, wie? Besser, man läßt es da, wo es zu etwas nutze ist. Übrigens geht dir allmählich der Sherry aus.«

»Ach ja? Dann schick doch welchen vorbei, sei so lieb. Aber vergiß es nicht. Ich bin nicht gern ohne.«

»Ich habe schon eine ziemlich hohe Rechnung beim Weinhändler offenstehen.«

»Dann eröffne eben irgendwo anders ein Konto. Früher warst du souveräner, Jacko.«

»Das ist das Alter, meine Liebe.«

»Du hast mir selbst oft gesagt, man ist nur so alt, wie man sich fühlt.«

»Genauso ist es. Ich fühle mich verdammt alt.«

»Ach was.« Sie überwand sich dazu, ihm sanft den Rücken zu tätscheln, nicht zu kräftig, damit er nicht umfiel. »Noch steckt Leben in den alten Knochen. Was dir fehlt, ist dein Essen. Gib mir zehn Minuten Zeit, mich frisch zu machen und etwas Festlicheres anzuziehen, dann brechen wir auf. Wo soll's hingehen? Irgend etwas Schikkes, um dich aus deiner Niedergeschlagenheit zu reißen? Oder wäre dir etwas Ruhigeres lieber, wo wir ungestört sind?«

»Wir ... wir könnten wohl nicht zur Abwechslung mal hier essen?«

»Aber Jacko, ich bitte dich! Du erwartest doch wohl nicht, daß ich das Frauchen spiele, mir eine schnuckelige Schürze umbinde und dir eine Omelette mache? Das wäre nun wirklich fad. Was wir beide brauchen, ist ein richtig delikates Essen, das uns aufmöbelt und in andere Stimmung bringt. Ich hätte gern etwas ziemlich Teures, aber nicht zu Schweres. Vielleicht Schellfisch und danach ein winziges Steak. Und Crêpes Suzette. Wir sparen dann am Wein. Ein schöner Rheinwein und danach ein wenig Burgunder. Fühlst du dich nicht schon beim Gedanken daran jünger?«

»Nein, eher ärmer.«

»Du meine Güte, ich hoffe, du fängst nicht an, über Geld zu muffeln. Wenn dich die Börsenseite depressiv macht, solltest du sie nicht lesen. Wie langweilig! Ich wollte dich übrigens um ein winziges Darlehen bitten. Ich bin fürchterlich in den roten Zahlen.«

»Das hat keinen Sinn, Cynthia. Es geht nicht. Es ist schlicht unmöglich. Du weißt, ich würde für dich tun, was ich kann, aber ich kann einfach nicht. Außerdem ...«

»Außerdem was?« fragte sie scharf.

»Ich wollte mit dir reden. Deswegen wäre es mir auch lieber, wir äßen hier. Ich fürchte, du wirst nicht allzu erbaut sein.«

»Wenn du etwas Unerfreuliches zu sagen hast«, bemerkte sie kalt, »dann warte damit, bis wir gegessen haben. Ich bin dann eher in der Lage zuzuhören.«

»Du bist dann vielleicht eher in der Lage zuzuhören, aber ich fühle mich weniger imstande, es dir zu sagen. Vielleicht vergesse ich es sogar völlig. Mein Gedächtnis ist in letzter Zeit nicht mehr allzu verläßlich.«

»Wenn es etwas Unerfreuliches ist, vergißt man es ohnehin besser.«

»Nein, so kann es nicht mehr weitergehen. Ich habe versprochen, daß ich es dir heute abend sage. Es ist nämlich alles für nächste Woche festgesetzt.«

»Jacko, du sprichst in Rätseln. Wem hast du versprochen, daß du es mir sagst, und was ist für nächste Woche festgesetzt?«

Er verfärbte sich. Hoch auf seinen Wangenknochen bildeten sich zwei merkwürdige, rautenförmige Flecken in gräßlichem Rosa, und er sagte nicht ohne eine gewisse Würde:

»Meine Heirat.«

Es gibt mehrere Arten, einen Schock zu ertragen. Eine Lady mit Kinderstube erträgt ihn standhaft.

Und so fragte Lady Cynthia Kestrel nach kurzem Schweigen ganz ruhig: »Wer ist denn die Glückliche, du alter Narr?«

»Mrs. Corder«, sagte er schlicht.

»Deine Haushälterin? Du mußt den Verstand verloren haben.«

»Im Gegenteil, ich bin zu Verstand gekommen. Ich werde wirklich alt, Cynthia. Das weißt du doch selbst. Ich brauche Ruhe und Bequemlichkeit. Das ganze Herumgehopse wird mir einfach zuviel. Und sie verläßt mich, wenn ich sie nicht heirate. Das hat sie selbst gesagt.«

»Hast du es mit einer Lohnerhöhung versucht?«

»Ich habe ihr seit ein, zwei Monaten gar keinen Lohn mehr bezahlt. Du hast meine Mittel aufgezehrt, meine Liebe. Ich kann dem Filialleiter meiner Bank nicht mehr ins Gesicht sehen. Ich fürchte, du wirst deine Miete künftig selbst aufbringen müssen. Es hat keinen Sinn, Cynthy. Wo nichts ist, kann man nichts holen.«

»Da magst du recht haben.«

»Du mußt nicht denken, daß ich meine Zeit hier mit dir

nicht genossen habe. Ich habe deinen Typ Mädchen immer bewundert. Du ziehst dich gut an. Bewegst dich wie ein Vollblut. Ich war stolz darauf, dich auszuführen. Habe gesehen, wie die Leute sich umsahen und die anderen Burschen mich beneideten. Tja, aber nun ist es vorbei.«

»Ist dir bei aller Seligkeit eigentlich je in den Sinn gekommen, dich zu fragen, wie sehr ich es genossen habe?«

»Mir war klar, daß du nicht gerade in mich verschossen bist, meine Gute«, räumte er, wieder mit jenem Anflug von Würde, ein, »aber ich dachte, es sei ein Arrangement, das uns beiden zusagt. Ich hätte es niemals aufrechterhalten, wenn ich gedacht hätte, daß meine Gegenwart dir widerwärtig ist.«

Sie besaß soviel Anstand nachzugeben. Unvermittelt knipste sie ihr Lächeln an.

»Keine Sorge, Jacko. Wir haben Spaß zusammen gehabt, wie du ganz richtig sagst. Vielleicht können wir dann und wann zusammen essen gehen. An deinem freien Abend«, fügte sie boshaft hinzu.

»Ha, das ist gut! Das ist wirklich gut. Mein freier Abend, nein wirklich! Aber daß Mrs. Corder nichts davon erfährt!«

»Du wirst vermutlich alles ihr hinterlassen?«

»Werde mein Testament ändern müssen. Möchte die Ärmste nicht in Verlegenheit bringen. Sie hält sehr auf Achtbarkeit. Ich sage dir, was ich tue. Ich setze dir ein kleines Legat aus und begründe es damit, daß ich deine Mutter gekannt habe. Versprochen.«

»Tja, immer noch besser als in die hohle Hand gespuckt«, sagte Lady Kestrel.

Als Jacko sich über diese archaische Derbheit ausgekichert hatte, fragte er zaghaft:

»Hast du eigentlich je daran gedacht, dich wieder zu verheiraten, Cynthy?«

Sie zögerte. Dann sagte sie leichthin: »Ich bin keine so gute Partie wie du, Jacko. Ich bin nämlich nicht jung genug – oder alt genug –, und ich habe kein Geld zu hinterlassen.«

»Du bist herrlich, meine Liebe«, sagte er, hob ihre Hand und strich sacht mit seinen pergamentenen Lippen darüber. »Und jetzt beeil dich mit deiner Toilette, sonst kommen wir zu spät zum Essen.«

»Bist du mir böse, wenn ich heute abend doch nicht mitkomme, Jacko? Ich bin sehr müde.« Sie lächelte strahlend.

»Ganz wie du möchtest. Dann nehme ich mir einfach ein Taxi und fahre nach Hause.«

»Zu Mrs. Corder?«

»Zu meiner zukünftigen Frau.«

»Tja, ich wünsche dir alles Gute, Jacko. Du verzeihst mir, wenn ich der Zeremonie nicht beiwohne. Wo findet sie übrigens statt?«

»Auf dem Standesamt. Ich wäre auch nicht so taktlos gewesen, dich einzuladen.«

»Und die Flitterwochen?«

»In unseren getrennten Schlafzimmern in meinem Haus.«

Danach blieb nichts mehr zu sagen. Aber er gab ihr ihren Schlüssel zurück, und sie half ihm in den Mantel, der für den Juniabend dick und für seine abgemagerten Schultern viel zu schwer war.

Sie schaute aus ihrer Wohnung im ersten Stock auf den Vorplatz hinunter und sah zu, wie er mit dem Taxi davonfuhr.

›Da geht mein letzter fester oder nahezu fester Ernährer‹, dachte sie. Armer alter Jacko. Es war so lange her, daß er ein tapferer Soldat gewesen war. So lange her, daß er ein Frauenherz hatte höher schlagen lassen. Jetzt hatte er sich zu seiner Pflegerin und Gesellschafterin abgesetzt, und sie wünschte den beiden viel Spaß.

›Dann also doch Omelette‹, dachte sie trübsinnig. Aber es gibt Dinge, die selbst eine professionelle Goldgräberin nicht verdauen kann.

Während sie die Eier für ihr einsames Mahl aufschlug (und sie war keineswegs unfähig zu kochen), kehrten ihre Gedanken zu ihrer Mühsal im Hause Meade zurück.

Bei ihrer gegenwärtigen Knappheit erschien es ihr herrlich, daß sie dort zwischen so vielen kleinen Postanweisungen hatte kauern dürfen.

›Falls die Sache einschlägt‹, überlegte sie, ›falls sie größer wird und das Geld so richtig hereinkommt, müßte doch auch ein bißchen was für mich abfallen. Von der Publicity ganz zu schweigen. Die allein reicht schon für jede Menge Einladungen zum Essen. Die alte Roly-Poly kann mekkern, soviel sie will. Die Squirrel ist mein Produkt und wird genau das tun, was ich ihr sage. Ich werde dieses absurde Projekt auf Teufel komm raus unterstützen. Viel anderes bleibt mir schließlich auch nicht.‹

4

Unterdessen war das Leben in der Hill Crest Avenue nicht durchweg eitel Freude und Sonnenschein.

Am Freitag abend hatte ein kleiner Junge das zusammengerollte Exemplar des *Chronicle* in den Briefkasten gesteckt. Am Samstag morgen nach dem Frühstück machte Dudley, der die Fünftagewoche hatte, es sich gemütlich, um sie zu genießen. Er legte stets Wert darauf, sie von Anfang bis Ende durchzulesen, da er es für seine Pflicht hielt, mit den örtlichen Angelegenheiten auf dem laufenden zu sein, doch heute ging er unter einem anderen Blickwinkel daran, etwa so wie ein junges Mädchen, das sich zu einem Stelldichein mit seinem Liebsten begibt. Er erwartete, sich gedruckt zu sehen. Niemand in seiner unmittelbaren Umgebung hatte es gewagt, ihm reinen Wein einzuschenken. Ein, zwei Leue, denen er im Büro und anderswo begegnet war, hatten ihm zur Rede seiner Frau gratuliert, und als er einmal erwidert hatte: »Schön, daß sie Ihnen gefallen hat, alter Knabe. Hab sie nämlich selbst geschrieben«, hatte er den Eindruck gehabt, daß ihn der Bursche sonderbar ansah, aber das hatte er auf Neid zurückgeführt.

Doch kaum hatte er seine Pfeife angezündet und die Zeitung glattgestrichen, als es ein unsanftes Erwachen gab. Die Pfeife erlosch, während er las, und Überraschung und Wut gingen allmählich in blankes Entsetzen über.

Als er den Artikel zu Ende gelesen hatte, erhob er sich und rief, wie schon einmal, die Treppe hinauf: »Dorothy! Dorothy!«

Mrs. Squirl, die gerade beim Bettenmachen war und deren Herz schuldbewußt pochte, während sie Laken glättete und Kissen aufschüttelte, trat auf den Treppenabsatz hinaus.

»Was zum Teufel hast du da gemacht?« Er klopfte mit den Knöcheln auf den anstößigen Artikel. »Das ist nicht meine Rede.«

»Ich konnte nichts dafür. Sie ist mir aus der Hand geweht worden, Dudley«, verteidigte sich Mrs. Squirl mit schwacher Stimme.

»Was soll das heißen? Dann hast du die Büroklammern nicht richtig festgesteckt.«

»Ich habe sie so oft gelesen. Das war wahrscheinlich der Grund. Davon haben sie sich wohl ausgeleiert. Es war sehr windig auf dem Podium. Eine Bö hat sie erfaßt.«

»Aber du hast sie doch in der Hand gehabt, oder?«

»Ja, aber es hat mir den Rock hochgeweht. Ich habe sie wahrscheinlich losgelassen, als ich meinen Rock festhalten mußte.«

»Warum bist du dann nicht gleich hinterher?«

»Aber Dudley, wie denn?«

»Du hättest wenigstens das sagen können, woran du dich noch erinnerst. Es war nicht nötig, diesen ganzen Quatsch von sich zu geben.«

»Das ist einfach so gekommen. Wahrscheinlich, weil ich hin und wieder darüber nachgedacht habe.«

»Ha! Über so etwas denkst du doch überhaupt nicht nach!«

»Woher willst du denn wissen, was ich denke?« gab seine Frau hitzig zurück.

Nach kurzem, bitterem Schweigen sagte Dudley: »Jedenfalls hast du uns ruiniert, soviel steht fest. Der Stadtrat wird wohl kaum jemanden in ein verantwortungsvolles Amt berufen, von dem bekannt ist, daß seine Frau spinnt. Kein Wunder, daß die Leute mich angestarrt und hinter vorgehaltener Hand gekichert haben.« Letzteres war eine dramatische Übertreibung.

»Es tut mir leid, Dudley«, sagte Mrs. Squirl.

»Dazu hast du auch allen Grund. Nun komm doch endlich die Treppe herunter. Ich kriege noch einen steifen Hals, wenn ich weiter so mit dir rede.«

Mrs. Squirl stieg langsam die Treppe hinunter.

»Du siehst nicht so aus, als täte es dir besonders leid«, bemerkte Dudley in vorwurfsvollem Ton.

»Ich glaube, es war Bestimmung«, sagte Mrs. Squirl fest.

»Was!«

»Ich glaube, irgendwer mußte es tun, und ich wurde auserwählt.«

Dudley stierte sie an, als könnte er Augen und Ohren nicht trauen. »Du mußt wirklich wahnsinnig sein!«

»Du brauchst gar nicht erst zu versuchen, mich durch einen deiner lächerlichen Angriffe auf meine Intelligenz aus dem Konzept zu bringen. Das tust du nur, damit ich mich für ein Dummchen halte. Ivy hat mir das alles erklärt.«

»Die ist also auch beteiligt! Das hätte ich mir ja denken können. Ich dulde dieses Weib nicht mehr in meinem Haus. Ich habe dich schon immer gewarnt, daß sie ein ordinäres Luder ist und einen schlechten Einfluß auf dich hat.«

»Laß gefälligst meine Freundinnen zufrieden.«

»Pah! Nach dieser Geschichte wird dir keine Freundin mehr bleiben. Du wirst zum Gespött der ganzen Gegend.«

»Unsinn! Ich habe viele Freundinnen. Neue Freundinnen. Was glaubst du wohl, wer mir all die netten Briefe geschrieben hat?«

»Das ist also die Erklärung. Mein Gott! Es war gar kein Geld in den Briefen, wie?«

»Nein, es war kein Geld drin, sondern Postanweisungen und Briefmarken.«

»Und wo um alles in der Welt sind sie jetzt? Was hast du damit gemacht?«

»Sie sind alle bei Estelle Meade. Sie und Lady Kestrel haben sie für mich sortiert.«

Die Erwähnung von Lady Kestrel stoppte Dudley wie eine linke Gerade ans Kinn. Sie war seine Göttin – das Muster von Weiblichkeit. Allein ihr gesellschaftlicher Rang versicherte sie seiner unsterblichen Hochachtung.

»Du willst doch nicht etwa behaupten, daß sie dabei mitmacht?« fragte er ungläubig.

»Sie hat mich gestern abend angerufen, als du bei deiner Sitzung warst, und gesagt, sie findet, ich sei sehr tapfer gewesen und sollte mir keine Sorgen machen. Ganz gleich, was passiert, ich sollte alles ihr überlassen. Das sei ich ihr schuldig, schließlich hätte sie mich überhaupt erst nominiert.«

»Was sollte das denn heißen, daß du tapfer gewesen bist?«

»Ich glaube nicht, daß sie die Rede gemeint hat«, gab

Mrs. Squirl arglos zu. »Ich habe Mrs. Rollo in ihrem eigenen Wohnzimmer Paroli geboten.«

»Du warst bei den Rollos? Wann war das?«

»Donnerstag morgen. Ich habe die ganze Post hingebracht.«

»Das hast du mir gar nicht erzählt. Du hast mich die ganze Zeit hintergangen.«

»Ich habe dich nicht hintergangen, Dudley. Ich muß dir nicht jedesmal sagen, wo ich hingehe, oder?«

»Die alte Rollo hat sich das wohl nicht einfach gefallen lassen.«

»Ich habe sie daran erinnern müssen, daß ich jetzt ihre Vorsitzende bin.«

»Mein Gott! Dann will ich dich jetzt mal an etwas erinnern. Wenn dieses Geld nicht verdammt schnell an seine ursprünglichen Besitzerinnen zurückgeht, wirst du dich mit deinen sauberen Freundinnen vor einem Richter wiederfinden. Über Geld kannst du mir nichts erzählen. Das ist mein Job. Oder war's...«, fügte er düster hinzu. »Keine Ahnung, wie lange es jetzt noch dauert, bis ich auf der Straße sitze.«

Mrs. Squirl senkte den Kopf.

»An mich hast du wohl nicht gedacht, als du dieses idiotische Spiel angefangen hast? Oder an deinen Sohn, dessen Chancen du durch dein ungeheuerliches Verhalten ruiniert hast?«

»Nein«, sagte Mrs. Squirl, als sei sie selbst darüber erstaunt. »An dich und Owen habe ich nicht gedacht – nicht ein einziges Mal. Aber so ist das eben, wenn einen so etwas überkommt.«

»Ich ertrage das nicht!« rief Dudley. »Ich muß hier raus, sonst werde ich noch verrückt. Ich mache einen Spaziergang im Wald oben. Ich weiß nicht, wann ich zurückkomme. Vielleicht nie!«

Mit dieser düsteren Drohung stakste er ohne Hut und Mantel und ohne seinen Lieblingsspazierstock zur Haustür hinaus.

Als die Tür zuknallte, tauchte Master Owen Squirl aus dem Eßzimmer auf, wo er vor dem Sturm Schutz gesucht hatte.

»Mann! Ihr habt euch ja ganz schön in der Wolle gehabt«, meinte er voller Bewunderung.

»Du hättest nicht zuhören sollen. Es geht dich nichts an«, sagte seine Mutter wütender, als ihr lieb war.

»Na, und ob's mich was angeht. Du hast mein Leben ruiniert.«

»Wenn die Frauen erst wirklich etwas zu sagen haben, dann hast du auch ein Leben, das sich ruinieren läßt, und das ist schon mal etwas.«

»Nee, mal im Ernst«, sagte Master Owen. »Ich wollte, du würdest mal 'n bißchen die Luft anhalten. Die Jungs haben's auch schon alle spitzgekriegt. Ich find's verdammt peinlich.«

»Glaubst du etwa, du hast mich nie in peinliche Situationen gebracht?« rief Mrs. Squirl wütend. »Wie war das denn damals, als du deine Tante Laura gefragt hast, was Cousine Dorrie da im Gesicht hätte, obwohl da gar nichts war?«

»Aber da war ich erst sechs!«

»Das genaue Jahr spielt überhaupt keine Rolle«, sagte

Mrs. Squirl. »Außerdem ist es später auch noch vorgekommen. Als ich dich zu dem Ramschverkauf mitgenommen habe, um dich vorzuzeigen, hast du geschmollt und dich hinter den Linoleumrollen versteckt. Du bist ein kleines Ekel.«

Und damit ließ sie ihn stehen und rauschte ihrerseits davon, und zwar in den Hintergarten, um sich zu beruhigen.

Doch auch dort war es ihr nicht vergönnt, allein zu sein, denn kaum war sie dort angekommen, als auch schon Ivy auftauchte, die beobachtet hatte, wie Dudley an ihrem Wohnzimmerfenster vorbei den Hügel hinaufstieg. Aufgrund des Gefälles lag ihr Haus höher als das der Squirls, und sie stand auf einer Treppe, von der aus sie auf ihre Freundin hinuntersah.

»Habe ich etwa harte Worte gehört?« fragte sie munter.

»Gehört nicht«, sagte Mrs. Squirl, »bloß geahnt.«

»Ganz recht, Liebes. Ich hab ihn in der Küche frühstücken sehen und gedacht, jetzt dauert's nicht mehr lang. Na, mach dir nichts draus, Schätzchen. Das ist in hundert Jahren noch ganz genauso.«

»Nicht, wenn wir an die Macht kommen.«

»Du nimmst das alles also wirklich ernst.«

»Du etwa nicht?«

»So was kann man nicht übers Knie brechen. Aber vielleicht wird ja was draus. Was für eine Farbe nehmen wir übrigens? Blau oder Rot oder Gelb geht nicht, die sind schon vergeben. Wie wär's mit Grün? Nein, das bringt Unglück.«

»Weiß ginge noch«, schlug Mrs. Squirl vor.

»Wahrscheinlich werden wir eher Schwarz brauchen. Dein Telefon klingelt. Gib bloß acht. Wenn's ein Zeitungsreporter ist, dann sag lieber nichts. Dudley soll ja nicht gleich am Anfang einen Herzanfall kriegen.«

Ivy hatte wie viele andere Frauen die merkwürdige Gabe, Ereignisse scheinbar vorausahnen zu können, aber selbst sie wäre überrascht gewesen, wenn sie erfahren hätte, daß Gabrielle Patch nur drei Straßen entfernt war und ihre Tante erst vor einer Minute gefragt hatte: »Darf ich mal dein Telefon benutzen, Tantchen?«

Gabrielle Patchs geistige Heimat war die Fleet Street, ihre eigentliche jedoch Nord-London. Fast jeder hat eine Tante, die in Nord-London wohnt, und Gabby hatte deren mehrere. In diesem Fall handelte es sich um ihre Tante Blanche, bei der sie übers Wochenende zu Besuch war.

Gabrielle war unter dem Pseudonym »Die Sphinx« Verfasserin einer seit langem etablierten Kolumne in einer der irreführenden Tageszeitungen. Sie wirkte mit ihrem steinernen Äußeren ein wenig wie eine Sphinx, war jedoch beileibe nicht schweigsam. Ihre Klatschspalte verriet eine dezidiert weibliche Sicht und provozierte zahlreiche Zuschriften. Wie alle abgebrühten Typen hatte Gabrielle einen weichen Kern. Das verlieh ihren Artikeln etwas Rührseliges, das sie sehr populär machte. Sie konnte Zuckerguß produzieren und auf die Tränendrüse drücken, das einzige Problem war, Material zu finden.

Sie hatte freilich nicht erwartet, im *Wytt's End Chronicle* welches zu finden. Sie hatte lediglich müßig darin geblättert, weil ein Zeitungsmensch aus purer Gewohnheit jede Zeitung zur Hand nimmt, die ihm vor Augen kommt. Kurz darauf aber las sie ihn voller Eifer, und kurz darauf hatte sie das Telefonbuch beim Buchstaben S aufgeschlagen, und kurz darauf flötete sie mit einschmeichelnder Stimme:

»Mrs. Squirl? Kann ich bitte Mrs. Squirl sprechen? Ach, wie schön, daß ich Sie antreffe. Mein Name ist Gabrielle Patch, ich bin gerade bei meiner Tante zu Besuch. Ich habe eben einen Artikel über Ihre Rede vom Fallowfield-Fest gelesen und interessiere mich sehr dafür. Ich würde mich furchtbar gern mit Ihnen darüber unterhalten. Ach, es paßt nicht? Aber irgendwann haben Sie doch bestimmt Zeit. Ja, heute abend ginge bei mir – wann immer es Ihnen recht ist. Ja, natürlich wäre es besser, wenn wir unter uns wären – Männer stören doch bloß, wenn Frauen zusammensein wollen. Nein, ich bin keine Journalistin – aber woher denn! Ich hoffe, ich klinge nicht wie eine Journalistin. Ich habe allerdings literarische Interessen. Aber das erzähle ich Ihnen alles, wenn wir uns sehen. Ich freue mich so darauf. Ja, ich weiß, wie ich zu Ihnen komme, ich bin mit dem Auto hier. Sagen wir sieben Uhr, ja? Auf Wiederhören.«

»Ich habe dir die vier Penny auf die Fensterbank gelegt, Tantchen«, meinte sie.

»Was sagst du, Liebes? Ich habe leider meine Batterie nicht eingelegt.«

Gabrielle deutete mit sorgsam manikürter Hand, deren opalisierende Fingernägel bereits den Druck der Schreibmaschinentasten spürten, auf die Münzen.

Wie manche Menschen Tanten haben, so haben andere Onkel. Mr. Cross, Seniorpartner von Cross, Warbeck & Mirbel, war der Onkel von Roger Warbecks Frau. Ruth Mirbel ihrerseits hatte, zwar nicht im Moment, aber doch praktisch als eine Art Dauereinrichtung, eine Liebesaffäre mit Roger Warbeck. Manchmal war es mehr, manchmal weniger, doch was es auch war, es machte keinen Spaß – überhaupt keinen Spaß. Rogers Frau war invalide, also brauchte er nach allgemeiner Lebenserfahrung ein Ventil. Aber Ruth verfluchte sich wegen der gemeinsamen Interessen, der Nähe und ihrer eigenen, heftigen Bedürfnisse, durch die sie sich in diese Liaison verstrickt hatte. Und nun war es zu spät. Sie liebte ihn und würde erst dann aufhören, ihn zu lieben, wenn die Zeit und hundert kleine Momente von Desillusioniertheit Distanz zu ihrem Verlangen schufen. Sie konnte nicht einmal genau sagen, wann es passiert war. Als die wachsame Animosität sich in freundlichere Gefühle verwandelt hatte, als sie begonnen hatten, sich gegen den alten Cross, den verknöchertsten Anwalt von Nord-London, zu verbünden, als der über das Dokument gebeugte Kopf Rogers Kopf und die unterschreibende Hand Rogers Hand wurde. Aber sie erinnerte sich noch gut an das erste Mal, als er sie geküßt hatte, drüben im Zweitbüro am Grinder's Common. O ja, daran erinnerte sie sich noch genau, an den Tag, das Datum und sämtliche Begleitumstände; und noch heute konnte sie das Gefühl seiner Lippen auf den ihren wiederaufleben lassen, wenn sie sich diesen Luxus gestattete.

Es war nicht so, daß Roger ihre erste Liebe oder gar ihr erster Liebhaber war. Sie war weder konventionell noch ausschweifend. Sie war keine Schönheit, aber sie sah gut aus und war von Natur aus offen und empfänglich. Sie erweckte Zuneigung, und wenn sie sie erwiderte, sah sie keinen Grund zu geizen. Das eine Wort Liebe umfaßt eine Vielzahl von Erfahrungen, und manche, dachte sie, waren nur so etwas wie eine gemeinsame Mahlzeit. Man traf sich, man aß in rosig beschienener Zweisamkeit und stand satt und zufrieden vom Tisch auf. Man mochte nicht immer mit demselben Begleiter am selben Tisch sitzen, und wenn man sich darüber einig war, konnte nichts schiefgehen. Es gibt aber auch noch andere Arten. Es gibt eine Art, bei der das Licht von einer nackten Glühbirne kommt, die Kost grob ist und auf rohen Brettern serviert wird und es auf nichts anderes ankommt als darauf, immer mit demselben Menschen zu essen. Es mochte Ruths Schuld sein, aber ganz gewiß war es ihr Unglück, daß der einzige Mann, den sie je hatte heiraten wollen, schon verheiratet war.

Wenn er an ihrem Tisch saß, dann nur auf Abruf, und die andere Frau mit ihrem älteren Anspruch saß am anderen Ende des Restaurants und wartete auf ihn. Und in dem nackten Licht, das sein Gesicht beschien, erkannte ihn Ruth deutlich als das, was er war: ein hungriger Mann, ohne Frage, aber kein schlechter. Wenn er gegessen hatte, stand er auf, bat höflich um Verzeihung und verschwand, nur um ein wenig später wiederaufzutauchen und sich gekämmt und frisch an seinen angestammten Platz neben der Dame zu setzen, die ohne eigenes Verschulden zwar sämtliche Tische reserviert, aber in puncto nahrhaftes Essen nichts anzubieten hatte.

›Für mich bleibt nur, die Rechnung zu bezahlen‹, dachte die arme Ruth grimmig. Tatsächlich kam es ihr so vor, als gehe das immer so weiter, als habe sie ständig den Geldbeutel in der Hand.

Ihre Arbeit litt darunter, sie konnte sich nicht konzentrieren. Der alte Cross hatte sie sogar wegen Nachlässigkeit gerügt, was ihr Stolz unter anderen Umständen niemals hingenommen hätte. Jetzt aber nahm sie es demütig hin, denn sie wußte, sie hatte es verdient. Er blickte sie unter seinen buschigen Augenbrauen hervor finster an, und sie fragte sich, was er wohl getan haben würde, wenn sie gesagt hätte:

»Es tut mir leid, Mr. Cross, aber ich kann nicht richtig denken. Ich bin nämlich verrückt nach dem Mann Ihrer Nichte. Ist das nicht äußerst peinlich?«

Er hätte sie umgehend hinausgeworfen. Und Roger höchstwahrscheinlich gleich hinterher. Hätte das eine Rolle gespielt? Für sie nicht, das wußte sie, denn alle Frauen stellen ihre Liebe über ihren Beruf – wenn nicht, ist ihr Beruf ihre Liebe. Aber für Roger? Für ihn natürlich schon. Sie konnte sich nichts vormachen. Er hatte es gern bequem und sicher. Er genoß es, Roger Warbeck von Cross, Warbeck & Mirbel zu sein. Bald würde Cross – zwangsläufig – ausscheiden, kein Mensch lebt ewig, und dann hieße es einfach nur noch Warbeck & Mirbel. Lohnte es sich nicht, darauf zu warten? Enge Partnerschaft im Beruf: erlaubt – enge Partnerschaft in der Liebe: verboten. Sehr leicht zu bewerkstelligen, und alles unter dem Deckmantel der Achtbarkeit. Ihr gemeinsames Leben würde durch ihre beruflichen Interessen gewährleistet. Der alte

Cross hatte sie akzeptiert, obwohl er Frauen im allgemeinen verabscheute. Er hatte sie wohl für nüchtern und ausgeglichen gehalten. Sie hatte einen Fuß in der Tür. Sie brauchte bloß abzuwarten.

Aber sie war dreiunddreißig, und sie wollte ein Kind.

Das Seltsame war, daß sie dieses Bedürfnis nie zuvor verspürt hatte. Sie hatte zahlreiche Kinder, die Kinder ihrer Freundinnen, gesehen, und sie hatten sie völlig ungerührt gelassen. Nie hatte sie eine Frau mit einem Kind beneidet. Doch nun machte ihre Liebe zu Roger ihre Sehnsucht nach einem Kind fast unerträglich. Es war, als gehe aller Lebensdrang plötzlich nur noch in diese eine Richtung. Die Folge war schlicht, daß es ihr körperliches Verlangen nach ihm verstärkte, und dies wiederum erfüllte sie mit einem Selbstekel, der auch dann nicht nachließ, wenn sie mit ihm schlief. Ihre Begegnungen waren zwangsläufig mit Heimlichtuerei und Betrug behaftet, die man zwar für den Augenblick vergessen konnte, die jedoch stets mit einem schalen Gefühl wiederkehrten. In Wachstunden unterhielt sie sich in Gedanken mit ihm, wenn er tief schlafend neben seiner Frau lag, und ließ ihn derart untypische Dinge sagen, daß ihr deren Absurdität selbst bewußt wurde. Sie war sich vollkommen darüber im klaren, daß er nicht aus dem Holz geschnitzt war, aus dem man Helden macht, sondern bloß ein ganz normaler Bursche, der sonntags auf den Golfplatz und in regelmäßigen Abständen zu Rotarier-Essen und Freimaurertreffen ging und der mit ihr schlief, wann immer sich die Möglichkeit bot. Ja, sie kannte ihn, aber sie liebte ihn trotz allem – daraus sollte einer schlau werden.

Sie war eine erwachsene, reife Frau mit einem glänzenden Verstand und einer juristischen Ausbildung, und sie war ihren Empfindungen ebenso hilflos ausgeliefert wie irgendeine kleine Platzanweiserin in einer dunklen Gasse. Wie sie das ärgerte! Sie faßte einen Entschluß nach dem anderen, nur um sie allesamt zu brechen. Gerade heute brach sie wieder einen.

Samstags arbeitete nur eine Stammbelegschaft bei Cross, Warbeck & Mirbel, und der alte Cross machte seine einzige Konzession an das Alter. Er blieb zu Hause. Die Sekretärinnen wechselten sich ab, und diesmal war Daphne an der Reihe. Wäre Miss Hawser dagewesen, wäre es Ruth leichter gefallen, standhaft zu bleiben. Aber Daphne! Sie ließ sich nur allzu gern auf irgendwelche sinnlosen Gänge schicken, die sich mit ihren eigenen Besorgungen in Einklang bringen ließen, und so waren sie ungestört. Es würde wahrscheinlich niemand kommen, und es lag nichts Dringendes vor. Sobald Daphne gegangen war, zog er Ruth in sein Büro und küßte sie. Das hatte nichts zu sagen. Sie würden lediglich in behaglicher Zweisamkeit beieinandersitzen und plaudern. Aber sie wußte, daß sie sich dabei auch verabreden würden. Er würde es vorschlagen, und sie würde sich nicht dagegen wehren können. Sie saß da, redete und versuchte die ganze Zeit – nicht zu auffällig, wie sie hoffte – zu ergründen, warum sein Gesicht von so vitaler Bedeutung für sie war. Aber es war anscheinend doch ein ganz gewöhnliches Gesicht, ›nichts, was einen vom Hocker reißt, wie meine liebe Mutter gesagt hätte‹, dachte sie. Eine ganz gute Stirn, eine ganz anständige Nase, die Lippen ein bißchen dick. Und mehr Falten als früher. Er wird alt – wir werden beide alt. Höchste Zeit für einen Stammhalter.

»Du hörst nicht zu«, sagte er vorwurfsvoll. Er hatte es gern, wenn man ihm zuhörte.

»Entschuldige, Roger. Was hast du gerade gesagt?«

»Ich habe gesagt, du stehst in der Zeitung, wie ich sehe.«

»Ach so, ja. Ja.« Sie lachte.

»Was ist bloß in die Frau gefahren? Das entspricht so überhaupt nicht der üblichen Fallowfield-Kost.«

»Ja, nicht wahr?«

»Der alte Cross geht an die Decke, wenn er es sieht. Und das wird er. Es ist ein deutlich erkennbares Foto von dir auf dem Podium drin. Ich habe schon daran gedacht, es auszuschneiden. Es wäre das einzige von dir, das ich habe.«

»Und wo würdest du es aufbewahren?«

»In meiner Brieftasche, denke ich.«

»Hast du keine Angst, daß Anne es dort findet?«

Sie mußte einfach so auf ihm herumhacken. Sie wußte zwar nicht, warum, aber sie konnte es nicht lassen.

»Meine Frau durchsucht nicht meine Taschen«, sagte er mit nachsichtigem Widerwillen.

»Aber das weiß ich doch. Es tut mir leid, Roger.«

»Schon gut. Sag mir, was nach dem Fest passiert ist. Hat Ma Rollo die unglückliche Rednerin zur Schnecke gemacht?«

»Erst am nächsten Morgen. Da wollte sie es ihr tüchtig geben, aber die kleine Mrs. Squirl hat plötzlich einen eigenen Willen entwickelt. Sehr seltsame psychologische Entwicklung.«

»Wie sie sich als Individuum entwickelt, ist völlig schnurz. Hauptsache, sie zieht dich nicht mit hinein. Der alte Cross haßt Publicity, besonders die von der falschen Sorte. Eigentlich glaube ich, daß es gar keine richtige Sorte für ihn gibt.«

»Du meinst also, er würde nicht gerne in der Zeitung lesen, daß seine Partner es im Zweitbüro am Grinder's Common miteinander treiben?«

»Ruth!«

Sie hielt sich einen Moment die Hand vor die Augen.

»Verzeih mir, Roger. Ich weiß wirklich nicht, was ich rede.«

»Cross ist wichtig für uns, Liebling. Er macht es bestimmt nicht mehr lange. Wir werden viel freier sein, wenn er weg ist.«

»Und Anne? Ist sie dann auch weg?«

»Ich kann sie doch nicht im Stich lassen. Sie ist verkrüppelt. Sie ist nicht wie du und ich.«

»Glaubst du nicht, daß diese Art von Leben mich auch verkrüppelt? Es entstellt die Seele. Ist das nicht schlimmer, als bloß körperlich entstellt zu sein?«

»Findest du eine solche Frage nicht geschmacklos? Anne kann nichts für ihr Gebrechen, die Ärmste. Ihre Invalidität kam für uns beide völlig unerwartet.«

»Und du hättest keine Geliebte gebraucht, wenn sie weiter verfügbar geblieben wäre?«

»Ruth, gib uns beiden um Gottes willen eine Chance. Wenn du so weitermachst, müssen wir uns trennen.«

»Willst du das denn?«

»Nein, das weißt du doch. Ich bete dich an. Ich möchte

dich immer um mich haben. Aber es hat keinen Sinn, mich zu quälen ... und dich. Was wir tun, ist nicht schlimm. Wir verletzen Anne nicht. Manchmal denke ich, du mußt einen Schuldkomplex haben, so wie du dich verhältst.«

»Und ob ich den habe. Frauen haben immer den einen oder anderen Schuldkomplex. Sie waren nicht nett zu ihren Eltern, haben ihre ungeborenen Kinder abgetrieben, vergessen, das Klavier abzustauben, oder ... oder sich einen verheirateten Mann als Liebhaber genommen.«

Er lachte unbehaglich. »Was für eine Aufzählung!«

»Das war nicht immer so.«

»Erzähl mir bloß nicht, du beneidest die Viktorianerinnen, diese Hummeln mit Wespentaille!«

»Nein, ich denke weiter zurück. Die Spartanerinnen hatten keine Hemmungen, also auch keine Schuldkomplexe.«

»Ja, aber sie haben ihre Männer in Kriege geschickt.«

»Haben wir das etwa nicht?«

Er schwieg. Er hatte sich nie nach ihren früheren Liebschaften erkundigt und fragte sich nun, ob sie einen Mann verloren und deshalb nie geheiratet hatte. In seinen Augen war sie zu leidenschaftlich, als daß sie hätte unverheiratet bleiben dürfen, und eben deshalb war sie seiner Meinung nach schwierig, ihrer Reife wegen aber auch erregend.

»Du weißt genausogut wie ich«, sagte sie, »daß das Judentum und Paulus die Frauen in ihrer natürlichen Entwicklung gehemmt haben.«

»Das ist eine Theorie.«

»Jedenfalls können wir zumindest versuchen, durch Rückbesinnung vorwärtszukommen.«

»Ich hoffe, das heißt nicht, daß du Mrs. Squirl in ihren Phantastereien bestärken willst.«

»Es reizt mich schon.«

»Besser nicht. Cross ginge die glatten Wände hoch. Mach nicht mehr daraus, als es ist: ein Scherz. Schließlich nimmt kein Mensch die Frau ernst.«

»Da irrst du dich aber. Über hundert Frauen haben sie ernst genommen. Zum Beweis haben sie Briefe geschrieben.«

»Theoretisch ist eine Frauenpartei wohl nicht unmöglich. Aber wenn man versucht, Frauen auf den dafür erforderlichen Grad von Einigkeit einzuschwören, wird man bald scheitern. Frauen sind zu verschieden. Nimm zum Beispiel dich und Anne. Was habt ihr gemeinsam?«

»Dich«, sagte sie trocken.

Er besaß soviel Anstand, ein beschämtes Gesicht zu machen.

»Jedenfalls hoffe ich, daß du dich nicht für nichts und wieder nichts zum Fenster hinaushängst. Es gibt natürlich Ausnahmen, aber aus meiner Erfahrung würde ich sagen, daß die durchschnittliche Frau unfähig ist, ein anhaltendes Interesse für Politik aufzubringen. Ich würde wetten, daß sie diese kleine Episode in weniger als einem Monat völlig verdrängt haben. In einem Jahr wird sich wahrscheinlich nur noch unser Seniorpartner daran erinnern, falls er dann noch lebt. Bemerkenswertes Gedächtnis.«

»Er ist überhaupt ein bemerkenswerter Mann. Wie kommt eigentlich Anne mit ihm zurecht?«

»Och, zu ihr ist er nett. Aber sie ist ja auch ein lieber Mensch.«

»Und das bin ich nicht.«

»Nein, da hast du ganz recht. Das bist du nicht. Aber du bist fabelhaft, wunderbar, und ich bin verrückt nach dir.«

Er kam rasch um den Tisch herum und nahm ihre Hände. Sobald er sie berührte, war sie vollkommen wehrlos gegen ihn.

»Hör zu. Komm Sonntag abend zum Grinder's Common. Oder sollen wir in die Stadt hochdüsen? Wir können zum üblichen Ort fahren. Bis dahin habe ich alle meine Pflichten erledigt. Dann verdiene ich auch eine Belohnung. Ach Liebling, bitte.«

»Ich will nicht.«

»Natürlich willst du, und das weißt du auch.«

»Ich mache es dir zu einfach. Wenn ich die Spröde gespielt hätte, hättest du Anne dann verlassen?«

»Du bist zu ehrlich. Du könntest das gar nicht. Gott, du siehst wunderschön aus heute. Es kommt mir vor, als wären es noch Jahre bis Sonntag. Fahren wir nach London. Das Zimmer im Zweitbüro ist so fürchterlich schmutzig. Und außerdem ungemütlich.«

»Ich weiß, du hast es gern gemütlich«, sagte sie, und ihr Mund verzog sich, als hätte sie auf eine Schlehe gebissen. »Na gut. Gleicher Ort. Gleiche Zeit.«

Noch während sie es sagte, wußte sie schon, daß es keinen Sinn hatte. Sie waren einander zu nah, als daß sie ihm entgegenkommen konnte. Oder vielmehr, sie war ihm zu nah. Zu ihrer eigenen Rettung mußte sie etwas zwischen sie beide legen. Auf die eine oder andere Art mußten ihre Emotionen umgelenkt werden. Sie fragte sich ziemlich wirr, ob man aufhören konnte, eine Frau zu sein, indem man sich der Sache der Frauen verschrieb.

5

Die Zeitung, in der Gabby Patch unter dem Vorwand, anderer Leute Probleme zu behandeln, ihre Persönlichkeit zur Schau stellte, war ein gutes, sauberes Blatt für die ganze Familie. Liebhaber von Pin-ups kamen darin nicht auf ihre Kosten, aber es enthielt viele hübsche Bilder und kurze, flotte Artikel, deren präzise Höchstzahl durch sorgfältige Erforschung der Aufnahmefähigkeit des regelmäßigen Durchschnittslesers wissenschaftlich ermittelt worden war. Das Blatt war politisch unabhängig und besaß so die Möglichkeit, je nach Anlaß jede Partei zu rüffeln, was es von Zeit zu Zeit mit großer Objektivität und in hochmoralischem Ton auch tat.

Es fand seinen Weg in zahllose, oder besser gesagt, sehr sorgfältig gezählte, bürgerliche Haushalte (seine Verbreitung war seine ständige Sorge), darunter auch viele, deren Mitglieder der W.E.L.L. angehörten.

Gabby hatte Mrs. Squirl oder – je nachdem wie man es betrachtete – sich selbst alle Ehre gemacht. Kaum nämlich hatte sie einen Fuß in den Raum gesetzt, den Mrs. Squirl ihren ›Salon‹ zu nennen beliebte, als sie auch schon an dem Prickeln in ihrem Daumen und einem gewaltigen Anstieg ihrer geistigen Temperatur merkte, daß sie auf etwas wirklich Gutes gestoßen war. Nicht nur war Dorothy Squirl die ideale ›kleine Frau‹, mit der sich ein Drittel der britischen Bevölkerung würde identifizieren können, sondern sie hatte auch das Zeug zu einer erstklassigen Kreuzritterin. Die Idee einer Frauenpartei war wirklich umwerfend. Gabby beschäftigte sie freilich nicht als konkretes Vorhaben, sondern einzig und allein als Projekt für die Zeitung. Bei ihrer speziellen Geisteshaltung konnte sie sich nichts von dauerhaftem Interesse vorstellen. Für sie bemaß sich der Nachrichtenwert nach den Kategorien ›sehr kurz‹, ›kurz‹ und ›länger‹, und diese Geschichte, davon war sie überzeugt, war von der dritten, der allerbesten Sorte. Hätte sie auch nur für einen Moment die Vorstellung einer Frauenpartei als *fait accompli* bedacht, hätte es sie vor Entsetzen geschaudert. Wie Lady Kestrel zog sie Männer vor. Wenngleich keusch wie Diana, hatte sie Dutzende männlicher Freunde, und ihre Lieblingshaltung war, die langen Beine von einem Barhocker baumeln zu lassen und dabei mit dem Barkeeper oder der Bardame Höflichkeiten auszutauschen – gerade so, als wäre sie selbst ein Mann.

Denn sie konnte es auch mit Frauen gut. Sie war die ideale Interviewerin, steuerte das Gespräch mit einfühlsamen Fragen und übersetzte die Antworten gleichzeitig in ihr eigenes, spezielles Idiom. Sie hatte Mrs. Squirls Umgebung bereits zu einem präzisen Rahmen für deren Persönlichkeit umgemodelt, und auf ihrem Notizblock war, lediglich aufgrund eines ersten Blicks, ein Wortgemälde von Dorothy selbst mit vergißmeinnichtblauen Augen, Stupsnase und dem zarten Oval des Gesichts entstanden. Später würde man eventuell ein Foto brauchen, oder vielleicht wäre die Impression eines Künstlers noch besser.

Sie machte sich rasch mit der ganzen Situation vertraut,

und während sich das Gesamtbild herausschälte, nahm ihre Begeisterung noch zu, denn ihr agiler Verstand erkannte sofort die unendlichen Entwicklungsmöglichkeiten. Als Dorothy ihr erklärte, daß die Wytt's End Luncheon League mit der London Ladies Luncheon League verbunden sei, von der aus wiederum, wie bei einem Spinnennetz, strahlenförmig Verbindungen zu ähnlichen Luncheon Clubs in ganz England ausgingen, wurde ihr klar, daß ein wenig wohlplazierte Publicity hier Wunder wirken könnte. Denn es bestand bereits eine komplexe Organisation, die man zur Ausbeutung der eigentlichen Idee in Anspruch nehmen konnte. Keinesfalls aber durfte man zulassen, daß Dorothy Squirl, die als Urheberin so geeignet war, die Idee aus der winzigen, abgearbeiteten Hand gab oder sie sich von einer herrschsüchtigeren Frau entwinden ließ, die nicht halb so gut ankommen – oder zu beeinflussen sein – würde. Da Gabby ihre Wurzeln in Wytt's End hatte, kannte sie zwangsläufig auch Mrs. Rollo und Lady Kestrel und vermutete, daß eine oder beide Damen den Versuch machen würden, die Sache unter Kontrolle zu bringen, noch ehe die Druckerschwärze ihres Artikels getrocknet war. Sie schärfte Dorothy daher nachdrücklich ein, daß sie sich nicht beirren lassen dürfe und beim ersten Anzeichen von Problemen ihre Freundin Gabby zwecks Beratung und Unterstützung anrufen müsse. Zu diesem Zeitpunkt betrachtete Dorothy sie bereits als solche. Sie fühlte sich zu Gabby hingezogen und fand es wunderbar, daß jemand derart Weltgewandtes ihre spontane Zuneigung erwiderte. Gabrielle hatte ihr das Gefühl vermittelt, sie sei eine Kreuzung zwischen Jeanne d'Arc und den Pankhursts.

Gabbys Artikel brachte in ganz Wytt's End die Telefone zum Klingeln, besonders zwischen den Mitgliedern der Luncheon League.

Amy Asshenden rief Mrs. Rollo an. Sie war von ihrer Hauswirtin Mrs. Bush auf Gabbys Kolumne aufmerksam gemacht worden. Sie selbst hielt nur den *Telegraph* und wußte, daß Mrs. Rollo den *Telegraph* und die *Times* abonniert hatte. Sie fand, daß Mrs. Rollo sofort von den Ereignissen unterrichtet werden müsse. Obwohl Miss Asshenden Mrs. Bushs Hausblatt verabscheute, konnte sie sich einer leise aufwallenden Erregung nicht erwehren. All dieser absurde Unsinn über dieses alberne Geschöpf Dorothy Squirl, aber immerhin belegte der Artikel ihre Überzeugung, daß die Idee an sich gut war, viel zu gut, um sie ungenutzt zu lassen. Was ihre Befürworter anging, durfte man in diesem Stadium nicht allzu wählerisch sein. Außerdem brauchte man für eine solche Idee eine Massenbasis... eine Massenbasis und eine intelligente Führung. Ihre Gedanken flogen zu Ruth Mirbel, aber zunächst mußte sie erfahren, was Mrs. Rollo und ob sie überhaupt etwas zu unternehmen gedachte.

Mrs. Rollo war, wie sie feststellen mußte, in äußerst gereizter Stimmung. Sie hatte gerade einen Anruf der Bezirksvorsitzenden, der bereits erwähnten Mrs. Thorby-Smith, hinter sich.

Mrs. Rollo befand sich in einer ungünstigen Position, da sie zwar mit Ärger rechnete, den anstößigen Artikel jedoch noch nicht gelesen hatte. Daß ihre Intimfeindin ihr daraus mit öliger Stimme einzelne Sätze zitierte, machte die Sache keineswegs besser.

»Ich bin es nicht gewohnt, mich herunterputzen zu lassen, als wäre ich das Dienstmädchen«, sagte Mrs. Rollo, die immer noch unter den Nachwirkungen litt, am Telefon zu Miss Asshenden. »Aber ja, ich habe Bates losgeschickt, damit sie eine besorgt. So eine Zeitung hält man doch nicht. Ja, ja, ich verstehe. Es war die von Ihrer Hauswirtin, nicht Ihre. Ist das denn so wichtig? ... Ja, das sollte man meinen. Ich habe Thorby-Smith gefragt, warum sie sich nicht direkt mit Dorothy Squirl in Verbindung gesetzt hat, und sie meinte, sie hätte sie angerufen, aber kein vernünftiges Wort aus ihr herausgebracht. Sie hätte beschlossen, sich mit mir in Verbindung zu setzen, weil ich Gründungsmitglied bin und sie meinte, jemand mit meiner Erfahrung müßte in der Lage sein, Neulinge im Amt einzuarbeiten. Na, der hab ich vielleicht was erzählt. Ich habe gesagt, ich hoffe, das gleiche gilt auch für ihren Bezirk.«

Als Antwort gab der Hörer ein längeres Gezischel von sich, und Mrs. Rollo, obwohl allein, ließ lebhaft ihre Augenbrauen und ihren zusammengekniffenen Mund spielen. Außerdem stach sie mit der Spitze eines Bleistiftes Löcher in den Telefonblock.

Sie tappte ungeduldig mit dem rechten Fuß auf, während sie einer längeren Suade vom anderen Ende zuhörte. Mrs. Rollo hatte einen kleinen, hübschen Fuß für einen so stämmigen Körper. Sie konzentrierte sich grimmig auf den großen Zeh, während Amy redete und redete.

Endlich versiegte der Strom.

»Ich verstehe«, sagte Mrs. Rollo nachdenklich. »Tja, ich denke, Sie kommen am besten her. Kommen Sie gleich nach dem Lunch, dann können wir uns in aller Ruhe unterhalten. Ich versuche, auch die anderen zu erreichen. Nein, Mrs. Squirl natürlich nicht. Nur Cynthia und Ruth, wenn sie sich freimachen kann. Falls wir beschließen, weiterzumachen, brauchen wir unbedingt einen Schlachtplan.«

Sie lauschte erneut.

»Na schön, setzen Sie sich mit ihnen in Verbindung, wenn Sie wollen, und sagen Sie ihnen Bescheid, dann brauche ich mir die Mühe nicht zu machen. Ich finde sowieso immer, das Telefonieren verschlingt ungeheuer viel Zeit.« Sie schnitt eine Grimasse.

»Aber nein, Sie doch nicht, meine liebe Miss Asshenden. Schön, ich sehe Sie und die anderen dann später, wenn Sie sie auftreiben können. Vielen Dank ... Nein, ich werde bis dahin nichts unternehmen«, fügte sie scharf hinzu und legte den Hörer auf. In diesem Moment betrat Bates, ein Tablett mit der Zeitung in der Hand, das Zimmer.

Mrs. Rollo ergriff sie mit spitzen Fingern, als glaubte sie, sich schon durch die bloße Berührung zu vergiften.

»Kann ich noch etwas für Sie tun, Madam?« fragte Bates.

»Sorgen Sie dafür, daß ich bis ein Uhr nicht gestört werde«, sagte ihre Herrin. »Und Bates, ich erwarte nach dem Lunch ein, zwei Damen. Möglicherweise bleiben sie zum Tee. Die Köchin braucht keinen frischen Kuchen zu backen. Was sie in der Dose hat, reicht völlig. Vielleicht noch ein paar Scheiben Toast und ein Teller Kekse. Falls Mr. Rollo nach Hause kommt, ehe die Damen gegangen sind, kann er im Arbeitszimmer Tee trinken.«

»Sehr wohl, Madam«, sagte Bates und behielt ihre Gedanken, die Miss Compton Burnett zur Ehre gereicht hätten, für sich.

Die Zeitung in der knubbeligen Hand, ließ Mrs. Rollo sich zur Lektüre in einem der üppigen Sessel nieder. Sie sank darin ein, bis sie praktisch Bestandteil der Polsterung wurde. Doch wenn sie eine Affinität zu Schaumstoff hatte, besaß sie auch dessen Unverwüstlichkeit. Und die brauchte sie, denn sie hatte an diesem Vormittag bereits zwei unangenehme Erlebnisse gehabt. Eine unverdiente Standpauke dieser widerlichen Thorby-Smith war schon schlimm genug, aber daß eine pensionierte Lehrerin einem Kurzsichtigkeit vorwarf – das ging wirklich zu weit.

Sie war tatsächlich kurzsichtig. Sie mußte eine Brille aufsetzen, um Gabrielle Patchs Kolumne zu lesen, obwohl diese weitläufig und in großer Type gesetzt war. Sie vermied es geschickt, die Brille in der Öffentlichkeit zu tragen. Nicht, daß sie ihr nicht stand, aber, um die Wahrheit zu sagen, sie beraubte sie ihres energischen, dynamischen Aussehens und ließ sie zu sehr wie irgendeine beliebige Großmama wirken.

Noch mehr aber ärgerte sie das Bewußtsein, daß sie auch in dem von Miss Asshenden angedeuteten Sinne kurzsichtig war. Die Gegenwart war stets so ungeheuer wichtig für sie, daß sie dazu neigte, die Zukunft zu übersehen. Unmittelbare Aktionen erfaßte ihr Verstand blitzschnell. Niemand konnte ihr das Wasser reichen, wenn es um rasche, taktische Schachzüge ging, um einen Gegner zu schlagen oder ein Ziel zu erreichen. Sehr oft aber machte sie ihre eigenen Ambitionen durch das Unvermögen zunichte, die Dinge langfristiger zu sehen. Das war auch bei Thorby-Smith der Fall gewesen. Sie hätte lächeln und Thorby-Smiths Nominierung unterstützen sollen, dann hätte Thorby-Smith im nächsten Jahr das gleiche für sie getan. Nun aber herrschte Krieg bis aufs Messer.

Soviel immerhin erkannte sie aufgrund ihres Scharfsinns selbst. Sie wußte, es war ihr Fehler, mühte sich allerdings vergebens, ihn abzustellen. Gerade ihre Kurzsichtigkeit aber verhinderte, daß sie die entscheidende Frage ins Auge faßte. Wozu war das alles gut? Was hatten ihre von Gott gegebenen, für sechs Frauen ausreichenden Energien für einen Sinn, wenn sie keine positive Richtung hatten?

Mrs. Rollo las sich ruck, zuck durch Gabbys poetische Prosa. Ihre Lektüre bestand hauptsächlich aus Zeitungen und Berichten, kaum einmal einem Buch. Beim Lesen des Artikels machte sie in Gedanken Anmerkungen, klaubte Fakten heraus wie Pflaumen aus einer Pie und fand Argumente für ihre Meinungen, wo diese von denen der Verfasserin abwichen. Mit einem Roman hätte sie nichts anfangen können, da Phantasie nicht zu ihren starken Seiten gehörte.

Als sie fertig war, legte sie die Zeitung hin und strich sich sinnend über den feinen Schnurrbart. Ihr unfehlbares Gefühl für den richtigen Zeitpunkt sagte ihr, daß es jetzt oder nie zu handeln galt. Sie mußte entweder einen Vernichtungsschlag führen oder die Kontrolle übernehmen. Sie entschied sich nicht sofort für letzteres. Sie hatte sich etwas gründlicher mit der Sache befaßt als ihre Genossinnen und sah auch ohne Blick in die Zukunft reichlich Fallstricke und Haken. Es lag auf der Hand, daß der gesamte Klub, wenn die Sache weiterging, den Ausschluß durch die Dachorganisation herausforderte. Die Satzung verbot Politik, und das hier war Politik, keine Frage. Aber Frauen nehmen es mit Bestimmungen nie sehr genau, und sie vermutete, daß viele Leute aus anderen Klubs sie unterstützen würden. Sie selbst konnte, da war sie sicher, sämtliche Mitglieder ihres eigenen Klubs zur Annahme jedes beliebigen Projektes bewegen, das sie ihnen vorlegte. Würde es überhaupt eine Rolle spielen, wenn man sie als Verein hinauswerfen würde? Sie meinte, nein. Der Klub war ohnehin praktisch am Ende, und ihr Streit mit Thorby-Smith machte es unwahrscheinlich, daß man sie nächstes Jahr oder im Jahr danach für den Bezirksvorstand ins Auge faßte. Dann also zum Henker mit ihnen! Sollte die Zentrale machen, was sie wollte, und sich obendrein noch gründlich blamieren. Hier freilich zögerte sie. Irgendwer würde sich blamieren, aber konnte das nicht auch sie selbst sein? Wie alle Frauen fürchtete Mrs. Rollo die Lächerlichkeit. Man lache ein einziges Mal über den Hut einer Frau, und sie wird ihn nie wieder aufsetzen.

Sie fuhr mit dem Finger über Gabbys Artikel. In den nächsten Tagen würde es sich zeigen. Sie wünschte, sie könnte warten. Sie wagte es nicht zu warten. Amy Asshenden wartete nur darauf, die brennende Fackel zu ergreifen, falls sie zögerte. Man stelle sich das alte Reff an der Spitze einer landesweiten Bewegung vor! Landesweit? Ja, das würde sie sein. Das würde sie sein müssen, wenn etwas daraus werden sollte.

Um halb drei kam, in hochgradig nervösem Zustand und unglaublich redselig, Miss Asshenden. Bei einem frugalen

Mittagessen hatte sie unentwegt an ein ähnliches Gespräch mit der finsteren Aufsichtsschülerin zurückgedacht, die so nützlich dabei gewesen war, andere an die Kandare zu nehmen, aber die reinste Tatarin, wenn es dazu kam – und es kam dazu –, daß sie selbst an die Kandare genommen werden mußte. Miss Asshenden verhielt sich genau so, wie sie sich damals verhalten hatte: Sie plapperte mit großer Geschwindigkeit drauflos und wagte es nicht, dem Mädchen dabei ins Gesicht zu sehen. Sie sprach mit viel Nachdruck und Entschlossenheit, legte ihre Ansichten dar und brachte ihre Theorien vor, während das Mädchen (Mrs. Rollo) sie mit ihren Knopfaugen fixierte und sich kaum die Mühe machte, ihre Verachtung zu verbergen.

»Ja, ja«, sagte Mrs. Rollo, als Atemmangel die Sprecherin verstummen ließ. »Alles sehr bewundernswert, gewiß. Aber haben Sie auch versucht, die praktischen Probleme anzugehen? Eine Armee mag ja mit dem Bauch marschieren, aber ich würde sagen, eine politische Partei marschiert mit dem Gehirn, das heißt mit ihrer Organisation.«

»Das hat alles noch Zeit. Die Hauptsache ist, daß wir unseren Glauben an das Vorhaben bekräftigen.«

»Ihren Glauben an Dorothy Squirl?«

»Um Himmels willen, nein. Sie ist bloß ein Anhängsel. Ihre Rolle bei der ganzen Sache ist reiner Zufall.«

»Die Leser Ihrer Zeitung – Verzeihung: der Zeitung Ihrer Hauswirtin – werden da aber anderer Meinung sein.«

»Sie ist ersetzbar. Es geht lediglich um die Frage der Identifikation. Jemand anders kann ihre Stelle einnehmen.«

»Wer?« fragte Mrs. Rollo rundheraus.

»Nun ja, äh – äh – da wird sich schon etwas finden.«

»Oder jemand«, bemerkte Mrs. Rollo. »Falls ich mich dazu bereit erkläre, muß ich Ihrer uneingeschränkten Unterstützung sicher sein.«

Das war nun nicht gerade das, was Miss Asshenden im Sinn gehabt hatte, beileibe nicht. Doch plötzlich verließ sie der Mut. So wie sie gekniffen und sich bei der renitenten Aufsichtsschülerin entschuldigt hatte, so murmelte sie nun: »Gewiß, gewiß.«

In diesem Moment wurde Lady Kestrel hereingeführt, so ausgelassen und lässig-elegant wie nur je. Sie war offenbar bester Stimmung. Ihre Putzfrau hatte ihr den Zeitungsausschnitt mitgebracht, und sie hatten gemeinsam darüber gelacht.

»Wie ich sehe, hat es mein Schützling weit gebracht«, sagte sie mit geübtem Lächeln, während sie ein Paar französische Rehlederhandschuhe ablegte.

Sie gab Mrs. Rollo einen Kuß auf die Wange, hatte aber keine Umarmung für die arme Miss Asshenden.

»Dein Schützling will sich unbedingt um Kopf und Kragen bringen«, sagte Mrs. Rollo, die sich mit einem fleckenlosen Taschentuch übertrieben pingelig den Kuß abwischte.

»Erzähl mir bloß nicht, du machst nicht weiter mit. Ich habe mir den ganzen Vormittag vorgestellt, ich wäre Schatzkanzlerin.«

»Ich habe mich sehr bemüht, Mrs. Rollo zu bekehren«, sagte Miss Asshenden, die keine Verbündete außer acht lassen durfte, und sei sie noch so unangenehm. »Wenn man an die Reformen denkt, allein im Erziehungswesen . . .«

»Aha! Wie ich sehe, möchten Sie Erziehungsministerin werden.«

»Aber meine Damen«, sagte Mrs. Rollo, »seien Sie doch vernünftig. Falls wir uns darauf einlassen, werden wir doch nicht im Handumdrehen zu einer ausgewachsenen parlamentarischen Partei, geschweige denn zur Regierung Ihrer Majestät. Wir beschäftigen uns lediglich damit, das Fundament für eine solche Partei zu legen. Ich wirke vielleicht nicht so begeistert wie Sie, bin aber möglicherweise realistischer. Ich habe mehrere Bücher zu diesem Thema gelesen und darf wohl sagen, daß ich mich mit dem Abc des Ganzen vertraut gemacht habe.«

»Hast du das alles auch der Squirrel erklärt?«

»Dorothy Squirl kannst du von vornherein als erledigt betrachten«, sagte Mrs. Rollo. »Ich unternehme keinen einzigen Schritt, ehe ich nicht sicher bin, daß das Projekt in den Händen einer verantwortungsbewußten Person liegt.«

»Aber wer sollte das sein?« fragte Cynthia und machte in gespielt unschuldiger Verwunderung große Augen.

»Es liegt bei dir, Vorschläge zu machen.«

»Meinst du, Ruth Mirbel wäre eine gute Wahl?«

»Nein, das kann ich nicht behaupten. Sie hat ihren Beruf. Das hier wäre ein Vollzeitjob. Es müßte jemand sein, der sich ausschließlich dieser Arbeit widmet.«

»Wie wäre es dann mit Miss Asshenden? Sie hat keine anderen Verpflichtungen.«

Miss Asshendens Hoffnungen bekamen wieder Auftrieb.

»Nein«, sagte Cynthia und widersprach sich damit umgehend. »Miss Asshenden wird in ihrem Alter keine so aufreibende Aufgabe übernehmen wollen. Was ist mit dir, Roly-Poly?«

»Wenn ich das Gefühl hätte, daß ihr alle hinter mir steht, würde ich es machen«, räumte Mrs. Rollo ein und versuchte, sich ihren Ärger über den albernen Spitznamen nicht allzu sehr anmerken zu lassen.

»Da niemand vor dir stehen kann, würden wir mit Sicherheit alle hinter dir stehen«, sagte Cynthia. Die Verzweiflung brachte sie stets in Höchstform, und sie hatte die Mittagszeit damit verbracht, sich ihre dringendsten Rechnungen vorzunehmen.

Bald darauf gesellte sich Ruth Mirbel zu ihnen; ihr Chef, der Seniorpartner, hatte sie sich soeben vorgenommen. Wie von Roger vorausgesagt, hatte er Anstoß daran genommen, daß jemand aus der Kanzlei mit auf dem Podium gesessen hatte, »auf dem sich dieses verdammte Weib zum Narren gemacht hat«. Gabrielle Patchs Erguß hatte er bislang noch nicht zu Gesicht bekommen, und es war zu hoffen, daß es dabei blieb. Das Gespräch hatte Ruths ganze Streitlust geweckt. Ihr war danach, allem beizupflichten, was der alte Cross mißbilligen würde. Und sie war außerdem in draufgängerischer Stimmung. Dafür hatte der Sonntag gesorgt. Doch bei allem Draufgängertum setzte sich am Ende jedesmal ihre juristische Ausbildung durch. Sie bat die Damen, keine voreiligen Schritte zu unternehmen. Man müsse die Reaktion auf die Presseveröffentlichung abwarten. Man wollte sich schließlich nicht lächerlich machen.

»Gott bewahre«, sagte Mrs. Rollo fromm. Sodann gab

sie ihnen eine Zusammenfassung ihres Telefonats mit Thorby-Smith und wies sie auf die Gefahr der Exkommunikation hin.

»Aber wir haben nur dann eine Erfolgschance, wenn uns die Organisation unterstützt«, sagte Ruth. »Mit Dorothy Squirl im Alleingang ist die Sache aussichtslos.«

»Organisation hin oder her«, sagte Mrs. Rollo, »Dorothy Squirl ist eine Belastung, und wir müssen sie absetzen. Das habe ich von Anfang an gesagt, und ich sage es noch einmal.«

»Aber Sie können sie nicht so einfach als Vorsitzende schassen!«

»Sie hat gesagt, sie tritt zurück.«

»Nur, falls es nötig ist.«

»Es ist nötig.«

»Ist das auch Ihre Ansicht?« wollte Ruth von Amy Asshenden wissen. Miss Asshenden hatte ihre Unterstützung gesucht, und dergleichen funktionierte, wenn überhaupt, nur auf Gegenseitigkeit.

Miss Asshenden nickte beschämt. Was hatte das Kämpfen für einen Sinn, wenn man wußte, daß man besiegt war?

»Ihre auch?« fragte Ruth Cynthia Kestrel.

»Jau«, sagte Cynthia. Sie benutzte das Wort erst seit kurzem, nachdem alle anderen damit aufgehört hatten.

»Und wer soll Ihrer Meinung nach an ihre Stelle treten?«

»Mrs. Rollo hat sich dazu bereit erklärt«, sagte Miss Asshenden steif.

»Ich dachte«, sagte Mrs. Rollo, die sich rasch den Mantel der Autorität umlegte, ehe sie Zeit hatten, ihn anderweitig zu vergeben, »es wäre vielleicht der geeignete Zeitpunkt für uns, die Notizen durchzugehen, die ich mir aufgrund meiner Recherchen gemacht habe. Wohlgemerkt, wir legen uns damit nicht fest, aber wir schützen uns davor, überrumpelt zu werden, falls die Ereignissse rascher ablaufen, als wir erwarten.«

Sie sah auf ihre Uhr. »Wir haben bis zum Tee Zeit.«

Die Damen hielten das für eine gute Idee und saßen bald darauf um einen kleinen Tisch, die Köpfe über ein imponierendes Aufgebot von Schaubildern, Tabellen und Diagrammen gebeugt, während Mrs. Rollo nach Herzenslust erklärte und erläuterte. Bei so etwas konnte ihr niemand das Wasser reichen. Aus einem Stapel politischer Abhandlungen von großem Umfang und noch größerer Fadheit hatte sie mit fast übernatürlicher Leichtigkeit eine Menge relevanter Einzelheiten destilliert. Die Ergebnisse waren aufschlußreich, und die Damen, von denen keine direkt dumm war, waren sichtlich fasziniert. Sogar Ruth, die für ihre Gastgeberin nichts übrig hatte, mußte ihr widerwillig Bewunderung zollen. Unter der Spitze des von Mrs. Rollos knubbeliger Hand gehaltenen Kugelschreibers hatte eindeutig etwas Gestalt angenommen. Phantome hatten Substanz gewonnen. Argumente standen im Begriff, in Aktionen umgesetzt zu werden. Zum erstenmal nahm Ruth einen Hauch von Realität an der Sache wahr, und sofort bekam sie Angst. Das hatte nichts mit ihren beruflichen Beziehungen zu dem alten Cross oder gar ihren privaten zu dessen Schwiegerneffen zu tun. Es brauchte mehr, um sie aus ihrer Stellung als Juniorpartner zu werfen. Ohnehin hatte sich der erste Begeisterungstaumel darüber längst gelegt. Die Freude über den Anblick ihres Namens auf dem erhabenen Kanzleischild hatte sich durch die bis zum Überdruß aufgesetzten Eigentumsübertragungen und Testamente weitgehend verflüchtigt. Sie war häufig in Versuchung, die Partnerschaft von sich aus aufzulösen. Nein, ihre Bangigkeit war auf das Wirken einer lebhaften Phantasie zurückzuführen, die Mrs. Rollo glücklich versagt geblieben war. Sie gehörte einer Bewegung an, die es tatsächlich gab und die ständig an Schwung gewann – und häßliche Zweifel bedrängten sie. Waren sie bereit dafür? Die von ihr beneideten Frauen der griechischen Antike, halb Mythos, halb Geschichte, hatten ihren Rang in einer Gesellschaft behauptet, die viel weniger kompliziert war als die heutige. Außerdem waren die Frauen selbst viel komplizierter, Opfer zahlreicher Schlachten in ihrer eigenen Psyche. Waren sie überhaupt in der Lage, klar zu denken und vorurteilslos zu handeln?

Und was war mit Mrs. Rollo, dieser Oberamazone? Sie hatte bereits gezeigt, daß sie sie alle in die Tasche steckte, wenn es um praktische Fragen ging. Als selbsternannte Führerin und politische Gestalterin wäre sie bei einem solchen Experiment schlimmer als Dorothy Squirl, denn sie würde einfach tun, was sie für richtig hielt, und wäre nicht zu bremsen. Ruth hielt sie für vollkommen egoistisch und prinzipienlos. Zusammen mit ihrer übermenschlichen Energie ergab das genau die Mischung, die einen Diktator ausmachte. Da war es besser, Amy Asshenden ergriff das Steuer. Sie hatte ja auch gewollt, aber wie wenig Rückgrat hatte sie dann gezeigt. Es mußte jemand mit einer starken Persönlichkeit sein. Cynthia Kestrel?

Nein, für sie war das Ganze bloß ein Jux. Sie besaß zwar Zielstrebigkeit, neigte jedoch dazu, ihre Ziele so häufig zu wechseln wie ihre Kleider. Man würde sich niemals auf sie verlassen können.

Und wie wäre es mit ihr selbst? Die Ehrlichkeit zwang sie, sich zu fragen, ob sie im Unterbewußtsein nicht die ganze Zeit genau darauf aus gewesen und deswegen von Mrs. Rollos Ungeeignetheit überzeugt war. Und wenn? Wußte sie nicht, daß ihre Intelligenz größer und ihre Motive lauterer waren? Wer würde sich ohne ein Gefühl echter Hingabe überhaupt eine derartige Verantwortung aufhalsen wollen?

Die Antwort lautete natürlich: Mrs. Rollo.

Ruth errötete unwillkürlich. ›Nein‹, dachte sie, ›nein und nochmals nein. Das darf nicht sein. Sie wird es kaputtmachen. Man muß sie daran hindern. Irgendwie muß man sie daran hindern.‹

Sie wurde durch das Geräusch des hereingerollten Servierwagens aus ihrer vorübergehenden Versunkenheit gerissen und hörte den Gegenstand ihrer Überlegungen sagen:

»Sobald wir sehen, wie der Hase läuft, werde ich Doris veranlassen, umgehend eine Sitzung einzuberufen. Wir müssen auf eine Kampfansage des Bezirks gefaßt sein, und deshalb muß der gesamte Klub hinter uns stehen. Danke, Bates, Sie brauchen nicht zu warten. Wir können die Tassen selbst herumreichen.«

Als Bates geräuschlos das Zimmer verließ, klingelte das Telefon.

Mit einem hingemurmelten »Gieß doch bitte für mich

ein, Cynthia« schwebte Mrs. Rollo durchs Zimmer und nahm ab. Sofort begannen ihre Augenbrauen mit ihrer Gymnastik. Sie bedeckte die Muschel mit ihrer knubbeligen Hand. »Es ist Doris«, bemerkte sie, zog die Hand weg und sagte: »Ich habe gerade an dich gedacht.«

Eine Sekunde später bedeutete sie Cynthia händewedelnd, mit dem Tee-Eingießen aufzuhören. Nun wirkte sie angespannt, beunruhigt und viel zu aufgebracht, um sich weiter mit Gesichtsverrenkungen aufzuhalten.

»Ja, ja«, sagte sie von Zeit zu Zeit. »Ich verstehe. Nein, natürlich kannst du nichts dafür. Kein Mensch macht dir einen Vorwurf ... Dann muß ich dich vorher sprechen. Ich will die Tagesordnung sehen. Hast du *fünfhundert* Pfund gesagt? Ja, das ist allerdings eine hübsche Summe, wie? ... Danke für deinen Anruf. Auf Wiedersehen. Ich will dich nicht länger aufhalten. Du willst sicher gleich damit anfangen.«

Als sie sich wieder ihren Gästen zuwandte, hatte sie starke Ähnlichkeit mit einem erbosten Truthahn.

»Ist es zu fassen?« fragte sie. »Diese schreckliche Dorothy Squirl hat die Dreistigkeit besessen, für übermorgen eine Sitzung einzuberufen, und Doris tippt gerade die Einladungen, damit sie noch mit der Abendpost hinausgehen. Mrs. Squirl hat Doris gesagt, die Redaktion ist mit Anfragen bombardiert worden, und der Herausgeber steuert fünfhundert Pfund zur ›Kriegskasse‹ bei, wie sie das nennt.«

»Fünfhundert Pfund!« wiederholte Lady Kestrel.

Sie griff geistesabwesend nach der Tasse, die sie für Mrs. Rollo eingegossen hatte, und führte sie zum Mund.

»Ich fühle mich wie früher am Morgen der Jahresschlußfeier«, bekannte Miss Asshenden.

»Jetzt haben wir die Bescherung«, murmelte Ruth Mirbel.

»Immerhin sind wir darauf vorbereitet«, sagte Mrs. Rollo. »Meine Tasse bitte, Cynthia.«

»Oh, Verzeihung.«

Nachdem die Tassen verteilt waren, nippten die Damen am Tee und hingen dabei ihren eigenen Gedanken nach. Sie machten keinen Versuch, die Diskussion wiederaufzunehmen. Es herrschte ein deutliches Gefühl der Spannung, und die Gesellschaft ging bald auseinander. Mrs. Rollo begleitete sie ein Stück weit die gekieste Auffahrt hinunter und sah, als sie sich wieder der offenen Haustür zuwandte, Edwards Gesicht am Fenster seines Arbeitszimmers. Es trug einen bedrückten, bangen Ausdruck.

›Ich kann ihn jetzt nicht gebrauchen‹, dachte sie, ›das wird mir zuviel. Ich werde mir das Abendessen nach oben bringen lassen.‹

Sie ging in ihr Empfangszimmer zurück und räumte ihre Papiere in eine Schreibtischschublade, ehe sie nach Bates läutete.

6

Ahnungslos, aber nicht ganz arglos, was die über ihre Köpfe hinweg angestellten Überlegungen anging, hatten einige der aktiveren einfachen Mitglieder der Wytt's End Luncheon League im Namen der Wohltätigkeit einen privaten Kaffeeklatsch organisiert. Es war eine ihrer Lieblingsbeschäftigungen; die Gastgeberin sorgte für ständigen Kaffee- und Keksnachschub, und die Besucherinnen bezahlten einen Shilling pro Nase. Die Einladung zu der Sondersitzung hatte ihre Diskussionslust geweckt, und es dauerte nicht lange, bis eine lebhafte Debatte im Gange war.

»Wahrscheinlich soll da beschlossen werden, wie wir uns in der Sache verhalten«, sagte Hebe Dunne, die dick und gemütlich war.

»Da mach dir mal keine Gedanken. Das wird alles schon vorher ausgemauschelt«, erwiderte Gertie Gant, die dünn und säuerlich war.

»Also ich weiß ja nicht, wie das mit euren Männern ist«, sagte Phyllis Dawks, in deren Wohnung man sich traf, »aber meiner ist ganz schön auf der Palme. Er findet, wir sollten uns da völlig raushalten.«

»Meiner auch.«

»Meiner auch.«

»Aber daß die dagegen sind, ist doch klar, oder?« bemerkte Mrs. Orbit. »Schließlich sind die Männer schon wahnsinnig lang Hahn im Korb.«

»Die denken bloß, wir wollen alle Abgeordnete werden und haben dann keine Zeit mehr, für ihre Bequemlichkeit zu sorgen.«

Elsie Grummer, die auf einem Puff saß und eine Tasse Kaffee auf den Knien balancierte, verspritzte um ein Haar alles über den Teppich, als sie ausrief:

»Entschuldigt bitte, aber ich finde, es ist der größte Blödsinn, den je irgendein blödes Weib vorgeschlagen hat!«

»Arme Dorothy Squirl!« meinte Phyllis nachsichtig.

»Arm, von wegen! Mich nennt auch niemand arme Elsie, wenn ich ungefragt daherschwätze.«

»Aber sie hat nicht ungefragt dahergeschwätzt, Liebes. Es gehörte zu ihren Aufgaben als Vorsitzende, das Fallowfield-Fest zu eröffnen, und ich finde, für so ein Mäuschen hat sie das gar nicht schlecht gemacht.«

»Jedenfalls hat sie etwas in Gang gebracht.«

»Ich habe sie davor immer nur in beige gesehen«, sagte Mrs. Orbit. »Ich habe sie kaum wiedererkannt.«

»In Gabby Patchs Kolumne hätte sie auch kein Mensch wiedererkennen können«, sagte Evie.

»Och, ich weiß nicht. Ich fand, sie ist darin eigentlich ganz sympathisch dargestellt. Und ihre Nasenspitze zeigt wirklich nach oben. Allerdings glaube ich nicht, daß man ihre Augen als vergißmeinnichtblau bezeichnen könnte. Ich habe zwar nie sonderlich darauf geachtet, aber ich würde meinen, sie sind eher blaßblau.«

»Also ihr Garten ist jedenfalls ganz anders«, sagte Hebe. »›Bunt blühende Blumen und ein handtuchgroßes Stück schmucker grüner Rasen.‹ Er ist schmuddelig, und wo gerade kein Klee wächst, ist er kahl.«

»Und dann dieses Zimmer!« entsetzte sich Evie. »Alles cremefarben gestrichen und Schonbezüge und getüpfelte Tapete.«

»Ich weiß nicht, was du gegen das Zimmer hast«, sagte Gertie Gant. »Die meisten von unseren Zimmern sind genauso.«

»Meine Gott sei Dank nicht«, gab Evie keck zurück, deren Zimmer in einem alten Wohnhaus streng mit skandinavischen Möbeln und nüchternen Lampen ausgestattet waren.

»Wenn ihr doch bloß beim Thema bleiben würdet«, sagte Elsie verärgert. »Ich dachte, wir reden über Dorothy Squirls Rede, nicht über ihr Gesicht oder ihre Sofapolster. Ich finde immer noch, es war ein Skandal. Ihr werdet schon sehen, der Bezirk wird uns deswegen gewaltig aufs Dach steigen.«

»Wenn wir alle zusammenhalten, können sie uns nicht viel tun«, meinte Hebe Dunne, die sich dieser tröstlichen Weisheit aus ihrer Schulzeit erinnerte.

»Aber wir sind im Unrecht. Wir dürfen sie nicht unterstützen. Sie hatte kein Recht, solche Sachen zu sagen. Wenn man Mitglied einer Organisation ist, muß man sich an die Satzung halten.«

»Ich habe sie nie gelesen«, sagte Hebe Dunne seelenruhig. »Ihr etwa?«

Elsie schnaubte. Sie fing sich wieder und fuhr fort:

»Jetzt kommt auch noch das ganze Geld herein. Was zum Kuckuck sollen wir bloß damit machen?«

»Und fünfhundert Pfund auf einen Schlag!« rief Phyllis mit verwunderter Stimme aus. »Da müssen wir doch einfach weitermachen, egal, wie sauer die Männer werden.«

»Das geht nicht!«

»Aber wieso denn nicht, Liebes?«

»Weil wir das nicht können. Wir sind zu dumm. Du bist zu dumm. Ihr alle seid zu dumm. Und ich bin auch zu dumm«, fügte sie der Vollständigkeit halber hinzu.

»Dumm bin ich wahrscheinlich schon«, räumte Phyllis zögernd ein.

»Na ja, vielleicht nicht so wie die anderen«, sagte Elsie. Immerhin trank sie gerade Phyllis' Kaffee.

»Ach was!« sagte Evie Bell. »Ich glaube, wir sind vernünftiger als die Männer. Alles, was Männer können, können wir besser.«

»Dir wär's wohl am liebsten, wenn sie ausgerottet würden«, höhnte Elsie. »Na ja, warum eigentlich nicht? Im *Hausarzt* steht, daß wir auch ohne sie auskommen. Ein paar müßte man natürlich behalten, aber ein einziger Mann kann dreitausend Kinder zeugen, oder waren's dreißigtausend? Ich hab's vergessen.«

»Ist die Wissenschaft nicht etwas Wunderbares«, sagte Mrs. Orbit.

»Meinem George würde das gar nicht passen«, sagte Hebe Dunne.

Phyllis hatte den Eindruck, daß das Gespräch möglicherweise ins Schlüpfrige abglitt, etwas, wofür Damengesellschaften anfällig sind und was sie verabscheute, deshalb steuerte sie es energisch zum Thema zurück.

»Hör zu, Elsie«, sagte sie. »Ich bin Evies Meinung. Ich finde, wir können durchaus vernünftig sein, wenn wir wollen. Schließlich führen die meisten von uns einen Haushalt. Das ist heutzutage keine stumpfsinnige Arbeit mehr. Wir verstehen uns darauf, mit einem bestimmten Budget auszukommen und nicht zuviel auszugeben, jedenfalls meistens. Und wenn, dann gleichen wir es auf andere Weise wieder aus. Ich bin sicher, wir können besser wirtschaften als die Männer.«

»Ich finde, es gibt eine ganze Menge, was wir verbessern könnten, wenn man uns ließe«, sagte Mrs. Orbit. »Dorothy Squirl hat völlig recht, was die Busverbindung angeht. Eine Schande ist das. Es gibt haufenweise Frauen, die Kleidergeschäfte führen und eine funktionierende Busverbindung organisieren könnten, wenn sie sich damit befassen würden.«

»Wenn sie so sind wie die, die ich kenne, hätten sie nach ein, zwei Wochen keine Fahrer und Schaffner mehr«, sagte Evie feixend.

»Jedenfalls liegt noch sehr viel mehr im argen. Und über manche Sachen wissen die Männer nicht einmal Bescheid.«

»Es gibt haufenweise Gesetze, die sich von Frauen verbessern ließen.«

»Und es stimmt einfach, daß ein, zwei Frauen im Parlament nicht reichen, um etwas zu bewirken. Außerdem müssen sie nach der Pfeife ihrer Partei tanzen.«

»Das müßten wir aber auch.«

»Aber wir *wären* die Partei. Wenigstens gälte das dann für alle Frauen.«

»Du weißt doch gar nicht, was du da sagst«, unterbrach Elsie höhnisch. »Ich sage euch, das einzige, was wir können, ist Kaffeekränzchen und Flohmärkte veranstalten. Oder Seniorenausflüge und Wohltätigkeitsbasare organisieren. Lauter untergeordnete kleine Tätigkeiten, die nicht viel Schaden anrichten, allerdings auch nicht viel bewirken.«

»Nein, man zwingt uns nur dazu, solche Sachen zu tun, um uns bei Laune zu halten. Wir haben bloß keine Möglichkeiten.«

»Na schön, wie ich sehe, seid ihr wild entschlossen,

euch lächerlich zu machen«, sagte Elsie resigniert. »Nur weiter so, laßt euch durch mich nicht stören.«

»Wir werden erst einmal abwarten müssen, was Dorothy morgen sagt, oder?«

»Deine liebe, süße kleine Dorothy wird gar nicht dazu kommen, etwas zu sagen. Wenn dieser Wahnsinn sich durchsetzt, kannst du Gift darauf nehmen, daß die alte Rollo an der Spitze stehen wird.«

»Die wäre genau die Richtige«, sagte Evie.

»Aber Dorothy ist Vorsitzende. Es war ihre Idee.«

»Das ist Rollo doch völlig schnuppe«, sagte Elsie und rappelte sich von ihrem Puff hoch. »Verlaßt euch darauf, sie wird wieder den Vorsitz übernehmen, und wenn sie Dorothy dafür ermorden muß.«

»Also wirklich, Elsie!«

»Ich kann die Frau auf den Tod nicht leiden. Bei jedem Tischgebet denke ich daran, wie ich sie absteche.«

»Elsie!«

»Dorothy Squirl hat keine Chance, wenn sie sich gegen diese Bande von Halsabschneiderinnen stellt.«

»Du wirst doch Lady Kestrel nicht als Halsabschneiderin bezeichnen?«

»Und ob. Genau wie Amy Asshenden. Und Ruth Mirbel. Und noch ein, zwei Leute, die am Vorstandstisch sitzen. Wenn es darauf ankommt, werdet ihr eure liebe Dorothy alle im Stich lassen, ihr werdet schon sehen. Sie wird ganz auf sich allein gestellt sein.«

»Und was ist mit Gabrielle Patch?«

»Die wird ja wohl nicht kommen, oder?«

»Zutrauen würde ich es ihr schon«, sagte Evie.

»Evie und ich waren mit ihr in einer Klasse«, sagte Mrs. Orbit. »Wir kennen sie genau. Nichts als Ärger, wenn Gabby in der Nähe war, und ich glaube nicht, daß sie sich geändert hat.«

Die unveränderte Gabrielle Patch, die so ganz anders aussah als der tintenfleckige Teenager im Turnanzug, war gerade dabei, ihrer jüngsten Schöpfung im Reiche der Literatur, Dorothy Squirl, eine flammende Rede zu halten.

Die Kampagne kam mit solcher Geschwindigkeit voran – die Spende über fünfhundert Pfund war ausschließlich ihre Idee gewesen und ein Klacks für die Zeitung –, daß sie einen weiteren persönlichen Besuch für gerechtfertigt hielt. Und so war sie in ihrem Kleinwagen hingefahren und hatte festgestellt, daß sie gerade noch rechtzeitig gekommen war. Dorothy verlor die Nerven. Sie sah blaß und kränklich aus und hatte die ganze Nacht kein Auge zugetan.

»Natürlich gefällt ihm das nicht«, sagte Gabby. »Kein Mann hat gern das Gefühl, daß seine Frau ihn in den Schatten stellt. Aber das können wir nun mal nicht ändern, oder? Wenn man so wie Sie erleuchtet worden ist, wäre es geradezu kriminell, sich von einer kleinen Meinungsverschiedenheit mit dem Ehemann in seiner Lebensaufgabe behindern zu lassen. So sehe ich das. Wenn das doch bloß mir passiert wäre. Aber es ist Ihnen, Dorothy Squirl, passiert. Denken Sie nur, wie stolz er sein wird, wenn Ihr Name zum festen Begriff geworden ist!«

»Er ist so wütend«, jammerte der potentielle feste Begriff. »Nicht mal reden wollte er mit mir. Er hat einfach auf die Sachen gezeigt, die er zum Frühstück wollte. Ich weiß, ich meckere ihn oft an, aber richtig gegen ihn gestellt habe ich mich eigentlich noch nie. Außer bei der Rede, und das war ein Mißgeschick.«

»Das war kein Mißgeschick, sondern ein Wunder«, erwiderte Gabrielle.

»Es war ein Wunder, das sich nicht wiederholen wird«, sagte Mrs. Squirl aufgeregt und zerknüllte dabei ihr Taschentuch.

»Doch, das wird es. Es muß sich morgen wiederholen. Wir müssen sie bei der berühmten Sitzung alle mitreißen. Ich werde dort sein und Sie unterstützen.«

»Aber das geht nicht, glaube ich. Zum Essen können Sie bleiben, aber die Tagesordnung wird unter Ausschluß der Öffentlichkeit abgehandelt.«

»Diesmal nicht. Es ist eine Sondersitzung. Sie sind Vorsitzende. Sie können machen, was Sie wollen.«

»Das kann ich eben nicht. Die Bezirksvorsitzende hat angerufen, und sie war auch wütend. Sie hat gesagt, ich hätte bereits gegen einen Großteil der Satzung verstoßen und müßte mit einer Rüge rechnen. Sie wollte mit Mrs. Rollo darüber sprechen.«

»Lassen Sie bloß nicht zu, daß dieses Weib sich einmischt. Ganz gleich, was passiert, wir müssen dafür sorgen, daß sie ihre Nase nicht hineinsteckt. Die beneiden Sie alle, meine Liebe. Die wollen nur selbst im Rampenlicht stehen. Deswegen hat die Redaktion den Scheck mit den fünfhundert Pfund auch an Sie persönlich adressiert. Eine solche Bewegung kann durch falsches Vorgehen ruiniert werden. Sie müssen die Sache in die Hand nehmen. Sie haben genau den richtigen Charakter, standhaft, ehrlich und nur Ihrer Vision verpflichtet. Und denken Sie nur an all die anderen Frauen auf den Britischen Inseln, die sich auf Sie verlassen! Unentwegt hat das Telefon geklingelt. Und mein Büro wird schlicht und einfach mit Briefen überschwemmt. Wir haben eigens dafür eine Aushilfe einstellen müssen. Wenn Sie noch welche von diesen wunderbaren Pillen haben, würde ich an Ihrer Stelle drei oder vier davon nehmen, ehe Sie zu der Sitzung gehen. Ich hole Sie mit dem Auto ab, dann brauchen Sie sich keine Sorgen zu machen, falls Ihnen davon ein bißchen schwummrig wird.«

»Sie sind sehr nett. Tut mir leid, daß ich mich so anstelle.«

»Ach was. Ich bin schließlich auch eine Frau, oder? Die Sache betrifft mich genauso wie alle anderen. Ich möchte die Frauen in der großen Schlacht des Lebens vorankommen sehen.«

»Ja, das haben Sie auch in Ihrem Artikel geschrieben.«

»So, habe ich das? Tja, äh ... soll ich Ihnen etwas aufschreiben, was sie sagen können, falls die Pillen nicht wirken?«

»Ich glaube nicht, danke. Ich werde schon wissen, was ich sagen muß, wenn es soweit ist. Oder nicht?«

»Ich hoffe es«, sagte Gabrielle inbrünstig. »Natürlich können wir's hinterher immer noch ein bißchen aufmöbeln«, fügte sie etwas heiterer hinzu.

»Und angenommen, die Bezirksvorsitzende, Mrs. Thorby-Smith, ist da?«

Gabby machte große Augen. »Haben Sie sie denn nicht eingeladen? Aber das ist ein unbedingtes Muß. Je mehr Feuerwerk, desto besser.«

»Feuerwerk?«

»Reaktionen, meine ich. Wir wollen die Reaktionen testen.«

»Soll ich sie anrufen und einladen? Nein, das schaffe ich nicht. Das schaffe ich einfach nicht.«

»Dann mache ich es«, sagte Gabby. »Geben Sie mir die Telefonnummer, dann erledige ich es gleich. Ich sage einfach, ich rufe in Ihrem Auftrag an.«

»Wenn es bloß schon vorbei wäre«, sagte Dorothy Squirl kläglich. »Wenn es doch bloß schon vorbei wäre.«

»Der und der und der«, sagte Doris, die Schriftführerin, und legte bei jedem Wort ein Schreiben mit dem Briefkopf der League auf einen ständig größer werdenden Stoß.

Sie befanden sich in dem Raum, den Doris als ihr ›Büro‹ bezeichnete, ein schachtelartiges Kabuff mit Schreibtisch und Schreibmaschine, in das sie und Mrs. Rollo nur mit Mühe hineinpaßten. Stapel von Kuverts umgaben sie, und sie wirkten fast wie der Weihnachtsmann und sein Helfer, ein Eindruck, der durch das stumpfrote Kleid Mrs. Rollos unterstützt wurde, die freilich rabenschwarzes Haar und selbstverständlich keinen Vollbart hatte.

»Vielleicht hätte ich sie nach pro und kontra sortieren sollen«, meinte Doris unschlüssig, während einer zu Boden flatterte und von ihrem Gegenüber geborgen werden mußte.

»Ach, laß nur«, meinte Mrs. Rollo etwas geistesabwesend, während sie überflog, was sie gerade aufgehoben hatte. »Ich will nur einen allgemeinen Eindruck. Es muß nicht allzu genau sein. Sortieren kannst du sie immer noch, wenn du Zeit hast, sie zu beantworten. Wir brauchen einen Serienbrief. Süd-London scheint dafür zu sein, der Nordwesten dagegen. Das hängt wohl mit der Örtlichkeit zusammen. Oder macht es einen aggressiv, wenn man auf der anderen Seite der Themse wohnt?«

»Da sind haufenweise Briefe, die nicht von der Schriftführerin, sondern von Einzelpersonen kommen.«

»Ja, aber die fallen nicht so sehr ins Gewicht. Diese ganzen Reaktionen aus Yorkshire und Lancashire! Je dickköpfiger sie sind, desto mehr sind sie dafür. Wertvolle Unterstützung.«

»Gott sei Dank haben sie kein Geld geschickt.«

»Die werfen ihr Geld nicht hinaus, solange sie nicht etwas Greifbares in Händen haben. Vernünftige Wesen. Meine Güte, der hier würde Thorby-Smith aber aufhorchen lassen. Offenbar ist die Unruhe größer, als wir uns vorgestellt haben. Schön, machen wir Schluß. Ich denke, ich habe jetzt genug, womit ich arbeiten kann.«

»Du wolltest doch die Tagesordnung sehen, nicht?«

»Ja, bitte.«

»Ich habe bis jetzt nur einen Entwurf gemacht.«

»Sehr gut. Punkt eins streichen wir gleich. Wir können nicht mit der Begrüßung durch die Vorsitzende anfangen. Schreib statt dessen besser ›Begrüßung durch die Gründungsvorsitzende‹. Eine ganz einfache Änderung.«

»Aber ich bin das mit Mrs. Squirl durchgegangen. Wird sie nicht Einspruch erheben?«

»Sie braucht die ergänzte Version nicht zu Gesicht bekommen, bis sie sich zu Tisch setzt. Die anderen verteilst du wie üblich erst nach dem Essen.«

»Ich verstehe«, sagte Doris langsam.

»Feststellung der Vollzähligkeit, Protokoll der letzten Sitzung, Anfragen, ja, ja. Dann kommt am besten Rücktritt der Vorsitzenden.«

Doris fuhr zusammen.

»Zu mir hat sie kein Wort von Rücktritt gesagt.«

»Zu mir schon, unter vier Augen.«

»Komisch.«

»Meine liebe Doris, sie hat keine Ahnung von Verfahrensfragen. Wahrscheinlich ist ihr gar nicht klar, daß es so etwas überhaupt gibt. Denk an deine Erfahrungen mit Mrs. Dutt.«

»Ich bin wohl selber ein bißchen begriffsstutzig. Was passiert, wenn sie zurücktritt? Dafür gibt es keinen Präzedenzfall.«

»Am besten schreibst du unter Punkt sechs: Nominierung und Wahl der neuen Vorsitzenden.«

»Ich verstehe.«

»Ich habe es hineingeschrieben, damit dir kein Fehler unterläuft.«

»Und was ist mit den Zuschriften? Ich kann sie unmöglich alle lesen.«

»Du mußt erklären, daß du noch keine Zeit gehabt hast, dich damit zu befassen. Das stimmt ja auch. Jeder wird es verstehen. Ist das jetzt alles klar, oder brauchst du noch irgendwelche Unterstützung von mir?«

»Na ja, das einzige ist, daß ich einfach nicht sehe, wie ich den ganzen Papierkram bewältigen soll, wenn das so weitergeht.«

»Das verlangt auch niemand von dir, meine Liebe. Dafür braucht man selbstverständlich bezahlte Kräfte.«

»Ich verstehe«, sagte Doris. »Ich verstehe.«

Mrs. Thorby-Smith hatte den Vormittag in einer Besprechung mit ihrem Exekutivkomitee verbracht. Die Damen waren von ganz anderem Kaliber als die Mitglieder des Wytt's End Club. Sie gehörten eher der Nerz- als der Murmeltierklasse an. Sie pflegten den gleichen Lebensstil wie Mrs. Rollo, aber in gehobeneren oder vornehmeren Vierteln. Ihre Sitzungen waren normalerweise kurz, straff und produktiv. Die meisten gewöhnlichen Probleme lösten sie spielend leicht, doch das heutige war außergewöhnlich. Sie mußten sich mit einem Aufstand in den eigenen Reihen befassen. Das war schon ein- oder zweimal vorgekommen. Klubs waren öffentlich gemaßregelt worden und hatten schwer gezüchtigt den Heimweg angetreten, um ihre Satzung zu lesen.

Nie aber hatte es ein Vorkommnis von diesem Ausmaß gegeben. Die Zeitungskampagne machte jeden Schritt äußerst heikel. Außerdem herrschte unter ihnen selbst eine gewisse Uneinigkeit. Eine war amüsiert, eine andere fasziniert von den Möglichkeiten. Sie kamen jedoch nach allgemeiner Übereinstimmung zu dem Schluß, daß der Bewegung, soweit es die Organisation betraf, unverzüglich ein für allemal ein Ende gemacht werden mußte. Falls Gabrielle Patch ihren Spaß mit Mrs. Squirl als Privatperson fortsetzen wollte, konnte man natürlich nichts machen, außer darauf bestehen, daß ihr Name aus der Kartei gelöscht und ihr Ausschluß öffentlich bekanntgegeben wurde.

Die telefonische Einladung an Mrs. Thorby-Smith, in ihrer offiziellen Eigenschaft an der Sondersitzung in Wytt's End teilzunehmen, bot eine hochwillkommene Gelegenheit, sich sogleich an die Arbeit zu machen. Mrs. Thorby-Smith wurde ermächtigt, alle ihrer Meinung nach zur Bewältigung der Situation erforderlichen Schritte zu unternehmen.

Nachdem die Damen gegangen waren, blieb sie noch lange in Gedanken versunken sitzen. Wehe, wenn ihr nicht widerruft – darauf lief ihre Nachricht an etwaige aufsässige Mitglieder hinaus. Für Mrs. Rollo aber hatte sie eine besondere, private Nachricht. Sie überlegte, wie sie sie ihr am besten mitteilte.

Eigentlich hätten Mrs. Rollo die Ohren brennen müssen. Jeder dachte an sie: Mrs. Thorby-Smith, Elsie Grummer, Miss Asshenden, Lady Cynthia Kestrel, Ruth Mirbel und Doris, die Schriftführerin.

Nicht zuletzt aber dachte Dorothy Squirl an sie. Doris hatte sie, teils aus Verärgerung, teils aus schlechtem Gewissen, angerufen, um sie von den Änderungen in der Tagesordnung zu unterrichten.

7

Von dem Moment an, in dem Gabrielle Patch den Saal im ersten Stock von Macduff's Restaurant betrat, wo der berühmte Lunch stattfinden sollte, begann sie automatisch, die dort versammelten Persönlichkeiten stichwortartig festzuhalten. Sie machte sich keine Notizen, da sie sich auf ein geschultes Gedächtnis und die übliche journalistische Freiheit verließ, es mit den Fakten nicht allzu genau nehmen zu müssen.

Die meisten Damen wuselten ziemlich undiszipliniert herum, kauften am Büfett, bei einer hektischen Kellnerin, alkoholische oder nichtalkoholische Getränke und trugen sie zu den bereits gedeckten Tischen, um sich damit Plätze zu reservieren. Die kühneren unter ihnen kauften sich sodann ein zweites Getränk, das sie im Stehen zu sich nahmen. Man begrüßte sich gegenseitig und plauderte miteinander über die unterschiedlichsten Themen, die nichts mit dem Anlaß der Sitzung zu tun hatten aber gerade in ihrer Belanglosigkeit etwas von dem bevorstehenden Strafgericht ahnen ließen. Trotz der munter hin und her gehenden Scherzworte blieb die Atmosphäre gespannt. Es herrschte die Neigung, dem Blick seines Gegenübers auszuweichen und jedes Stocken des Geprächs eilends mit einer angemessenen Platitüde zu überbrücken. Aufgrund der Erinnerungen an ihre Schulzeit erkannte Gabby die meisten wieder. Sie fand, daß sie sich kaum verändert hatten. Man brauchte ihnen nur die schicken, mit Pelzwerk und Federn geschmückten Hüte vom Kopf zu pflücken und ihnen den üblichen Filz aufzudrücken, und schon war ihre Verkleidung zu durchschauen. Da war die alte Hebe und da Gertie mit ihrem Zopf, mager wie immer. Da war Phyllis die Kichernde, blond, dick, vierzig und immer noch kichernd. Und ihre Klassenkameradinnen, die freche Evie, die die Lehrer zur Verzweiflung gebracht hatte, und ihre Busenfreundin, die überhebliche Grace. Offenbar immer noch ein Herz und eine Seele. Ausnahmslos alle aber gingen Gabby aus dem Weg, obwohl sie sich offensichtlich noch an sie erinnerten. Ihr Beruf hatte sie aus ihrer Gemeinschaft ausgeschlossen. Sie hatten Angst vor ihr, weil sie ›schrieb‹, eine Fähigkeit, die sie als ebenso exotisch und bedrohlich empfanden wie die der Tochter des Erlkönigs, die ihre Freier dadurch abschreckt, daß sie neben sich selbst treten kann – eine hübsche Leistung, gewiß, aber nichts, was man im Haus haben mochte.

Gabby gab sich ganz gelassen und etwas gönnerhaft, während sie darauf wartete, daß Dorothy Squirl ihr aus dem Getümmel einen Gin Tonic mitbrachte. Sie hätte Mrs. Thorby-Smith auch ohne die protzige Amtskette mit dem Abzeichen der Bezirksvorsitzenden herauspicken können. Thorby-Smith war zunächst würdevoll zum Vorstandstisch geschritten, um festzustellen, wo sie saß, und hatte dann am Fenster Aufstellung genommen. Niemand hatte ihr etwas zu trinken besorgt, auch sie war ein Fremdling. Gabby spielte mit dem Gedanken, sie zu interviewen, entschied sich jedoch dagegen. Sogar ihr übersteigertes Selbstbewußtsein vermochte sie nicht zu überzeugen, daß sie auf viel Gegenliebe stoßen würde. Thorby-Smith sah so aus, als brauche sie ein Glas Wasser, um das in ihr schwelende Feuer zu löschen.

Als Mrs. Squirl, ein Glas in jeder Hand und die Finger ihrer Stoffhandschuhe fleckig von Gin und Sherry, triumphierend zurückkam, meinte Gabby leicht belustigt:

»In meinem Beruf hat zwar noch niemand etwas zu essen oder zu trinken abgelehnt, aber ich kapiere trotzdem nicht, warum Sie nicht einfach eine Sitzung ohne den ganzen Aufwand einberufen haben.«

Dorothy Squirl riß die vergißmeinnichtblauen Augen auf und sagte: »Aber das geht nicht. Wir sind ein Luncheon Club. Außerdem hätten wir ohne das Essen den Saal nicht bekommen.«

Gabby unterdrückte mit einem kräftigen Schluck Gin die Bemerkung, daß dies nicht der einzige Saal in Nord-London war, den man mieten konnte. Über den Rand ihres Glases hinweg musterte sie ihren Schützling mit leidenschaftsloser Sorgfalt. Was sie sah, gefiel ihr nicht. Sie hatte ihre Kolumne einmal irrtümlich dem Thema geistige Gesundheit bei Frauen gewidmet. Bei ihren Recherchen, die ihr heute noch nachgingen, hatte sie häufig Blicke gesehen, die dem von Dorothy Squirl im jetzigen Zustand ähnelten. Sie waren zugleich stumpf und erfüllt. Stumpf gegenüber Ratschlägen von außen, erfüllt von geheimen Absichten. Sie fragte sich, ob das auf Medikamente zurückzuführen war, und meinte: »Haben Sie eigentlich Ihre Pillen genommen?«

»Ja... wieso?«

»Och, nichts, nur daß ich keinen Alkohol dazu trinken würde. Manchmal verträgt sich das nicht miteinander.«

»Die Pillen haben kein bißchen gewirkt. Ich brauche

etwas, um mich aufzumöbeln.« Sie trank trotzig ihren Sherry aus.

Gabby zuckte die Achseln. War der albernen Soundso denn nicht klar, daß ihr der Kampf aller Zeiten bevorstand? Es war nicht zu übersehen, daß die alte Garde sich gegen sie formierte. Warum sonst die Beratung im Flüsterton zwischen Lady Cynthia Kestrel und Amy Asshenden, die doch bekanntermaßen ständig auf Kriegsfuß miteinander standen? Warum reichte Ruth Mirbel Mrs. Rollo mit vielsagendem Lächeln und Nicken einen Stapel Papiere zurück? Sie hatten ihre Pläne geschmiedet und waren bereit, in die Schlacht zu ziehen oder Mrs. Rollo als die von ihnen auserwählte Streiterin vorzuschicken. In Mrs. Rollos rosigem Gesicht waren keine Anzeichen von Anspannung zu entdecken. Der falsche Anschein von Bonhomie hatte schon hundert Gegner getäuscht. Sie trug Smaragdgrün, was immer man daraus ableiten konnte: ganz sicher nicht das Signal für freie Fahrt. Sie hatte sich für eine strategische Position neben dem Stuhl der Vorsitzenden entschieden, der größer und imposanter war als die anderen. Amy Asshenden hatte sich ohne ein Wort der Entschuldigung einen Weg durch zwei in ein Gespräch vertiefte Grüppchen gebahnt und ihr in einem einfachen Wasserglas etwas zu trinken gebracht, bestimmt Bitter Lemon, und sie hatte es mit kurzem Dank entgegengenommen und vor sich auf den Tisch geknallt, ohne auch nur soviel Anstand zu besitzen, daran zu nippen. Aber Gabby hatte schon vorher erraten, wo sie saß – sie hatte gesehen, wie Thorby-Smith die Lage peilte und unwillkürlich ein Gesicht zog, ehe sie sich majestätisch an ihr Ende des Tisches begab.

Diesem bewaffneten Goliath hatte Gabrielle nur ihren David entgegenzustellen, und sie hatte daran zu zweifeln begonnen, ob dieser der Aufgabe gewachsen war. Einen furchtbaren Moment lang fragte sie sich sogar, ob er vergessen hatte, einen Stein in seine Schleuder einzulegen. Dann kam ihr ihre Ausbildung zu Hilfe. Wie Pathologen schnodderig sind, um ihren Glauben zu bewahren, und bezaubernde Schwestern abgebrüht, um ihre Nächstenliebe nicht zu verlieren, so müssen Journalisten zynisch sein, um ihren weichen Kern zu verbergen. Gabby bat Dorothy, ihr noch einen Gin zu holen.

Mrs. Squirl, die ihr Amtsabzeichen – ein dürftiges Ding verglichen mit dem Monstrum, das Thorby-Smith zierte – zu einem alten, beigefarbenen Kostüm trug, da ihr nicht nach dem guten Stück von der Festeröffnung zumute war, wartete hinter einer Mauer aus Rücken, bis sie an die Reihe kam. Niemand sprach sie an, und sie war froh darüber. Wie Gabby vermutet hatte, war sie in schlechter Verfassung, und dies um so mehr, als sie das Gefühl hatte, nun wirklich auf sich allein gestellt zu sein. Doris hatte sie hinsichtlich der geänderten Tagesordnung zu Stillschweigen vergattert. Aber sie glaubte ohnehin nicht, daß sie Gabrielle etwas davon verraten hätte. Sie erkannte allmählich, daß Gabrielle – in gewisser Weise – kein Einfühlungsvermögen besaß. Sie schien nicht zu begreifen, wie schrecklich es war, sich mit Dudley so fürchterlich in den Haaren zu liegen. Sie nahm Dudleys Stellung bei der Stadt auf die leichte Schulter, sie hatte im Grund kein Verständnis für die Kommunalverwaltung; sie hätte sogar über einen Bürgermeister Witze gemacht. Aber Dorothy wußte, daß es in Dudleys Augen nur eines gab, was schlimmer war, als sich zum Narren zu machen, und das war, sich zu einem erfolglosen Narren zu machen. In diese Situation versuchte er sie zu bringen, so wie er ihr stets sagte, sie würde vergessen, die Tür abzuschließen und das Gas abzudrehen. Und genauso kam es dann auch; er war entschlossen, sie in die Knie zu zwingen, indem er darauf beharrte, daß es passieren würde. Als sie von den Änderungen der Tagesordnung erfuhr, hätte sie ihn liebend gern um Rat gefragt. Mußte sie zulassen, daß Mrs. Rollo ihre Rede hielt und so als erste zu Wort kam – oder konnte sie unterbrechen und darauf bestehen, daß man ihr als der Vorsitzenden Gehör schenkte? Dudley hätte es gewußt – er wußte alles über Sitzungen –, und wenn er sich nicht sicher gewesen wäre, hätte er den Stadtdirektor fragen können. Wenn es zum Beispiel zu dem Punkt kam, wo sie zurücktreten sollte – wie sagte sie dann, daß sie nicht die Absicht hatte? Und mußte sie tatsächlich bis Punkt fünf warten, ehe sie ein Wort sagen durfte?

Sie ertappte sich dabei, daß sie den Stoff von Elsie Grummers leichter Kostümjacke anstarrte, fand jedoch keine Erleuchtung darin. Elsie Grummer konnte ihr nicht helfen, obwohl sie die ganze Sache ablehnte. Genau das war das Problem. Hätte Elsie nur Mrs. Rollo abgelehnt, wäre alles bestens gewesen, und sie hätte ihr sehr helfen können, da sie keine Angst davor hatte, den Mund aufzumachen. Aber sie lehnte ja die ganze Sache ab.

Der Stoff verschwand, und sie stand mit einemmal vorn am Büfett und bestellte noch einen Sherry. Gabbys Gin, ja sogar Gabby selbst, hatte sie völlig vergessen. Als sie ihre

Handtasche aufklappte, um zu bezahlen, sah sie ihr Tablettenröhrchen, das allmählich zur Neige ging, und beschloß, noch zwei zu nehmen. Auf der Suche nach dem ruhigsten Plätzchen, wo sie sie unauffällig schlucken konnte, schob sie sich an der Wand hinter dem Vorstandstisch entlang und kam dabei an Mrs. Thorby-Smith vorbei, die sie mit dem gleichen funkelnden Blick bedachte, den man auf einen lästigen, von einem meisterlichen Gegner in einer Schachpartie geschickt eingesetzten Bauern wirft. Mrs. Squirl übersah Thorby-Smith samt Amtskette, funkelndem Blick und allem anderen. Sie war zu sehr mit sich selbst beschäftigt. Tatsächlich bewegte sie sich so sehr in ihrer eigenen Welt, daß sie, als sie das Sherryglas auf der Fensterbank abstellte und erneut am Verschluß ihrer Handtasche nestelte, kaum bemerkte, daß sie genau neben ihrer vorgesehenen Nachfolgerin stand. Falls Mrs. Rollo, die geschäftsmäßig ihre Papiere zu ordnen fortfuhr, ihre Anwesenheit wahrnahm, so zeigte sie keine Unruhe. Sie mochte der Ansicht sein, daß es, wenn man schon während des gesamten Essens nebeneinander sitzen mußte, keine Rolle spielte, wann die Nachbarschaft begann. Sie drehte den Kopf in die entgegengesetzte Richtung, um Doris einige letzte Anweisungen zu geben – sie war entschlossen, diesmal keine Störung aus der Küche zuzulassen, wenn sie ihre Begrüßungsrede hielt. Als sie sich wieder umdrehte, schluckte Mrs. Squirl gerade etwas, ließ dann trotzig ihre Handtasche zuschnappen und starrte Mrs. Rollo auf höchst sonderbare Weise an. Also wirklich, die Frau war völlig verwirrt! Es waren immer die stillen Wasser, die den ganzen Ärger machten, dachte Mrs. Rollo.

Sie runzelte finster die Stirn, schürzte die Lippen und verfluchte insgeheim ihre unbeschwerte Verbündete Cynthia Kestrel, die ihnen aus einer Laune heraus diese Geschichte eingebrockt hatte. Dann riß sie sich zusammen. Sie hätte sich viel lieber aus einem anderen, von ihr selbst ausgehenden Motiv mit Thorby-Smith geschlagen – wie gut sich die wuchtige Kette auf ihrem eigenen Busen gemacht hätte! So aber war sie gezwungen, eine Idee zu verteidigen, die noch nicht ihre eigene war. Es konnte ein Jahr dauern, bis alle Dorothy Squirl völlig vergessen hatten, und wenn sie hier und heute eine Szene machte, vielleicht sogar noch länger. Mrs. Rollo wußte, daß sie Mrs. Squirl in Grund und Boden reden konnte, wenn sie beide unter gleichen Voraussetzungen an den Start gingen. Was aber würde geschehen, wenn Mrs. Squirl zwei Pillen Vorsprung hatte? Was immer man über Mrs. Rollo sagen konnte, sie war mit Sicherheit kein Feigling. Es gab an dem vorliegenden Plan einiges, was sie ärgerte. So hätte man beispielsweise nie zulassen dürfen, daß eine Vertreterin des Bezirks an der Sitzung teilnahm – auch das ging aufs Konto dieser dummen Squirl. Man hätte in der Lage sein sollen, die Dinge allein und ungehindert zu regeln und Thorby-Smith dann ein Ultimatum zu stellen. Sie und Doris hätten das Protokoll nach ihren Bedürfnissen umschreiben können, es wäre nicht das erste Mal gewesen. Sie hätte bei der Sitzung mit Argumenten aufwarten können, die sie in Hörweite dieser Spionin niemals vorzubringen wagte! Um die Wahrheit zu sagen, hatte die Gründungsvorsitzende genau in diesem Augenblick eines mit der Vorsitzenden gemein: Sie wären beide am liebsten anderswo gewesen. Aber Mrs. Rollo hatte ihr Gesicht unter Kontrolle, und ihr war nichts davon anzumerken. Sie machte niemals eine Entscheidung rückgängig, selbst wenn sie ihr aufgezwungen worden war. In einigermaßen freundlichem Ton meinte sie zu Mrs. Squirl:

»Sie sitzen zwischen Doris und mir. Vielleicht möchten Sie sich gleich umsetzen. Bringen Sie Ihre Handtasche und Ihr Glas mit. Nein, die Tasche kommt auf den Stuhl und das Glas auf den Tisch.«

Wie an der Umgruppierung ihrer Besitztümer erkennbar, hatte Mrs. Squirl in der Tat schreckliche Angst. Gabby Patch, die gerade entdeckt hatte, wo sie abgeblieben war, hatte selten ein weißeres Gesicht gesehen, nicht einmal bei einem Drucker. Neben Mrs. Rollos Ziegelsteinrot wirkte es nachgerade leichenhaft.

Während Gabby sich verärgert aufmachte, um sich selbst etwas zu trinken zu holen, sah sie ihren Schützling Reißaus nehmen und Lady Kestrel zustreben, die am anderen Ende des Tisches saß.

›Was soll denn das nun wieder?‹ dachte Gabby verwirrt.

Als Dorothy ihr erzählt hatte, wie nett, wie nett und hilfsbereit Lady Kestrel gewesen war, war sich Gabby vorgekommen wie eine Frau mit einem Einbrecher im Haus: vielleicht war ja alles in Ordnung, aber sie glaubte nicht recht daran. Sie wußte eine ganze Menge über Lady Kestrel; zwischen ihren Sphären ergaben sich zuweilen Berührungspunkte. Sie hatte sie allerdings noch nie nett erlebt, es sei denn aus Eigennutz. Das hielt Gabby freilich nicht davon ab, sie zu bewundern. Sie bewunderte sie wegen ihrer lässigen Eleganz und ihres beherrschten Benehmens. Wegen ihrer natürlichen Autorität und ihres unnatürlichen Make-ups. Wegen ihres Snobismus und der gleichzeitig vorhandenen wundervollen Fähigkeit, mit einer Putzfrau oder einem Busschaffner von gleich zu gleich zu lachen und zu scherzen. Sie bewunderte sie sogar wegen ihres Lächelns. Aber Lady Kestrel machte sie auf eine Weise nervös, wie nur wenige sie nervös machten. Sie hätte lieber zehn Mrs. Rollos zum Gegner gehabt. Und deshalb wollte sie nun auch wissen, was da vor sich ging. Sie spähte unruhig durch den Saal und wünschte sich, die anderen würden zu quasseln aufhören, damit sie verstand, was die beiden zu bereden hatten; aber sie sah nur die im Gespräch auf und zu gehenden Münder und ein Lächeln, so gewandt wie die Zunge eines Ameisenbären – überflüssig zu sagen, von wem es kam.

»Was soll's denn sein, Schatz? Überlegen Sie nicht lange. Ich glaube, die wollen gleich anfangen.«

»Gin Tonic. Einen doppelten«, sagte Gabby, aus ihren Gedanken gerissen.

Die Kellnerin zwinkerte ihr vertraulich zu. Es war leicht zu erkennen, daß Miss Patch eine Außenseiterin war.

Als Gabby wieder hinschaute, sah sie mit einiger Erleichterung, daß die beiden auseinandergegangen waren. Lady Kestrel stand mittlerweile in einer um Mrs. Rollo gescharten Dreiergruppe, zu der, wie sollte es anders sein, noch Miss Asshenden und Ruth Mirbel gehörten. Sie schienen vor dem Glockenzeichen noch ein letztes Konklave abzuhalten. Kaum hatten sie sich an ihre Plätze begeben, als Mrs. Rollo auch schon klingelte und die arme

Dorothy mit hochgezogenen Brauen ansah, als wolle sie sagen: Es ist Ihr Bier, nun machen Sie mal.

Dorothy wirkte überrascht, wozu sie auch allen Grund hatte. Doris stupste sie an und sagte mit leiser Stimme: »Meine Damen, es ist ein Uhr.« Sie pflegte seinerzeit Mrs. Dutt auf diese Weise zu soufflieren.

»Ach ja?« fragte Dorothy.

»Nun mach schon. Du weißt doch«, zischte Doris.

Endlich fiel es Mrs. Squirl durch ihren Medikamentennebel hindurch wieder ein. Es war das, was sie in Doris' Kabuff – Verzeihung, in ihrem Büro – am oberen Treppenabsatz geprobt hatten.

»Meine Damen«, sagte sie aus eigener Erinnerung. »Es ist ein Uhr. Wir wollen beginnen. Bitte erheben Sie sich zum Tischgebet. Miss Asshenden, würden Sie bitte das Tischgebet für uns sprechen?«

Vor langer Zeit hatte irgendwer beschlossen, daß Amy Asshenden als pensionierte Schuldirektorin am besten dazu geeignet war, das Tischgebet zu sprechen. Es war ihr festes Privileg geworden. Während einige Damen die Augen schlossen, behielt Thorby-Smith die ihren offen und senkte auch den Kopf nicht. Dies war der zweite Affront – erst hatte man ihr nichts zu trinken angeboten, und nun hatte man sie auch nicht gebeten, Gottes Segen zu erflehen. Sie hoffte, daß sie alle an ihrem Essen erstickten.

Gabby wurde mit dem Gin in der Hand überrascht und glitt auf einen Platz neben Mrs. Orbit, am Ende der mittleren Tischreihe.

»Sieh an, wen haben wir denn da!« sagte Mrs. Orbit

und zog den Kopf ein, um einem herabschwebenden Teller Suppe Platz zu machen.

»Du erkennst mich also doch«, sagte Gabby trocken. »Warum hast du mir nicht guten Tag gesagt?«

»Wir bewegen uns nicht mehr in denselben Kreisen«, sagte Evie, die an Mrs. Orbits anderer Seite saß. »Du bist zu vornehm für uns geworden.«

»Wir haben keine Lust, in deiner Kolumne durchgehechelt zu werden«, gab Mrs. Orbit zu.

»Pah! Dazu seid ihr doch gar nicht das Material.«

»Gott sei's gedankt.«

»Schließen wir einen Waffenstillstand«, sagte Gabby. »Behandelt mich wie ein menschliches Wesen, dann schreibe ich auch kein Wort über euch. Was passiert denn heute hier?«

»Ich kann auch nur raten.«

»Nein, das stimmt nicht. Ihr seid unmittelbar beteiligt, ich bin nur eine außenstehende Beobachterin. Warum seid ihr alle gegen die arme Dorothy Squirl?«

»Wie kommst du denn auf die Idee?«

»Wenn es nicht so ist, warum behandelt ihr sie dann wie eine Aussätzige und Ausgestoßene?«

»Ach, Frauen sind wie Schafe, weißt du. Wir warten darauf, daß jemand vorangeht.«

»Und dieser Jemand ist Rollo, wie?«

»Wundern würde es mich nicht.«

»Sie sieht aus wie ein Geschenk aus Jugoslawien.«

»Ein Getränk?«

»Nein, ein Geschenk. Ist wahrscheinlich so ziemlich das gleiche.«

»Sag ja nichts Gemeines über Mrs. Rollo!« fuhr Evie auf sie los. »Sie ist hier sehr beliebt.«

»Ich sehe schon jemanden, der ganz verrückt nach ihr ist«, sagte Gabby mit einem Blick auf Thorby-Smith, die sich offenbar mitten in einer Auseinandersetzung mit einer Kellnerin befand.

»Es hat überhaupt keinen Sinn, daß sie sich über die Suppe beschwert«, sagte Evie. »Es gibt nur zwei Sorten, Tomatensuppe und Brown Windsor, und sie hat noch Glück, wenn sie Tomatensuppe kriegt.«

»Das macht sie absichtlich«, sagte Mrs. Orbit. »Sie will sich in die richtige Stimmung bringen, Hackfleisch aus uns zu machen.«

»Ihr seid also von Dorothy Squirls Idee begeistert, aber nicht von Dorothy Squirl«, bemerkte Gabrielle.

»Vielleicht halten wir die Idee für unterstützenswert – genau wie eure Redaktion.«

»Mhm. Aber es wird nichts daraus werden, wenn ihr nicht die gesamte Organisation auf eure Seite bringt, und das verstößt gegen die Satzung.«

»Sind Satzungen nicht dazu da, daß man gegen sie verstößt?«

»Doris sagt, sie hätten tonnenweise Briefe von Klubs im Norden bekommen«, ließ sich Evie mit plötzlicher Offenheit vernehmen.

»Das werden wir sicherlich alles zu gegebener Zeit erfahren«, sagte Mrs. Orbit mit einem warnenden Blick auf sie. »Was ist denn das? Ach Gott, wahrscheinlich gibt es Hammel. Ich sehe da ein bißchen Grünzeug in Essig schwimmen. Magst du Minzsauce, Gabrielle?«

»Ich habe festgestellt, daß es bei den meisten Essen unter Frauen nicht so sehr darauf ankommt, was in den Mund hineingeht, als darauf, was herauskommt«, bemerkte Gabrielle Patch.

Das Essen nahm seinen Fortgang. Nur am Vorstandstisch wurden die Teller beinahe so voll abgeräumt, wie sie aufgetragen worden waren, und auch da gab es Ausnahmen. Lady Kestrel war hungrig, weil sie niemals frühstückte. Sie liebte gutes Essen, doch wenn keines zu haben war, nahm sie mit dem vorlieb, was es gab: sie gehörte zu den glücklichen Menschen, die niemals diät leben müssen; sie behielt ihre sylphidenhafte Figur und hatte sich in einer Anzeige für die Wirksamkeit einer bekannten Schlankheitskur verbürgt, ohne daß sie den gräßlichen Fraß je hatte probieren müssen.

Auch Mrs. Rollo mampfte gleichmütig vor sich hin, ohne etwas zu schmecken. Sie fühlte sich seltsam deprimiert, wollte sich aber nichts anmerken lassen und dachte, daß ein leergegessener Teller sie nicht nur bei Kräften halten, sondern auch ihren Anhängern Zuversicht einflößen würde. Es war offensichtlich, daß Dorothy Squirl völlig erledigt war. Ihr Braten wurde kalt, und die Eiercreme auf ihrem Biskuitauflauf bekam Altersrisse, blieb ansonsten jedoch unberührt.

Dennoch fühlte sich Mrs. Rollo, die einen Kampf normalerweise genoß, niedergeschlagen und lustlos. Beim Kauen sammelte sie ihre Gedanken. Als sie die Tischreihe vor sich entlangschaute, erspähte sie Gabrielle Patch. Sie wandte sich Mrs. Squirl zu und fragte mit scharfer Stimme:

»Ist Miss Patch Ihr Gast?«

»Ja. Ja, das ist sie.«

»Dann muß sie vor Beginn der Sitzung gehen. Das wissen Sie doch.«

»Ja, gewiß.«

»Bei einer offiziellen Sitzung dürfen keine Besucher anwesend sein. Sie müssen das sagen, wenn wir den Toast auf die Königin ausgebracht haben.«

»Es wird Zeit«, flüsterte Doris. »Danach können sich alle zum Kaffee eine anzünden. Na los. Steh auf.«

Mrs. Squirl erhob sich und sagte, als ob sie das schon immer getan hätte: »Meine Damen, ich trinke auf die Königin.« Sie hatte begonnen, sich körperlos zu fühlen, und konnte sich deshalb auch nicht über ihren Biskuitauflauf hermachen. Es hatte schließlich keinen Sinn, einen Geist mit Eiercreme zu füllen.

Alle Damen erhoben sich und sagten: »Auf die Königin« und noch einmal: »Auf die Königin«, und Hebe Dunne flüsterte: »Das nenne ich eine Frau!«

Nur Mrs. Rollo erhob sich, ohne zu trinken, und zwar nicht aus Respektlosigkeit, sondern weil sie den Kopf mit anderen Dingen voll hatte. Sie hatte die knubbelige Hand um den kannelierten Stiel des Glases gelegt, hob es aber nur drei, vier Zentimeter vom Tischtuch. Dann setzte sie es ab und raffte ihre Papiere zusammen.

»Sie dürfen rauchen«, sagte Mrs. Squirl. »Leider muß ich nun auch etwaige Gäste bitten, den Saal zu verlassen. So verlangt es nun einmal die Satzung, und wir wollen mit dem offiziellen Teil beginnen.«

Aller Augen richteten sich auf Gabrielle Patch, für die

der Hinauswurf völlig unerwartet kam. Sie erkannte freilich, daß ihre Proteste nichts nützen würden, leerte daher mit einem hingemurmelten »Vielleicht darf ich noch austrinken« ihre Tasse und verließ in völliger Stille den Saal, wobei ihr alles nachstarrte. Sie wäre allerdings nicht Gabrielle gewesen, wenn sie weit gegangen wäre. Sie schlüpfte in die angrenzende Küche, strahlte die darin befindlichen Personen an und stellte sich, als wäre es die selbstverständlichste Sache der Welt, an der offenen Durchreiche auf, wo sich gleich darauf die Köchin zu ihr gesellte.

Sie konnte zwar nicht sehen, wie sich Mrs. Rollo zu ihrer Ansprache erhob, da sich ein Wandschirm zwischen ihnen befand, aber die Stimme war laut und deutlich zu hören, zumal jeglicher Abwasch bis nach der ersten Rede untersagt worden war. Man stelle sich Gabbys Entsetzen vor, als sie nicht das Geflöte ihres Schützlings, sondern das volltönende Schnurren der Person vernahm, die eben noch Gegenstand ihrer despektierlichen Bemerkungen gewesen war. Mit beträchtlichem Aplomb zog sie ihren Notizblock hervor.

»Frau Vorsitzende, Frau Bezirksvorsitzende, meine Damen, ich eröffne die Sitzung kraft meiner Position als Gründungsvorsitzende. Es handelt sich hier keineswegs um eine gewöhnliche Zusammenkunft, und daher war man der Ansicht, daß jemand mit viel Erfahrung, ein in diesen Dingen versierter alter Fuchs« – hier gestattete sie sich ein neckisches Augenzwinkern –, »vielleicht eher in der Lage sein würde, die Situation zu erläutern, als ein Neuling. Tatsächlich fühlt sich die arme Dorothy« – sie bedachte ihre Tischnachbarin mit einem gütigen Blick – »vollkommen überfordert und wird sich im Vertrauen auf Ihr Verständnis dazu später noch äußern.«

Das bleiche Gesicht der armen Dorothy lief jäh rot an, und sie versuchte sich aufzurappeln, doch Mrs. Rollo scheuchte sie mit den Worten »Später... später« rasch zurück.

»Ich möchte hier nicht noch einmal die genauen Umstände rekapitulieren, die zu dieser Lage geführt haben. Sie sind Ihnen allen bekannt. Es ist lediglich meine Aufgabe, die Fakten darzulegen und Sie hinsichtlich der Möglichkeit zu beraten, diese Fakten praktisch nutzbar zu machen.«

Sie holte tief Atem. »Die Fakten sind folgende: Es ist der Gedanke aufgekommen, daß es an der Zeit sei, eine neue parlamentarische Partei zu gründen und ins Leben zu rufen, die den Namen Frauenpartei tragen soll. Wenn wir uns eingehend mit dieser Frage befassen – und das habe ich getan –, so werden wir zweifellos zu dem Schluß kommen, daß dafür ein echter Bedarf besteht. Sowohl die innenpolitischen als auch die außenpolitischen Verhältnisse schreien förmlich nach dem stabilisierenden Einfluß von Frauen. Seit der Zeit der Suffragetten haben die Frauen sich für eben diesen Notstand gerüstet. Eine Handvoll Frauen im Parlament reicht allein nicht aus, um den Geschicken der Menschheit eine Wende zu geben. Wenn wir unsere Energien sinnvoll einsetzen wollen, müssen wir mehr tun. Sie werden mir also gewiß darin zustimmen, daß es gegen den Gedanken an sich keine Einwände geben kann.«

»So, werden wir?« murmelte Elsie Grummer. Sämtliche

Umsitzenden brachten sie mit lautem »Pst!« zum Schweigen.

»Wenn wir allerdings zu dem Stadium kommen, in dem wir unsere Idee in die Tat umsetzen«, fuhr Mrs. Rollo fort, als wäre nichts geschehen, »ergeben sich gewisse Schwierigkeiten. Die Gründung einer solchen Partei ist keineswegs unmöglich. Die Anzahl der Wählerinnen reicht bei weitem aus, um den Erfolg potentieller Kandidatinnen sicherzustellen. Hinter der Kandidatin aber muß eine komplexe Organisation stehen. Hier ist weder die Zeit noch der Ort, mich detailliert mit der Frage eines politischen Apparats zu befassen, aber ich kann Ihnen versichern, daß das Komitee nicht untätig war« – hier schloß sie Miss Asshenden, Lady Kestrel und Ruth Mirbel in den Schoß der Partei mit ein –, »und uns schwebt bereits eine präzise Struktur vor. Es wäre möglich, sozusagen aus dem Stand eine solche Organisation aufzubauen, aber das würde viele, viele Jahre dauern, und viele von uns würden ihre Verwirklichung wohl nicht mehr erleben. Wir glauben, daß es einen einfachen Ausweg aus diesem Dilemma gibt.«

Sie hielt inne. Jetzt kam der wirklich kritische Punkt. Sie fragte sich, ob Thorby-Smith aufspringen und leidenschaftlich protestieren oder ob sie sie ausreden lassen und dann zum Gegenangriff übergehen würde. Egal ... es gab kein Zurück mehr.

Nun war ihr Ton ruhiger, vertraulicher.

»Wenn wir hier gesessen, miteinander gegessen und unsere karitativen Bemühungen koordiniert haben, hat uns die Gewißheit, daß überall in England andere Luncheon Leaguers genau das gleiche tun, Mut und Kraft gegeben. Wenn sie jetzt nur alle bei uns sein könnten! Viele sind es in Gedanken auch«, fügte sie hastig hinzu. »Das weiß ich, weil ich die Ehre gehabt habe, ihre Briefe lesen zu dürfen. Klubs aus ganz England haben uns geschrieben, uns Fragen gestellt, uns angespornt. Doris wird später eine Auswahl daraus vorlesen. Ja, auch aus dem Bezirk London, dessen reizende Vorsitzende zu unserer Freude heute unter uns weilt. Sie wird unseren Beratungen beiwohnen, sich geduldig unsere Ansichten anhören und sie dann ihrem eigenen Komitee zur Beurteilung vorlegen. Denn so funktioniert diese große Organisation, meine Damen. Es gibt den Ortsverein, den Bezirk, den Gesamtvorstand, alle autonom und dennoch voneinander abhängig. Ist es nicht bezeichnend, daß genau so durchaus auch eine parlamentarische Partei funktionieren könnte? Erscheint das nicht geradezu wie eine höhere Fügung? Wir haben hier einen kompletten Apparat, den wir uns nur zunutze machen müssen.«

Die Damen nickten allesamt mit den Köpfen, ausgenommen Mrs. Thorby-Smith, die sich den ihren fast vom Hals schüttelte, so heftig waren die Bewegungen.

Auch Mrs. Rollo schüttelte den Kopf, allerdings sanft und bekümmert.

»So einfach ist es leider nicht. Laut Satzung unserer Organisation sollen wir unpolitisch sein. Aber, meine Damen, diese Satzung wurde entworfen, ehe wir diese bahnbrechende Idee hatten. Sie sollte für die bereits bestehenden Parteien gelten, für die Konservativen, die Labour Party und die Liberalen. Sie sollte niemals für eine Frauenpartei gelten. Wir haben in unseren Reihen viele Frauen voller Phantasie, Entschlußkraft und Mut. Sollen sie etwa ewig einem veralteten System verhaftet bleiben, das ihre Aktivitäten auf Whistrunden, Basare und Flohmärkte beschränkt? Niemals! Mit Ihrem Einverständnis und Ihrer Zustimmung möchte ich einen Antrag zur Beschlußfassung einbringen, mit dem wir die alten Zöpfe abschneiden. Mögen die Luncheon Leaguers die neugeborene Frauenpartei unterstützen, und möge Wytt's End dabei in vorderster Reihe stehen!«

Ihre Kehle war staubtrocken. Nun, da ihre Arbeit getan war, führte sie das Bitter Lemon zum Mund.

»Hurra! Hört, hört!« brüllte eine Stimme aus der Küche. Es war die von der Rede mitgerissene Köchin.

Fast alle schauten verblüfft und amüsiert in ihre Richtung.

Deshalb sahen sie auch den Zusammenbruch nicht, sondern hörten nur den dumpfen Aufschlag und das Knirschen zerbrechenden Glases. Ihre Blicke wandten sich von der Köchin ab und dem Bild von Mrs. Rollos rabenschwarzen Haaren zwischen den Scherben auf dem Tischtuch und der Hinteransicht ihres feisten Halses zu.

Lady Kestrel bewegte sich als erste. Nach ihren sehr bestimmten, klaren, täuschend beiläufig erteilten Anweisungen (sie selbst stützte den Kopf) hoben sie Mrs. Rollo zu viert vom Stuhl (sie war schrecklich schwer) und schafften sie halb zerrend, halb tragend zum anderen Ende des Saals, wo sie sie auf den Boden legten und ihr jemandes Jacke als Kissen unterschoben. Miss Asshenden, die tüchtige Schuldirektorin, zitterte wie Espenlaub. Ruth Mirbel, die kaltblütige Anwältin, wiederholte ein ums andere Mal: »Du liebes bißchen! Du liebes bißchen!«, ein Ausdruck, der bislang nicht zu ihrem Wortschatz gezählt hatte. Mrs. Squirls ektoplasmisches Selbst klaubte eigenartigerweise die Glassplitter von Mrs. Rollos Manuskriptblättern und brachte sie zur Durchreiche, wo die Köchin sie ihr abnahm.

Gabby war in den Saal zurückgekehrt und sah sich Lady Kestrel gegenüber, die gerade alles Notwendige in die Wege geleitet hatte.

»Fassen Sie doch bitte mal bei dem Wandschirm mit an, ja?« befahl Cynthia, die selbst jetzt noch gekonnt lächelte. »Sie ist nämlich mausetot, das arme Ding. Mausetot.«

8

Während Mrs. Thorby-Smith in ihrem gewienerten Auto von ihrem gewienerten Chauffeur nach Hause gefahren wurde, empfand sie den nagenden Verdruß eines Menschen, der sich eine stichhaltige Argumentation zurechtgelegt hat und dann der Gelegenheit beraubt wird, sie vorzubringen. Denn sie war in dem geistigen Zweikampf mit Mrs. Rollo im entscheidenden Moment für immer besiegt worden. Sie würde nie mehr die Möglichkeit haben, die Entscheidung umzukehren, und obwohl sie ihren Standpunkt anderswo würde vertreten können, war sie scharfsinnig genug zu erkennen, daß ihre Erzfeindin ihre Sache durch ihren Tod besser gefördert hatte, als wenn sie am Leben geblieben wäre, wofür es in der Geschichte durchaus Beispiele gab. Sowohl in öffentlichen als auch in privaten Angelegenheiten ist der Tod das eine, unwiderlegbare Argument.

Sie vermutete, daß die an einen reifen Apfel erinnernde Gesichtsfarbe schon immer auf Herzprobleme hingedeutet hatte, aber irgendwie hatte sie nie geglaubt, daß Mrs. Rollo überhaupt ein Herz besaß. Einen Verstand, ja; auch einen Magen; möglicherweise sogar Nerven; aber ein Herz – nein. Dabei hatte das alte Schlachtroß den Eindruck gemacht, es befinde sich in Höchstform. Tja, so konnte es gehen. Eine Art Thrombose wahrscheinlich, oder eine Gehirnblutung. Percy, ihr Mann, hatte es auf Konferenzen schon zweimal erlebt, daß jemand auf diese Weise gestorben war. Die Reden am Mikrophon waren gehalten, sie kehrten an ihren Platz zurück, kippten um, und aus war's. Es war die zusätzliche Anspannung, der Druck, so glaubte sie jedenfalls. Eigenartig, daß es einer so ausdauernden Rednerin wie Mrs. Rollo zustieß, die erst dann glücklich war, wenn sie sich allen und jedem gegenüber als Autorität aufspielen konnte. Aber es war ja auch alles andere als eine gewöhnliche Rede. Es war ein heikles Geschäft, von dem viel abhing. Angesichts der Schwierigkeiten hatte es eigentlich ausgezeichnet geklappt. Wie raffiniert beispielsweise, Dorothy Squirl loszuwerden, ohne Empörung hervorzurufen, indem man sie einfach zum Gegenstand falsch verstandenen Mitleides machte! Das Thema hatte gerade genügend Substanz, um dem Publikum zu gefallen, und nachdem die Rednerin einen Hinweis auf ihre eigenen Fähigkeiten und einen hinterhältigen Seitenhieb auf den Bezirk angebracht hatte, hatte sie es verstanden, mit einem echten Trompetenstoß zu enden. Möglicherweise würde es sich sogar gedruckt gut machen, aber das blieb ihnen gottlob erspart. Wenigstens hatten sie diese schreckliche Journalistin (Thorby-Smith hatte die berühmte Kolumnistin erkannt) des Saales verwiesen; in dieser Hinsicht hatten sie sich an die Satzung gehalten. Und Mrs. Rollo mochte zwar Notizen machen, war aber viel zu stolz, um davon abzulesen, und so würde ihre Rede auch nicht als Informationsunterlage erhältlich sein. Das war nur gut so. Es reichte schon, sie als Märtyrerin von Wytt's End ertragen zu müssen, sie mußte nicht auch noch zur Nationalheldin aufsteigen.

Das Auto hielt leise schnurrend an einer Ampel, und ein glasiger Blick trat in die Augen seiner Besitzerin. Ihr war eingefallen, daß es immer noch eine Möglichkeit gab, wie sich die Situation retten ließe.

Angenommen, sie selbst machte da weiter, wo Mrs. Rollo aufgehört hatte? Zwar war sie die erbittertste Gegnerin der ganzen Idee gewesen, aber es gab ja schließlich so etwas wie plötzliche Bekehrung. In ihrem Komitee bedurfte es möglicherweise einiger Überzeugungsarbeit, aber es wäre fraglos zu machen. Wenn sie sich recht erinnerte, konnte sie bereits auf ein gewisses Maß an Unterstützung zählen. War die Vorstellung denn tatsächlich so verrückt, wie sie sich anhörte? War die Idee einer Frauenpartei wirklich vollkommen schwachsinnig? Mrs. Rollo war nicht dieser Ansicht gewesen, und sie hatte sich nie mit potentiell aussichtslosen Sachen abgegeben. Jede Frau hat das Vorrecht, ihre Meinung ändern zu dürfen, und nun begann Mrs. Thorby-Smith allmählich zu glauben, daß das Vorhaben nicht nur durchführbar war, sondern auch aufregende Möglichkeiten bot. Es brauchte nur die richtige Führerin. Nach dem, was sie gehört hatte, waren bereits viele Klubs aus der Provinz ungeachtet ihrer Satzungen Feuer und Flamme. Kraft ihres Amtes als Bezirksvorsitzende gehörte sie dem Exekutivkomitee des Gesamtvorstandes an und konnte auch dort bald die Dinge ins Rollen bringen. Natürlich mußte dazu die Satzung geändert werden, und sie war sich nicht sicher, ob das vor der nächsten Jahreshauptversammlung zu machen war. Das Auto glitt weiter und mit ihm ihre Gedanken. Was auch immer schließlich geschah, sie würde im Rampenlicht stehen, und das würde ihre Chancen auf die Nominierung für das Amt der Präsidentin des Verbandes erhöhen. Sie könnte Percy im Karrierewettlauf überholen! Das wäre doch einmal etwas.

Plötzlich legte sich ihre Erregung so jäh, wie sie entstanden war. In den Wagen, in dem eine Hitze und Stickigkeit herrschten, wie sie nur Geld und ein Sommertag zustande brachten, kroch etwas undefinierbar Frösteliges.

›Ich muß aufpassen‹, dachte Mrs. Thorby-Smith. ›Ich muß wirklich aufpassen. Ehe ich weitere Reden halte, werde ich mich von Dr. Crawthorne gründlich untersuchen lassen.‹

Nachdem der Arzt dagewesen war und die sterblichen Überreste der armen Mrs. Rollo mit Zustimmung ihres Gatten in eine Leichenhalle überführt worden waren, ging Ruth Mirbel mit Amy Asshenden nach Hause. Nicht, daß sie Lust dazu hatte – sie wäre viel lieber in die Kanzlei zurückgekehrt –, aber Miss Asshenden hatte einen Griff wie ein Schraubstock. Sie hatte von Anfang an vorgehabt, Ruth zu ihrer Stellvertreterin zu machen, und bisher hatten sich ihre Tête-à-têtes strikt auf das Telefon beschränkt. Ruth hätte es vorgezogen, wenn es dabei geblieben wäre, aber das alte Mädchen tat ihr leid; sie brauchte wohl dringend Gesellschaft, wenn sie so nachdrücklich auf ihrer Einladung beharrte. Ruth war nie zuvor in Miss Asshendens Behausung gewesen, und nun, da sie da war, deprimierte sie sie unsäglich. Ruth wohnte in einer kleinen Pension. Das sagte ihr zu, weil es sie aller häuslichen Verpflichtungen enthob. Es war ein bißchen freudlos, aber sie kam zu dem Schluß, daß ihr die Unpersönlichkeit ihres möblierten Zimmers immer noch lieber war als die schreckliche, tragische Pseudohäuslichkeit in der Wohnung der Älteren. Dies war kein Zuhause, sondern nur dessen trübseligste Fassade, und die Sorgfalt, die auf den Krimskrams, all die kleinen Besitztümer verschwendet worden war, mit denen Miss Asshenden die Einrichtung ihrer Hauswirtin ergänzt hatte, unterstrich nur deren Ärmlichkeit und brachte einen fast zum Weinen.

Während Ruth in einem mit graubraunem, kratzigem Stoff bezogenen Sessel (Eigentum der Hauswirtin) saß, den ein gräßliches Satinkissen (Eigentum von Miss Asshenden) zierte, hastete ihre mit der Zubereitung von Tee beschäftigte Gastgeberin hin und her. Sie hatte eine Kochmulde mit Gasring und verschwand kurz mit einem kleinen Aluminiumkessel; wahrscheinlich hatte sie ihn am Badezimmerhahn gefüllt. Während das Wasser langsam zu kochen anfing, richtete sie ein Tablett mit zwei Blümchentassen, einer Zuckerdose und der Teekanne. Sie stellte die Teebüchse auf den Tisch; sie schob das Fenster ein Stück hoch und holte mit gezierter Bewegung eine Viertelliterflasche Milch herein.

»Mein Kühlschrank«, erklärte sie mit so etwas wie verzweifelter Fröhlichkeit. Dann nahm sie den Deckel von einer Keksdose, die sie aus einem Hängeschrank geholt hatte, und schüttelte ein paar auf einen Teller. Sechs, wie Ruth melancholisch zählend feststellte. Zwei pro Nase und zwei fürs Auge.

»Ich glaube, das brauchen wir jetzt«, meinte Miss Asshenden und goß mit zitternder Hand eine leicht verfärbte Flüssigkeit ein. Kaum aber war sie damit fertig, als sie ihre Tasse auch schon stehenließ und wie eine alte, räudige, im Zoo aufgewachsene Löwin auf dem verschlissenen Teppich hin und her zu gehen begann.

»Ich dachte, wir kämen nie mehr dort weg«, sagte Ruth, nahm einen Schluck und schauderte: ob wegen des scheußlichen Tees oder aufgrund der Nachwirkungen, war nicht recht klar. Sie fühlte sich ungeheuer erschöpft, als hätte sie einen zu schweren Koffer eine zu weite Strecke getragen. »Mir kam es so vor, als wären wir für alle Ewigkeit in diesem Saal. Kaum zu glauben, daß es erst vier Uhr ist ... und nicht zu fassen, daß sie tot ist.«

Miss Asshenden verlangsamte ihren Schritt.

»War sie eigentlich schon tot, als man sie vom Tisch weggetragen hat? Oder ist sie erst gestorben, als sie auf dem Boden lag?«

»Ich weiß nicht. Ich war ein Stück weit von ihr weg,

genau wie Sie. Außerdem war es sehr laut, und es herrschte ein großes Durcheinander. Cynthia kann Ihnen das sicher sagen.«

»Och, so wichtig ist es nicht. Die Hauptsache ist, daß sie ihre Rede gehalten hat«, meinte Mrs. Asshenden und nahm ihr Hin- und Herschnüren wieder auf.

Ruth war über alle Maßen entsetzt. Man sah es ihr wohl auch an, aber Miss Asshenden bemerkte nichts davon. Sie war ganz in ihre eigenen Überlegungen vertieft, und Ruth erkannte nun, daß das, was sie fälschlich für Bestürzung und eine durchaus geziemende Furcht vor dem Nahen des Todes gehalten hatte, in Wirklichkeit eine überaus eigenartige Hochstimmung war.

»Wenn ich mich nicht irre, werden wir morgen auf die Seiten des *Telegraph* avancieren«, meinte Miss Asshenden. In genau dem gleichen Ton hätte sie sagen können: »Ich glaube, wir haben eine gute Chance, den Tennispokal für Junioren zu gewinnen.«

Ruth fehlten vor Verblüffung die Worte.

»So traurig es auch sein mag«, fuhr Miss Asshenden fort, »der Vorfall wird unserer Bewegung genau den erforderlichen Auftrieb verleihen.«

»Aber Sie ... Sie denken angesichts dieser Katastrophe doch nicht etwa daran weiterzumachen?« stammelte Ruth.

»Aber meine liebe Miss Mirbel, warum denn nicht? In Fragen, mit denen ich mich früher zu beschäftigen hatte, war das Schicksal des einzelnen stets dem allgemeinen Wohl untergeordnet. Und was immer Mrs. Rollos Verdienste gewesen sein mögen, sie war beileibe nicht die richtige Führerin für eine Sache von solchen Dimensionen.«

Ruth, die der gleichen Ansicht war, gab keine Antwort. Es war auch keine erforderlich.

»Sie war eine Einzelgängerin. Sie hatte keinen Korpsgeist. Sie war zwar eine gute Organisatorin, aber keine Neuerin. In meinem Kopf dagegen wimmelt es förmlich von Ideen. Allein schon auf dem Gebiet der Grundschulerziehung – welch eine Gelegenheit, die ganze Spreu von modernem Unsinn auszusieben. Das ganze Geschwätz, daß Kinder nicht in der Lage seien, lesen und schreiben zu lernen, und deshalb unter Streß litten. Dummes Zeug! In meinen Augen ist die Mutter die beste Grundschulerzieherin.«

Da ihre Ansichten unwidersprochen blieben, tönte sie weiter: »Jedenfalls besteht absolut keine Notwendigkeit für einen diplomierten Grundschullehrer. Gebraucht werden lediglich gesunder Menschenverstand und Geduld. Die meisten intelligenten Männer und Frauen von heute haben ihren Anfangsunterricht in Elementarschulen bekommen. So etwas gab es in jeder Gemeinde, zwei, drei tatkräftige Schwestern, die unverheiratet blieben und ihre Energien statt dessen der Entwicklung des kindlichen Geistes widmeten. Und wissen Sie, wie sie das gemacht haben? Sie haben ihre Schüler hingesetzt und haben sie die Buchstaben des Alphabets mit Griffeln auf Schiefertafeln nachmalen lassen. Ich versichere Ihnen, wenn man das große und das kleine A nachgemalt hatte, bis die Linien einen Zentimeter dick waren, dann kannte man es. Man konnte es schreiben, und man konnte es lesen.«

Sie machte noch ein paar Schritte und fuhr fort:

»Lesen und Buchstabieren sind eine Frage des visuellen Wiedererkennens. Das Kind erkennt die Form des Wortes und gibt wieder, was es als dessen Klang gelernt hat. Was spielt es für eine Rolle, wie das Wort buchstabiert wird? Wer Worten phonetisch nachspürt, begreift ihre Bedeutung nie – das ganze Verständnis zielt auf ein papageienhaftes Nachsprechen von Silben. Warum Angst davor haben, das Gedächtnis eines Kindes zu strapazieren? Dafür ist es schließlich da – je mehr es benutzt wird, desto besser funktioniert es. Mein Hauptargument lautet schlicht: Wir können lesen, schreiben und buchstabieren. Unsere Kinder können es nicht.«

»Das scheint mir aber doch sehr wenig mit dem Tod der armen Mrs. Rollo zu tun zu haben«, sagte Ruth bekümmert.

»Ich halte es für relevant.«

»Möchten Sie sich nicht setzen und Ihren Tee trinken? Er wird sicher schon kalt.«

»Wie? Ach so, ja.« Sie hörte mit dem Herumwandern auf und setzte sich ihrer Besucherin gegenüber. Nach einem tiefen Schluck, der das Sträußchen auf dem Tassenboden sichtbar machte, sagte sie zerstreut: »Ich finde Tee immer so erfrischend. Nehmen Sie doch noch eine Tasse.«

»Nein danke«, sagte Ruth hastig. »Ich muß jetzt wirklich gehen.«

»Ach, schon? Wo wir doch so viel zu besprechen haben.«

Plötzlich streckte sie die lange, dünn geäderte Hand aus und legte sie mit besitzergreifender Geste auf Ruths Knie.

»Miss Mirbel – Ruth, wenn ich Sie so nennen darf –, geht es Ihnen nicht durch und durch, sich vorzustellen, was wir gemeinsam zustande bringen könnten, Sie mit Ihrer Jugend und Brillanz und ich mit meinem Alter und meiner Erfahrung? Einen Seniorpartner muß es nämlich immer geben«, fügte sie hinzu.

Miss Asshenden hatte nicht die Absicht, sich ein zweites Mal ihrer Rechte berauben zu lassen.

Der Ausdruck ›Seniorpartner‹ allerdings hatte Miss Mirbel an ihre Verpflichtungen erinnert. Es war das erste Mal, daß sie je freundlich von dem alten Cross gedacht hatte. Entschuldigungen murmelnd, ergriff sie die Flucht, während Miss Asshenden ihr versicherte, es sei zwar sehr schade, daß man so bald schon auseinandergehen müsse, aber man werde sich ja in Kürze bei Mrs. Rollos Bestattung wiedersehen.

»Und dann gibt es ja noch das Telefon«, meinte sie unter Wiederkehr jener schrecklichen Fröhlichkeit. »Jetzt ist nicht der Zeitpunkt, auf die Kosten zu sehen. Ich werde Sie jeden Tag anrufen!«

Auf der Straße angelangt, überzeugte Ruth freilich ein Blick auf ihre Uhr, daß es für die Kanzlei zu spät war, selbst wenn sie Lust dazu gehabt hätte. Sie biß sich auf die Lippen und nahm dann statt dessen ein Taxi von der Hügelkuppe zu Lady Kestrels Apartmenthaus – so die geläufige Bezeichnung dafür, obwohl es lediglich bedeutete, daß sie darin wohnte. Es bestand ein gewisses Risiko, daß der sehr gesellige Vogel ausgeflogen war, aber Ruth dachte, daß ein Todesfall am Nachmittag durchaus die Absage abendlicher Verabredungen zur Folge haben könnte. Darin täuschte sie sich. Cynthia Kestrel war zwar zu Hause, zog sich aber gerade für eine Gesellschaft bei den Fossiters um. Sie öffnete im Hausmantel die Tür und sah sogar mit einem Tupfer Pond's Cream auf der Nasenspitze elegant und modisch aus.

»Ach, Sie sind's«, meinte sie. Sie wirkte weder erfreut noch ungehalten. »Kommen Sie doch herein.«

»Vielleicht sollte ich besser nicht. Ich komme ungelegen«, sagte Ruth.

Sie stand beklommen in dem kleinen Flur, der mit japanischen Holzschnitten und einem japanischen Blumenarrangement ausgestattet war, das aus einer einzigen erlesenen Blume und vielen freihängenden Ranken bestand. Bei Begegnungen mit Cynthia kam sie sich immer linkisch und ungeschickt vor, ganz und gar nicht wie eine Frau von über dreißig.

»Ach Unsinn. Kommen Sie mit in die Küche. Ich mache mir gerade Kaffee, um bei einer langweiligen Party wach zu bleiben. Schöpfen Sie eben den Satz ab, ich hole derweil noch eine Tasse.«

Sie deutete auf einen Holzlöffel und einen irdenen Krug, dem sich Ruth behutsam näherte, da sie sofort das Gefühl bekam, zwei linke Hände zu haben.

»Aber wenn Sie ausgehen wollen, störe ich doch nur.«

»Noch massenhaft Zeit«, sagte Cynthia leichthin. »Es sind bloß die Fossiters. Sie kennen sie doch bestimmt. Er ist pensioniert und irgendwas im Stadtrat. Wein und Käse, damit die Mädchen nicht so viel Arbeit haben und die Haushaltskasse nicht zu sehr belastet wird. Gräßlich langweilig, aber immer noch besser, als hier herumzusitzen und über die arme Roly-Poly zu grübeln. Hier! Abschöpfen, nicht umrühren. Egal, das setzt sich sowieso bald. Bringen Sie bitte das Tablett mit ins Schlafzimmer. Dann können wir uns unterhalten, während ich mich fertig anziehe.«

Nach der Sitzung bei Amy Asshenden wirkte Lady Kestrels Schlafzimmer wie der Gipfel des Luxus. Es war verschwenderisch mit Spiegeln ausgestattet und wurde von einem riesigen, von Wand zu Wand reichenden Mahagonikleiderschrank dominiert. Vom Bett abgesehen, bestand der Rest des Mobiliars im wesentlichen aus hübschen, wunderschön erhaltenen alten Stücken, offensichtlich aus Familienbesitz. Das Bett war ein modernes Ungetüm von beinahe abstoßender Überbreite. Es hatte ein Kopfbrett mit Zierknopfpolsterung und eine dazu passende, dick gepolsterte und gesteppte Tagesdecke, beides in fliederfarbenem Satin. Ruth ließ sich auf einem Hepplewhite-Stuhl nieder und wandte angesichts der Andeutung von Intimität den Blick ab.

»Sie gießen ein«, befahl Cynthia, »dann kann ich weitermachen. Ich mag meinen schwarz, außer es ist Sahne da. Wenn Sie Milch möchten, macht es Ihnen hoffentlich nichts aus, daß sie kalt ist.«

»Ich trinke ihn sehr gern schwarz.«

Cynthia wandte sich zum Spiegel, einem Stilmöbel auf nierenförmigem Toilettentisch, und streifte ihren Hausmantel ab. Darunter kam Wäsche von so hauchzarter Transparenz zum Vorschein, daß Ruth das Gefühl bekam, sie hätte die ihre aus einem Billigkaufhaus.

Schüchtern und mit einem neidischen Blick auf den aristokratischen Rücken sagte sie:

»Wie souverän Sie waren.«

»Na, irgendwer mußte die Sache ja in die Hand nehmen«, erwiderte Cynthia leichthin und unterbrach ihre Verrichtungen, um einen Schluck Kaffee zu nehmen. »Wir konnten schließlich nicht alle wie Frau Sack-und-Asche vor Angst schlottern.«

Was für einen Hang zu diesen treffenden, grausamen Spitznamen sie hatte, dachte Ruth.

»Ich komme gerade von Miss Asshenden«, sagte sie. »Deswegen bin ich auch hier.«

»Was hat die Witzblattfigur denn nun schon wieder vor?«

Als sie das sagte, sah Ruth Miss Asshenden vor sich, wie sie in ihrem gräßlichen Zimmer herumhastete. Sie unterdrückte ein Schaudern, nahm einen belebenden Schluck von dem Getränk, das um Klassen besser war als Amys Tee, und meinte:

»Ehrlich, ich glaube, sie schnappt über, die Ärmste. Sie hat darüber schwadroniert, wie Kinder lesen und schreiben lernen und über Elementarschulen und was weiß ich was für krauses Zeug über Erziehung.«

»Aber das ist das einzige Thema, über das sie halbwegs vernünftig redet. Haben Sie sie noch nie dabei erlebt?«

»Nein, ganz bestimmt nicht. Und jetzt hat das Ganze auch noch mit der Frauenpartei zu tun. Sie hat eine höchst eigenartige Haltung zu Bertha Rollos Tod an den Tag gelegt. Es war ihr völlig gleichgültig.«

»Ist ja scheußlich!« murmelte Cynthia, die mit einer Pinzette einem weißen Haar nachstellte, das im Braun ihrer Augenbrauen aufgetaucht war.

»Sie hat offenbar die kuriose Vorstellung, daß die Gründungsvorsitzende mit ihrer Rede ihren Zweck erfüllt hatte und danach abgeschrieben werden konnte.«

»Messen Sie dem Ganzen wegen des Schocks nicht vielleicht ein wenig zuviel Bedeutung bei?« fragte Cynthia und lächelte Ruth zuliebe gekonnt ihr Spiegelbild an. »Ich gebe ja zu, daß einem ganz anders wurde, als sich Roly-Poly auf so spektakuläre Weise davonmachte, zumal sie bis zum Ende voller Saft und Kraft war. Aber wir müssen alle früher oder später sterben, und keiner von uns, nicht einmal die beste Organisatorin, kann sich Zeit und Ort aussuchen. Vom praktischen Standpunkt aus betrachtet, läßt sich das Ganze als gnädige Erlösung bezeichnen. Wie sehr sich die Ärmste auch in der Rolle gesonnt hat, als Erlöserin der Frauen war Roly-Poly eindeutig eine Fehlbesetzung. Sie selbst waren doch auch nicht ganz glücklich damit, oder?«

Ruth schwieg notgedrungen.

»Als Galionsfigur war sie noch nicht einmal so gut geeignet wie Dorothy Squirl, weil sie genauso viele gegen sich aufgebracht wie überzeugt hat.«

»Glauben Sie etwa, Miss Asshenden wäre die bessere Wahl?«

»Oho! Daher weht also der Wind, wie? Nein, das ist natürlich barer Unsinn. Ich werde sie mir mal vornehmen müssen. Wir können nicht zulassen, daß die ganze Sache von einer übergeschnappten alten Jungfer gefährdet wird.«

Ruth fragte sich, ob sie selbst auch dieser Kategorie zugerechnet wurde, aber das war Cynthias Rückenansicht nicht zu entnehmen. Sie war zu dem wuchtigen Kleiderschrank hinübergegangen und holte achtlos ein Cocktailkleid daraus hervor. Sie legte es aufs Bett und vertauschte ihre Pantoffeln mit Pfennigabsätzen von schwindelnder Höhe.

»Sie wollen also nach wie vor damit weitermachen?«

»Aber natürlich. Warum denn nicht? Es wäre geradezu verwerflich, eine so großartige Publicity zu verschenken. Zumal sie ganz umsonst ist. Glauben Sie mir, Werbung ist normalerweise ein kostspieliges Vergnügen. Ich weiß, was sie allein schon mir für meine gelegentlichen Ausflüge auf dieses Gebiet bezahlen müssen. So, das hätten wir, die passende Staffage für das Käsebrett und den billigen Burgunder. Machen Sie mir doch bitte den Reißverschluß zu, seien Sie so lieb. Diese Dinger sind einfach nicht für Leute konstruiert, die allein leben. Wenn Sie nicht da wären, müßte ich nach dem Portier läuten.«

Ruth kam der Bitte nach, und dann stand Cynthia da in ihrer Hülle, metallisch schimmernd, ein alternder Schmetterling ohne Flügel. Aber sie war trotzdem bereit auszufliegen. Die beiden überließen das Kaffeetablett sich selbst und strebten dem Flur zu. Sie fuhren zusammen mit dem Aufzug hinunter, und Ruth sah sich auf der Straße stehen und ein Taxi heranwinken, während dessen prospektive Benutzerin gemütlich im Eingang wartete.

»Rufen Sie mich unbedingt an«, sagte sie beim Einsteigen. »Scheuen Sie sich nicht. Ich habe mich wirklich gefreut, daß Sie hier waren. Und ich wäre dankbar, wenn man mich auf dem laufenden hielte. Auf Wiedersehen ... auf Wiedersehen.«

Wie am Ende eines altmodischen Films verschwand das Taxi in der Ferne, so daß Ruth nur übrigblieb, entweder zu Fuß zu gehen oder sich ein anderes zu suchen. Sie tat keines von beiden. Sie starrte wie betäubt über die Straße und sah wie einen roten Leitstern eine Telefonzelle. Sie wußte ganz genau, daß sie keine Lust hatte, von Amy Asshenden angerufen zu werden oder Cynthia Kestrel anzurufen. Aber sie sehnte sich danach, mit jemandem zu sprechen. Sie verspürte jenes brennende Mitteilungsbedürfnis, das auf ein ruheloses Herz hindeutet. Sie brauchte Rat und Trost. Bei wem sollte sie sie suchen, wenn nicht bei dem Mann, der sie ihr geben konnte? Wenn er mit mir schlafen kann, kann er auch mit mir reden, dachte sie hitzig. Ihr war nicht bewußt, daß sie die Straße überquert hatte, und sie kam erst wieder zur Besinnung, als sie, in der stickigen Zelle eingepfercht, Rogers Privatnummer gewählt hatte. Ihr Herz pochte im Takt mit dem wiederholten Summton. Er muß jetzt da sein, dachte sie. Wenn ich darauf bestehe, wird er gleich zu mir kommen.

Ihr Kontaktbedürfnis war so stark, und das Klingeln beschwor so deutlich das Gefühl der Gegenwart des Geliebten herauf, daß Ruth sich wie erschlagen fühlte, als sie jemand abnehmen und die zuckersüße, sorgfältig modulierte Stimme seiner Frau Anne die Nummer nennen hörte. Sie hätte daran denken sollen, daß Anne einen Anschluß am Bett hatte, aber ihr Denken war ausschließlich von Roger erfüllt. Eigentlich hätte sie wortlos wieder auflegen sollen, aber sie verriet sich durch einen Reflex; sie drückte Knopf A und antwortete: »Hier spricht Ruth Mirbel. Ist Roger da, Mrs. Warbeck, und falls ja, könnte ich ihn dann bitte kurz sprechen? Es geht um etwas Geschäftliches.«

Kaum war ihr dieser Unsinn über die Lippen gekommen, als seine Infantilität sie auch schon wütend machte. Warum kriechen? Warum sich entschuldigen?

»Er ist hier irgendwo in der Nähe, das weiß ich, Ruth. Es ist ein bißchen schwierig für mich ... ich muß läuten. Bleiben Sie bitte einen Moment dran.«

Selbst bei einer Bagatelle wie einem Telefongespräch muß sie auf ihre Behinderung aufmerksam machen, dachte Ruth bitter. Drei Kilometer entfernt, und dennoch konnte sie, was sie in Wirklichkeit niemals tat, in die Privatsphäre der beiden eindringen, Annes Krankenglocke klingeln und ihre sanfte Stimme »Roger! Roger!« rufen hören. Er war wohl ganz in der Nähe des Schlafzimmers (stand ihr jederzeit auf den leisesten Wink zur Verfügung), denn sie hörte Antwortgeräusche, und dann mußte Annes zarte, schwächliche Hand am anderen Ende die Sprechmuschel abgedeckt haben. Was sie wohl gerade zu ihm sagte? »Es ist diese Ruth Mirbel. Sagt, sie hätte etwas Geschäftliches mit dir zu besprechen. Nimmst du es hier oder unten an?« Irgend etwas in dieser Art – der vertraute Austausch beiläufiger Mitteilungen zwischen Eheleuten. Er hatte wohl beschlossen, den Anruf im Schlafzimmer entgegenzunehmen, denn gleich darauf sagte eine Männerstimme mit einem Anflug von Ungeduld:

»Roger hier. Ja, Ruth, was gibt's denn?«

Er klang gereizt. Sie sagte leise: »Ich bin heute nachmittag nicht mehr in die Kanzlei gekommen.«

»Das habe ich gemerkt. Nunky wäre beinahe geplatzt.

Er wollte Bannisters Erbschaftssteuerveranlagung mit dir durchsprechen. Ich wußte ja, daß du zu diesem albernen Lunch gehst, aber ich hatte keine Ahnung, daß dich das für den Rest des Tages in Anspruch nimmt.«

Sie nannte ihm den Grund. Zumindest erzählte sie ihm von Mrs. Rollos unerwartetem Tod.

»Was? Großer Gott! Und ich dachte immer, sie wäre stark wie ein Pferd. Tja, so kann's gehen. Jedenfalls hat es sich jetzt mit diesem feministischen Unfug. Die Squirl mag die Flamme entzündet haben, aber die eigentliche Fackelträgerin war Rollo. Friede ihrer Seele. Das erklärt natürlich alles. Es tut mir leid, daß du in eine so bedrückende Geschichte verwickelt worden bist. Kann ich irgend etwas für dich tun?«

»Roger, ich will dich sehen.«

»Ja«, sagte er hastig. »Tja, wir sehen uns dann morgen früh in der Kanzlei.«

»Ich will dich jetzt sehen.«

»Das hat wohl noch Zeit«, sagte er munter. »Ach so, Anne sagt, sie hofft, daß du demnächst einmal zum Essen zu uns kommst. Sie steht jetzt abends immer ein Weilchen auf. Na gut, dann auf Wiedersehen und danke für den Anruf.«

»Was war denn?« fragte Anne. Sie war sich sicher, damit nicht anzuecken, denn der Alltag von Kranken ist so langweilig, daß sie ein Recht auf Neugierde haben.

»Nichts, worüber man sich Gedanken machen müßte. Bertha Rollo hat sich bei einer Sitzung in Hitze geredet, und die Aufregung hat sie hinweggerafft.« Er sagte es leichthin, denn Anne konnte zwar einen Krimi pro Tag lesen, ohne an einer Übersättigung mit Leichen Schaden zu nehmen, aber es galt für ausgemacht, daß die unerfreulichen Tatsachen des Lebens, zu denen nun einmal der Tod gehörte, in ihrer Gegenwart heruntergespielt werden sollten, um sie vor Morbidität zu bewahren.

»Hatte das etwas mit dieser absurden Idee von einer Frauenpartei im Parlament zu tun? Ich habe im Radio, in ›Stunde der Frau‹, etwas darüber gehört. Klang schrecklich dumm. Ist Ruth etwa daran beteiligt?«

»Sie hat sich wohl ein bißchen darauf eingelassen. Und Nunky hat Theater gemacht. Er wollte nicht, daß der Name der Kanzlei da mit hineingezogen wird. Ich bin zwar nicht so konservativ wie er; trotzdem geht es nicht, daß jemand im Juristenberuf plötzlich Anzeichen von Schwachsinn an den Tag legt.«

»Das ist das Traurige bei ledigen Frauen, nicht wahr, Liebling? Sie verlieren den Kopf wegen irgendwelcher Torheiten, je modischer, desto besser.«

»Mrs. Rollo war nicht ledig«, meinte Roger, der sich ziemlich unbehaglich fühlte. Ihm war verschwommen bewußt, daß er sich seiner Geliebten gegenüber illoyal verhielt.

»Du mußt aber zugeben, daß sie ein ziemlicher Sonderfall war. War sie eigentlich der geistige Vater des ganzen Unternehmens?« Sie kicherte. »Oder vielleicht sollte ich besser geistige Mutter sagen.«

»Offenbar hat sie sich zunächst nicht entscheiden können, ob sie es an sich reißen oder ablehnen soll. Aber bis zu dem Lunch hatte sie beschlossen, sich voll dafür zu engagieren. Sie hat eine bewegende Rede gehalten und ist dann am Tisch zusammengebrochen. Kein Grund für dich, dir den hübschen Kopf zu zerbrechen.«

Sie lachte. »Aber es hört sich genau wie einer meiner Krimis an. ›Tod am Vorstandstisch‹, was für ein lustiger Titel. Ich nehme an, sie hat zur Erfrischung etwas getrunken und dann festgestellt, daß es Zyankali war. Offensichtlich das Werk einer ihrer Rivalinnen.«

»Das nächste Mal bestelle ich dir ein halbes Dutzend Liebesgeschichten.«

»Du bist meine einzige Liebesgeschichte«, sagte sie und drückte sanft seine Hand. »Ich bin immer dankbar, daß wir auch unsere Zeit haben, an die wir gern zurückdenken, ganz gleich, was seither geschehen ist.«

Was blieb ihm übrig, als den Druck zu erwidern?

Die Verbindung war unterbrochen. Ruth war allein an einem Ort, von dem aus sie sämtliche Namen im Telefonbuch hätte anrufen können. In der Zelle aus Glas und Metall drang in erstickenden Wellen Hitze auf sie ein. Aber sie konnte noch nicht gleich gehen. Sie stand da und starrte durch einen verzerrenden Tränenschleier hindurch benommen das stumme Gerät an. Ihr war, als bilde die den Blick trübende Flüssigkeit eine Wand zwischen ihr und allen anderen Menschen.

›Er hat mich im Stich gelassen‹, dachte sie. ›So ist er eben. Er wird niemals dasein, wenn ich ihn brauche, aber er wird immer erwarten, daß ich da bin, wenn er mich braucht. Er weigert sich, diese Sache, und was ich damit zu tun habe, ernst zu nehmen. Ich arbeite mit einer Verrückten und einer gesellschaftlichen Parasitin zusammen, und gemeinsam sind wir für eine Bewegung verantwortlich, die, wenn man sie richtig handhabt, das Schicksal der gesamten Menschheit ändern könnte.

O Gott, was soll ich bloß tun? Was soll ich bloß tun?‹

9

Ohne Mrs. Rollo im Rücken glichen Estelle und Doris zwei reiterlosen Pferden: jede Menge Schwung, aber keinerlei Richtungsgefühl. Estelle hatte Mrs. Rollo offen angehimmelt, und Doris hatte sie insgeheim gehaßt; gleichviel, ihr Verlust hatte die gleiche Wirkung auf sie. Sie fehlte ihnen schrecklich, während aus allen Richtungen widersprüchliche Anweisungen und gegensätzliche Ratschläge eingingen. Estelles Mann, der Buchhalter, hatte sich eilends von der gesamten Kassenführung zurückgezogen, so daß sie mit ihren Rechenaufgaben allein zu Rande kommen mußte. Die Lage wurde dadurch weiter kompliziert, daß Schriftführerin und Schatzmeisterin im Hinblick auf die Trennungslinie zwischen ihren Kompetenzen von jeher heikel und ihre jeweiligen Aufgaben nun unauflöslich miteinander verheddert waren. Um ihre Verwirrung noch zu vergrößern, erhielt Dorothy Squirl weiterhin Spenden und Zuschriften und verfuhr damit nach Gutdünken. Mrs. Thorby-Smith hatte einen diktatorischen Brief geschickt, in dem sie verlangte, daß alles an sie weitergeleitet werde, und Miss Asshenden rief wiederholt an, um Auskunft zu fordern und nachdrücklich zu betonen, daß sie als rangältestes Komiteemitglied bis zum Inkrafttreten des Rücktritts der Vorsitzenden (Dorothy Squirl) und der Wahl der neuen Vorsitzenden (vermutlich sie selbst) vorläufig als Generalbevollmächtigte zu gelten habe.

»Ich weiß nicht, ob ich noch überschnappe«, vertraute Estelle Doris an, »aber Dorothy Squirl tut's ganz bestimmt.«

Sie hatten ihr Lager vorübergehend in Doris' Eßzimmer aufgeschlagen, da das ›Büro‹ längst zu klein geworden war, und legten gerade eine Pause ein. Estelle stellte Schecks und Postanweisungen zusammen, um sie zur Bank zu bringen, und Doris schrieb Dankschreiben an die Spenderinnen herunter.

»Beim Lunch hat sie sich ganz komisch verhalten«, meinte Doris. »Ich habe ihr natürlich die ganze Zeit vorsagen müssen, aber das bin ich ja gewohnt. Ihr Blick, der hat mir nicht gefallen; ganz glasig und weggetreten. Ich glaube, die hat sich so mit diesen blöden Pillen vollgestopft, daß sie gar nicht mehr gewußt hat, was sie tut. Am Tisch hat sie immer noch mehr geschluckt.«

»Hat eben zu viele genommen, genau wie beim Fest.«

»Und danach, da hab ich sie erwischt, wie sie Glassplitter auf die Notizen geschaufelt hat, die sich die arme Rollo für ihre Rede gemacht hatte. Ich meine, ich weiß ja, daß es nur Stichworte waren, aber ich habe sie für die Ablage gebraucht, und da lagen sie nun, ganz zerknittert und mit Bitter Lemon bekleckert.«

Bei der Erwähnung ihres Idols begann Estelle zu schniefen.

»Ich kann nicht glauben, daß sie tot ist«, sagte sie und

stöberte in ihrer Handtasche nach einem Taschentuch. »Es kam alles so plötzlich. Ich kann mich nicht daran gewöhnen.«

»Ich hab gleich gesehen, daß es überhaupt keinen Sinn hatte, mit Dorothy zu streiten, solange sie in dem Zustand war, also bin ich mit ihr zur Durchreiche gegangen und habe mir von jemand das Glas abfegen und die Papiere wiedergeben lassen. Dann habe ich mir ein Kehrblech besorgt und den Rest selber saubergemacht.«

»Die Ärmste ist auf das Glas gefallen, nicht? Ich hab's von meinem Platz aus nicht richtig gesehen.«

»Na ja, ich habe zwei Plätze weiter gesessen, aber ich weiß immer noch nicht, was genau eigentlich passiert ist. Ich kann nicht sagen, ob sie das Glas hingestellt hat oder ob sie's noch am Mund hatte, als sie zusammengebrochen ist. Aber so ist das eben mit Unfällen.«

»Das war kein Unfall.«

»Da bin ich nicht so sicher.«

Estelle war so verblüfft, daß sie ihren Kummer vergaß. Sie fragte mit scharfer Stimme: »Was willst du damit sagen? Es war ein Herzanfall, oder etwa nicht?«

»Ich weiß nicht, was ich glauben soll. Die alte Rollo hat kerngesund ausgesehen, als sie mit ihrer Rede angefangen hat. Und man hat ihr nicht das Geringste angemerkt. Irgendwie ist es nicht normal, daß sie einfach so gestorben ist.«

»Und, weiter?«

»Nichts weiter. Ich habe mich gefragt, ob bei dem Zustand, in dem Dorothy war, nicht eine oder zwei von ihren Pillen in Rollos Glas geraten sind.«

»Das ist doch Unsinn. Pillen haben keine Beine. Wenn welche von den Pillen in Rollos Glas geraten sind, dann deshalb, weil Dorothy Squirl sie hineingetan hat.«

»Aber bei dem Zustand, in dem sie war, hat sie es vielleicht unwissentlich getan. Vielleicht hat sie gedacht, sie täte sie in ihr eigenes Glas.«

»Aber tatsächlich passieren sehen hast du's nicht, oder?«

»Nein, natürlich nicht«, sagte Doris entrüstet. »Hätte ich doch bloß nichts gesagt.«

»Wenn sie's getan hat, dann mit Absicht.«

»Ach was, Dorothy ist nicht so. Obwohl sie allen Grund gehabt hätte. Ich weiß, du hast nie etwas auf Mrs. Rollo kommen lassen, aber zu Dorothy ist sie ziemlich gemein und hinterhältig gewesen.«

»In welcher Hinsicht?«

»Dorothy hatte doch überhaupt nicht vor zurückzutreten. Das ist ihr aufgezwungen worden. Und die Tagesordnung ist geändert worden, nachdem sie sie mit mir abgesprochen hatte. Dafür war Mrs. Rollo verantwortlich. Dorothy hätte bis zum Lunch nicht einmal davon erfahren, wenn's ihr nicht jemand gesteckt hätte.«

»Wer denn?«

»Ein Freund«, meinte Doris zurückhaltend.

»Ich will hier keine Lanze für Dorothy Squirl brechen. Ich kann das Weib nicht ausstehen, soviel Unheil wie sie angerichtet hat. Aber diese Dinger, die sie da hatte, waren bloß Aufputschtabletten. Damit kann man niemanden umbringen.«

»Das weiß ich doch. Ich habe mich halt nur gefragt, ob

sie auf jemand mit einem schwachen Herzen vielleicht anders wirken als auf jemand Gesunden. Das ist bloß so eine Idee.«

»Ein Arzt müßte das wissen.«

»Meine Güte, wenn ich doch bloß meinen Mund gehalten hätte. Das bleibt doch unter uns, nicht, Estelle? Mein Männe reagiert ganz wild auf Gerüchte. Er ist so schon stinkwütend, wahrscheinlich weil das ganze Zeug hier im Eßzimmer herumliegt und er deshalb in der Küche essen muß.«

»Es liegt nicht nur daran«, sagte Estelle, »es liegt an dem, was wir tun. Meiner stellt sich genauso an. Ich kann's nicht ändern. Ich mache jedenfalls weiter. Mrs. Rollo war dafür, und ich schulde ihr das einfach. Sie war ein wunderbarer Mensch, und ich könnte sie nie enttäuschen.«

»Ich sehe auch nicht ein, warum wir das alles bloß den Männern zuliebe aufgeben sollten. Mir macht es Spaß. Es ist allerdings eine Wahnsinnsarbeit. Wir werden wohl eine bezahlte Hilfe einstellen müssen, meinst du nicht auch? Glaubst du, daß das Geld dafür reicht?«

»Geld ist haufenweise da. Es geht darum, daß die Ausgabe genehmigt wird. Ich denke, wir müssen Miss Asshendens Einverständnis einholen.«

»Wir könnten zu ihr gehen. Oder vielleicht sollten wir Dorothy Squirl fragen.«

»Nach dem, was du gesagt hast? Niemals! Wir müssen uns eine Methode ausdenken, wie wir das ganze Zeug umleiten, das direkt an sie geht. Wie sollen wir auf dem laufenden bleiben, wenn wir gar nicht wissen, was eingeht und was nicht? Vielleicht könnten wir etwas in die Zeitung setzen.«

»Würde dann Gabrielle Patch nicht sauer? Sie hat Dorothy von Anfang an unterstützt.«

»Och, der ist das egal. Die hat sich mittlerweile um hundertachtzig Grad gedreht. Hast du ihre heutige Kolumne nicht gelesen? Dorothy wird darin kein einziges Mal erwähnt. Es geht nur um Mrs. Rollo. Sie nennt sie die erste Märtyrerin von Wytt's End.«

»Tot ist sie ihr wahrscheinlich lieber«, meinte Doris, die diese Empfindung teilte. »Ich habe es nicht gelesen. Ich habe keine Zeit dazu gehabt. Die *erste* Märtyrerin. Ich kann nicht behaupten, daß mir das sonderlich gefällt.«

Draußen in dem winzigen Flur klingelte das Telefon, und sie verließ mit einer Entschuldigung das Zimmer, während Estelle mit konzentriertem Stirnrunzeln, das nicht vom Zusammenzählen herrührte, weiter vor sich hin brütete.

Gleich darauf kam Doris zurück.

»Puh!« rief sie und wischte sich mit komisch-übertreibender Geste die Stirn. »Das war Ihre Ladyschaft. Sie sagt, wir sollen keinerlei Notiz von Miss Asshenden oder Mrs. Thorby-Smith nehmen, sondern alles an sie weiterleiten. Und das in ihrem hochnäsigsten Ton.«

»Sollen die das unter sich ausmachen«, meinte Estelle. »Wir haben auch so jede Menge zu tun.«

Gabrielle Patch hatte ihre frühere Verbündete in der Tat vergessen. Die Nachrichtenlage hatte sich gewandelt, und mit ihr auch sie. Durch eine Veränderung der Umstände hatte sich eine neue Perspektive ergeben. Dergleichen passierte in der Zeitungswelt ständig; es war derart alltäglich, daß sie keinen Gedanken daran verschwendete. Lebendig war Mrs. Rollo eine Bedrohung, und tot war sie eine Heldin, und Heldinnen waren Gabby Patchs Ressort. Plötzliche Todesfälle aber brachten ganz eigene Komplikationen mit sich, und im Moment stritt sie sich mit einem Kriminalreporter um den Besitz des Leichnams.

»Willst du mir etwa erzählen, sie ist eines natürlichen Todes gestorben, und das mitten unter all den Weibsen, die sie bis aufs Blut hassen und selber Obermotz sein wollen?«

»Und ob sie das ist, Larry.« Fast alle Kriminalreporter hießen Larry oder Harry – jedenfalls bei dieser Zeitung.

»Aber es haut einen doch nicht nach einem Schluck Bitter Lemon so einfach vom Schlitten. Das gibt's doch nicht.«

»Vermutlich landest du mit deinem Wunschdenken geradewegs bei Blausäure.«

»Wer redet denn von so was Primitivem, Schätzchen. Es wird dich vielleicht überraschen, aber wenn man anfängt, mit Zyankali rumzumurksen, bringt man wahrscheinlich eher sich selber als sein Opfer um die Ecke. Ich habe an etwas Subtileres als den Geruch von Bittermandeln gedacht. Sie hatte irgendein Leiden, verstehst du, und hat irgendwas untergejubelt gekriegt, was die Sache beschleunigt hat. Eine Herzschwäche oder so was in der Art.«

»Ich habe zwar den Totenschein nicht gesehen, aber ich wette, es steht Koronarthrombose drauf. Bei Essen und dergleichen sterben andauernd Leute an so was. Die Beisetzung ist jedenfalls auf übermorgen festgesetzt, ich habe mich erkundigt. Und sie wird eingeäschert, das heißt, daß zwei Ärzte sie untersucht haben. Nein, mein lieber Larry, da gibt es für dich nichts zu holen. Es ist Weiberkram. Und jetzt verzieh dich aus meinem Büro.«

»Also ich finde, man müßte da recherchieren. Ich stelle mir gerade vor, was los wäre, wenn ich auf diese Harems von Nord-London losgelassen würde. Mach das Beste draus, Gabby. Die Sache ist bald ausgelutscht. Der *Telegraph* hat sie schon. Bald wird's in der *Times* stehen.«

»Wohin ich auch gehe, folgen sie mir«, sagte Gabby würdevoll. »Jemand muß der Schweinebande einen Tip gegeben haben. Du hast recht, Larry, traue niemals einer Frau.«

Larry ging zur Tür, kehrte dann aber noch einmal um.

»Sag mal, Gabby«, meinte er unsicher, »du glaubst diesen ganzen Quatsch doch nicht wirklich, oder?«

»Ich weiß nicht. Ich habe noch gar nicht richtig darüber nachgedacht.«

»In meinen Augen ist das Dynamit. Ich höre die Typen in der Kneipe darüber reden. Sie haben alle Schiß davor. Verstehst du, die Sache ist dermaßen dämlich, daß sie klappen könnte. Und wenn – Puh! Dann wäre das ganze Gleichgewicht zwischen den Parteien im Eimer. Es beträfe so gut wie alles, von der Kommunalverwaltung an aufwärts. Gott weiß, wo das enden würde.«

»Mir machst du mit deinen Schreckgespenstern keine Angst«, sagte Gabrielle, »ich muß mir meine Brötchen verdienen. Also laß mich endlich weitermachen.«

Als Amy Asshenden und Cynthia Kestrel von der Publicity gesprochen hatten, die sich aus Mrs. Rollos Tod wahrscheinlich ergeben würde, mochte Ruth Mirbel das als herzlos empfunden haben, aber die beiden hatten völlig recht. Das Thema Frauenpartei war nicht mehr nur das Hirngespinst einer Frau, sondern in aller Munde. Je nach der Gesellschaft, in der man darüber sprach, wurde es als Witz, als ernstes Thema oder als Ketzerei aufgefaßt. Aber gesprochen wurde darüber, und zwar in einem Maße, das in keinem Verhältnis zur Größe des von Gabrielle Patchs Kolumne erreichten Publikums stand – vermutlich deshalb, weil es nun auch einen Anflug von Gewalt hatte, in diesen sonderbaren Zeiten die notwendige Würze für jedes Gericht. Die Leute redeten – und die Frauen handelten. Der Post gingen die Postanweisungen über eine halbe Krone aus. Die Sekretärin des Gesamtvorstandes der Ladies' Luncheon League hatte dessen Mitglieder zu einer Sondersitzung zusammengerufen.

Doch im Herzen der Bewegung, in Wytt's End, herrschte eine gewisse Unruhe, und nirgendwo war das deutlicher als in dem Haus in der Hill Crest Avenue, wo die Urheberin wohnte. Dorothy Squirl öffnete nach wie vor ihre Briefe und hatte das Gefühl, sie beantworten zu müssen, denn das ist ein unüberwindlicher weiblicher Zug. Aber es war nicht zu übersehen, daß die ursprüngliche Begeisterung sich gelegt hatte. Dies war auf zwei Folgeereignisse zurückzuführen, nämlich Dudleys unversöhnliche Gegnerschaft und Mrs. Rollos Tod. Eines von beiden hätte sich verkraften lassen, aber beide zusammen waren zuviel. Zeitungsberichten zufolge kam es gelegentlich vor, daß Männer und Frauen jahrelang im selben Haus wohnten, ohne über das Allernotwendigste hinaus miteinander zu kommunizieren, aber diese Frauen waren wohl aus härterem Holz geschnitzt als die arme Dorothy. Sie hätte sich keineswegs für sonderlich geschwätzig gehalten, und es stimmte, daß sie viele Essen des Klubs mitgemacht hatte, ohne ein Wort von sich zu geben, doch nun, da Dudley sie mit Schweigen strafte, wurde ihr allmählich klar, daß sie häufig, ohne es zu wissen, drauflos geplappert haben mußte. Der schrecklich deprimierende Zustand des Geschnittenwerdens lastete auf ihr. Gewiß, Ivy war gleich nebenan und jederzeit zu einem Plausch bereit. Aber angesichts ihres Geächtetseins wurde ihr die ganze Banalität der Gert-und-Daisy-Dialoge deutlich. Sie hätte mit Owen sprechen können, aber er war gegen die ganze Sache, und die Despektierlichkeiten, die sie früher im Hinblick auf ihren Ernährer geteilt hatten, waren nun, da sie möglicherweise hätten ernst genommen werden können, irgendwie unmöglich geworden.

Sie hatte vage, aber Übelkeit erregende Erinnerungen an den schrecklichen Lunch. Insbesondere entsann sie sich, wie sie von dort nach Hause gegangen und sich dabei vorgekommen war, als hätte sie die Bombe gezündet, nicht, als sei sie dazu berufen, die Welt davon zu erlösen; und sie entsann sich, wie sie bei ihrer Rückkehr das Pillenröhrchen mit ins Badezimmer genommen, die restlichen Tabletten weggeschüttet und hinuntergespült hatte, als hoffte sie, damit auch ihre Verantwortung loszuwerden. Obwohl sie eine erwachsene Frau war und einen großen Krieg miterlebt hatte, hatte sie den Tod noch nie aus nächster Nähe gesehen. Seine Endgültigkeit hatte sie entsetzt. Und sie wußte, daß sie sich den Folgen ihrer Handlungen nie würde entziehen können. Wenn sie bei dem Fest nicht diese Rede gehalten hätte, würde Mrs. Rollo heute noch leben. Dudley würde sich schon wieder beruhigen, aber ihre Beziehungen zu Mrs. Rollo waren unabänderlich, hatten die Endgültigkeit des Todes. Nie würde sie zu Mrs. Rollo sagen können: »Nur zu, kümmern Sie sich nicht um mich. Es war meine Idee, aber Sie müssen die Sache in die Hand nehmen. Ich bin dem wirklich nicht gewachsen. Ich dachte, ich wäre es, aber ich weiß jetzt, daß ich es nicht bin. Ich bin bloß eine ganz gewöhnliche Hausfrau aus der Vorstadt, mit einem Mann und einem Sohn, die mich so und nicht anders haben wollen. Wenn Sie meinen, Sie können etwas Nützliches tun und Leben retten, nur zu, und viel Glück.«

Wie Ruth Mirbel hatte sie einen kritischen Punkt erreicht, an dem sie mit jemandem reden mußte, jemand Mitfühlenden brauchte. Ihre Gedanken wandten sich Gabrielle Patch zu. Aber von dort kam nur eine Reaktion: »Tut mir schrecklich leid, aber Miss Gabrielle Patch ist in einer Besprechung und darf nicht gestört werden.« Es war die Standardantwort an bestimmte Anrufer auf einer Liste, die die raffinierte Miss Patch höchstpersönlich bei der Zentrale abgegeben hatte.

In einer anderen Ecke der Vorstadt hatten sich dieselben Damen, die an Phyllis Dawks' Kaffeeklatsch teilgenommen hatten, bei einer Kanne Tee versammelt. Es fehlte nur Elsie Grummer. Diesmal hatte man sich bei Hebe Dunne getroffen, da man sich in der Rolle der Gastgeberin gern abwechselte. Mrs. Rollos Tod hatte einen Schatten geworfen, und man plauderte zwar über dies und jenes, jedoch in dem gedämpften Ton, den man auch bei einer Beerdigung anschlagen würde. Die Beerdigung war denn auch eines der Hauptthemen, die zur Sprache kamen. Man wußte, wo und wann sie stattfand, denn das stand im *Daily Telegraph*, aber niemand war eingeladen worden, und keine von ihnen war hinlänglich mit Mr. Rollo bekannt, um Erkundigungen bei ihm einziehen zu können.

»Tja, wir werden wohl alle hingehen müssen«, seufzte Hebe endlich, als das oberflächliche Geplauder sich erschöpft hatte und ein unbehagliches Schweigen an seine Stelle getreten war.

»Na und ob«, sagte Gertie Gant, »das müssen wir schon aus Anstandsgründen. Ich kann Beerdigungen auch nicht leiden, und das Krematorium ist in meinen Augen noch schlimmer als der Friedhof. Man weiß, daß schon die Nächsten drauf warten, abgefertigt zu werden, und dadurch kommt einem alles so schäbig vor.«

»Es ist hygienischer, und genauso hätte sie es gewollt«, sagte Evie. »Also ich habe sie im Gegensatz zu manchen von euch immer gemocht, und deshalb werde ich Schwarz tragen, ganz gleich wie ihr hingeht.«

»Deswegen brauchst du nicht so aggressiv zu werden«, sagte Phyllis Dawks. »Ich habe sie auch gemocht, wenn sie nicht so diktatorisch war. Ich habe kein schwarzes Kleid, bloß das, das ich zu Cocktailparties trage, und das geht wirklich nicht. Ich ziehe mein graues Baumwollkostüm an.«

Jede erörterte ziemlich ausführlich die Frage ihrer Kleidung. Außerdem wurde beschlossen, zusammenzulegen und Blumen zu schicken.

»Elsie Grummer würde sagen, das ist Verschwendung«, sagte Mrs. Orbit. »Ich weiß nicht, was die im Krematorium damit machen. Man sieht sie immer irgendwo ausgelegt. Vielleicht schicken sie sie ins Krankenhaus. Obwohl mir das nicht recht wäre, wenn ich Patientin wäre. Außerdem sind sie sowieso alle mit Draht zusammengebunden.«

»Wahrscheinlich kommen haufenweise Leute. Sie war in so vielen Komitees.«

»Am besten kommt ihr hinterher alle zu mir«, schlug Evie vor. »Wir werden ein bißchen Aufmunterung brauchen, und wir sind nicht ins Haus eingeladen.«

»Wir sind überhaupt nirgendwo eingeladen.«

»Na ja, ich denke, Mr. Rollo wird Miss Asshenden und Lady Kestrel einladen, auch wenn er Ruth Mirbel und Dorothy Squirl außen vor läßt.«

»Miss Asshenden hat mich angerufen«, sagte Phyllis Dawks.

»Mich auch«, kam es von allen Seiten.

»Sie will da weitermachen, wo Mrs. Rollo aufgehört hat.«

»Heißt das, sie bewirbt sich als Vorsitzende?«

»Genau.«

»Wir müssen entscheiden, ob wir mit der ganzen Sache weitermachen wollen«, sagte Mrs. Orbit.

»Soweit ich sehe, haben wir keine Wahl, Liebes«, sagte Hebe Dunne mit ihrer volltönend-gedehnten Stimme. »Nicht, solange das Geld weiter hereinströmt.«

»Wir könnten alles an Thorby-Smith schicken. Doris hat mir erzählt, sie schreit schon danach.«

»Damit würden wir aber nun wirklich das Andenken der armen alten Rollo beleidigen«, rief Evie hitzig. »Sie hat dieses Weib gehaßt.«

»Aber die ganze Verantwortung, Liebes. Wo soll das denn hinführen?«

»Zur Scheidung, würde ich sagen«, meinte Mrs. Orbit. »Neil hält mir jeden Tag einen Vortrag über die Dreistigkeit der Frauen.«

»Ihr solltet erst mal Bill hören«, sagte Phyllis Dawks.

»So wie George daherredet, könnte man meinen, wir planen den Weltuntergang.«

»Ich habe Frank gesagt, wenn die Männer es besser gemacht hätten, gäbe es keinen Grund zum Eingreifen.«

»Sehr richtig.«

»Ich kann also davon ausgehen, daß wir weitermachen wollen, ganz egal wie laut sie schreien?«

»Ich denke schon, du nicht?«

»Mit Amy Asshenden an der Spitze?«

»Da bin ich mir nicht so sicher. Lady Kestrel oder Ruth Mirbel wären mir wesentlich lieber.«

»Ruth Mirbel wäre am besten geeignet.«

»Was ist mit Dorothy Squirl?«

»Die tritt doch sowieso zurück. Das stand so in der Tagesordnung.«

»Egal wer Vorsitzende ist, wir müssen uns unbedingt über unsere Ziele klarwerden und sie schriftlich niederlegen. Dann wissen wir wenigstens, wo wir stehen«, sagte Mrs. Orbit.

»Das ist eine gute Idee, Grace. Wir denken alle getrennt darüber nach und vergleichen dann unsere Notizen, ja?«

»Ja.«

Die Gesellschaft löste sich allmählich auf, und schließlich waren nur noch die beiden Unentwegten, Hebe Dunne und Gertie Gant, übrig: erstere, weil es sich um ihre Wohnung handelte, letztere, weil sie Hebes beste Freundin war. Unter vier Augen gingen sie etwas mehr aus sich heraus.

»Komisch, daß sie einfach so abtritt«, bemerkte Hebe.

Gertie wußte auch ohne nähere Erläuterung, daß sie von Mrs. Rollo sprach. Sie wußte außerdem, daß Hebe mit ›komisch‹ eigenartig meinte.

»Ja, kann man wohl sagen. Trotzdem, so was kommt vor.«

»Es war Amy Asshenden, die ihr den Drink gebracht hat, weißt du.«

»Ja, das ist mir auch aufgefallen. Ich habe noch nie erlebt, daß die sich um jemanden gekümmert hätte. Und bezahlt haben muß sie auch dafür, dabei guckt sie immer so aufs Geld.«

»Muß sie doch, die Ärmste. Sie möchte so gern Hauptperson sein. Wegen der Ehre, wahrscheinlich. Seit ihrer Pensionierung ist sie ein bißchen weg vom Fenster.«

»Frauen, die einmal Autorität ausgeübt haben, können sich nur schwer davon trennen.«

»Zwei Ärzte, hast du gesagt, haben für die Einäscherung unterschreiben müssen?«

»Ja, genau.«

»Na, dann brauchen wir uns nicht den Kopf darüber zu

zerbrechen. Wahrscheinlich ist es sowieso niemand anderem aufgefallen.«

»Und wenn, dann hat jedenfalls keine was gesagt«, meinte Gertie Gant.

Edward Rollo hatte seine Pflicht getan und Miss Asshenden, Lady Kestrel und Ruth Mirbel zusammen mit einer Reihe anderer Notabilitäten nach der Bestattung in sein Haus gebeten. Die Rollos hatten offenbar keine Angehörigen. Die drei Damen standen, ein wenig abseits von den anderen, unbehaglich am Büfett. Es war, als wäre zwischen ihnen und den anderen Gästen ein unsichtbarer Vorhang niedergegangen, als hätte ihr gemeinsames Unternehmen zum erstenmal erkennbar den Effekt, sie von ihresgleichen zu isolieren. Zueinander hatten sie auch nichts zu sagen. So voll der Raum auch war, wirkte er ohne Mrs. Rollo leer. Dennoch harrten die drei aus, bis alle anderen Trauergäste gegangen waren, als ob sie darauf warteten, daß eine von ihnen den ersten Schritt tat. Dann traten sie gleichzeitig auf ihren Gastgeber zu, um sich von ihm zu verabschieden.

Als Amy Asshenden ihm die Hand gab, sagte sie: »Mr. Rollo, Ihre Frau hat einige wertvolle Aufzeichnungen zu einem Thema hinterlassen, das uns beide interessiert hat. Als ihre Nachfolgerin wäre ich Ihnen dankbar, wenn Sie sie mir so bald wie möglich zukommen ließen.«

Mr. Rollo, der so aussah, als wäre er weit weg, kehrte schlagartig in die Wirklichkeit zurück. Die tiefliegenden Augen in dem nichtssagenden Gesicht fixierten widerwillig die vor ihm stehende Person, und er fragte mit verwirrtkonsternierter Miene: »Sie haben angesichts der jüngsten Ereignisse doch nicht etwa die Absicht, mit diesem gefährlichen Unsinn fortzufahren?«

»Aber gewiß doch. Weder ich noch die Damen hier halten es für Unsinn. Ihre Frau war ein bemerkenswerter Mensch, Mr. Rollo, und ich müßte mir mangelnde Achtung für ihr Andenken vorwerfen, wenn ich nicht mit meinen bescheidenen Kräften versuchen würde, die Aufgabe fortzuführen, die sie in Angriff genommen hat.«

»Aber sie ist daran gestorben! Wenn sie sich nicht darauf eingelassen hätte, wäre sie heute noch am Leben.«

»Das mag sein. Es war nicht ihre Art, sich vor der Verantwortung zu drücken, ebensowenig wie es meine Art ist. Vielleicht wären Sie so freundlich, die Unterlagen, die ich brauche, herauszusuchen und mir baldmöglichst zukommen zu lassen. Wir haben das Projekt hier in diesem Zimmer besprochen, und die Papiere können eigentlich kaum woanders sein. Ich würde den Schreibtisch vorschlagen.«

Er neigte den Kopf, als nehme er ein unwiderrufliches Urteil hin. Seine mageren Schultern sanken noch weiter herab, und als Cynthia und Ruth Mirbel ihm gleich darauf einige tröstliche Worte zumurmelten, tat er ihnen entsetzlich leid. Kaum befand sich Lady Kestrel im Freien, als sie sich zu Amy Asshenden umdrehte und ausrief: »Also wirklich, mir war selten etwas so peinlich. Hätten Sie denn damit nicht warten können, bis der Ärmste sich etwas von seinem Verlust erholt hat?«

»Es ist eine Zeitfrage«, erwiderte Miss Asshenden barsch. »Ich konnte es mir nicht leisten zu warten. Wir haben reichlich zu tun, auch ohne die schon geleistete Arbeit noch einmal zu wiederholen.«

»Ehe wir weitermachen, habe ich Ihnen noch einiges zu sagen, was sich nicht auf der Straße sagen läßt«, meinte Lady Kestrel. »Ich würde meine Wohnung vorschlagen, falls Ihnen das recht ist.«

»So weit kann ich nicht laufen. Wenn Sie mit mir reden wollen, müssen Sie in meine Wohnung mitkommen.«

Cynthia zuckte die Achseln. »Wenn Sie meinen.«

Miss Asshenden sah Ruth an. »Kommen Sie auch mit?«

»Ich muß in die Kanzlei zurück«, sagte Ruth hastig. »Ich komme vielleicht irgendwann später.«

Zurück in ihrem Wohnzimmer machte sich Miss Asshenden an das Teeritual. Cynthia war, wie seinerzeit Ruth, zum erstenmal hier. Aber sie beachtete ihre Umgebung kaum, denn ihre Gedanken waren woanders, und sie war für Eindrücke von Armut weniger empfänglich als für Eindrücke von Reichtum. Sie trank geistesabwesend eine Tasse Tee, von dem sie nur mitbekam, daß es sich um eine warme Flüssigkeit handelte.

Dann eröffnete sie das Feuer.

»Eines wollen wir von vornherein klarstellen«, sagte sie und stellte Tasse und Untertasse ab. »Je eher Sie sich von der albernen Vorstellung freimachen, Sie würden diesen Verein leiten, desto besser für alle Beteiligten.«

»Ach, darauf wollen Sie also hinaus?« gab Miss Asshenden zurück, die zu ihrer Beschämung feststellte, daß sie schon wieder zitterte. »Dann will ich Ihnen eins sagen. Eine Bagatelle wie Ihre persönliche Animosität wird mich nicht vom Pfad der Pflicht abbringen.«

»Pflicht, so ein Quatsch! Ihnen geht es doch nur darum, noch einmal Macht zu bekommen. Der typische Direktorinnen-Komplex.«

»Und worum ginge es Ihnen«, fragte Miss Asshenden zunehmend erregt, »wenn Sie imstande wären, meinen Posten an sich zu reißen?«

»Es ist genausowenig Ihr Posten wie meiner. Wir sind hier nicht im öffentlichen Dienst. Ich bestreite nicht, daß Sie mir an Lebensjahren voraus sind, aber wir beide sind gleichzeitig in das Komitee gekommen. Es geht schlicht um die Frage der Eignung.«

»Und Sie meinen, Sie sind geeigneter als ich?«

»Ich weiß es.«

»Vielleicht wären Sie so nett, Ihre Meinung mit ein paar entsprechenden Fakten zu belegen.«

»Aber gewiß doch. Und Sie können versichert sein, daß unsere gegenseitige Abneigung nichts damit zu tun hat. Die wichtigste Voraussetzung für einen Posten dieser Art ist Taktgefühl. Und was Ihre Unbeholfenheit in dieser Hinsicht angeht, brauchen wir uns nur anzusehen, wie Sie den armen Edward Rollo überfallen haben.«

»Ohne Ihnen zu nahe treten zu wollen, möchte ich hier und jetzt festhalten, daß ich Sie für korrupt, unmoralisch und oberflächlich halte«, sagte Miss Asshenden, deren Stimme einen schrillen Ton annahm. »Sie wissen schon mit sich selbst nichts anzufangen, geschweige denn mit einer Bewegung von landesweiter Bedeutung.«

»Sie sind eine starrsinnige alte Betschwester, und wenn Sie sich wie ein Fischweib aufführen können, kann ich es auch«, sagte Lady Kestrel laut. »Sie waren vielleicht einmal tüchtig, aber das liegt so lange zurück, daß keiner mehr am Leben ist, der sich daran erinnert. Sie stehen schon mit einem Bein im Grab, und wenn Sie glauben, das berechtigt Sie zu einem Platz an der Sonne, dann tun Sie mir leid.«

Der Nebel lichtete sich, und sie sah Miss Asshendens entgeistertes Gesicht, das nicht mehr gerötet, sondern so aschfahl war wie ihr Name. »O mein Gott!« murmelte Cynthia, »ich weiß nicht, was in mich gefahren ist. Es tut mir leid.«

»Die Wände hier sind so dünn«, sagte Miss Asshenden, als sei das das einzige, was eine Rolle spielte. »Meine Hauswirtin hört alles, das muß ich bedenken.«

»Gewiß. Ich hätte so etwas nie sagen dürfen.«

»Sie hatten allen Grund dazu. Ich habe angefangen.«

»Nein, es war wirklich meine Schuld. Wir sind wahrscheinlich beide ein wenig nervös. Außerdem habe ich sehr schlecht geschlafen. Ich wollte mir bei meinem Arzt ein paar Schlaftabletten besorgen.«

»Ich kann Ihnen welche geben«, sagte Miss Asshenden eifrig. »In meiner Kommode sind welche.« Sie ging durchs Zimmer und fuhr dabei fort:

»Ich habe sie vom Arzt verschrieben bekommen, und er hat mir versichert, daß sie keine Nebenwirkungen haben.«

»Aber ich will Sie nicht berauben.«

»Das tun Sie nicht. Ich nehme nie welche. Ich habe eine alberne Angst davor, von Medikamenten abhängig zu werden. Hier, stecken Sie dieses Kuvert in Ihre Handtasche. Ich habe Ihnen die Hälfte gegeben.«

»Das ist furchtbar nett von Ihnen.«

»Gern geschehen. Und jetzt, glaube ich, setze ich noch etwas Wasser auf und gieße es zum Tee. Vielleicht mit einem zusätzlichen Teebeutel. Ich glaube, wir können jetzt beide noch eine richtig kräftige Tasse Tee vertragen.«

10

Am Vormittag nach der Beisetzung hatte Ruth hinter verschlossenen Türen eine lange Unterredung mit dem alten Cross. Als sie herauskam, wirkte sie ziemlich erregt und, wie Roger fand, überaus attraktiv.

»Komm einen Moment hier herein«, sagte er. Er hatte sie abgepaßt und fuhr, nachdem er die Tür seines Büros zum Vorzimmer geschlossen hatte, fort: »Die Tippsen müssen nicht unbedingt mitbekommen, daß du wie ein Truthahn aussiehst.«

»Er macht einen absolut rasend«, meinte sie mit einem Aufblitzen ihrer strahlenden Augen.

»Er hat ja auch einen gewissen Grund zur Verärgerung.«

»Ach was! Ich habe für ihn geschuftet wie ein Galeerensklave, da muß ich ja wohl nicht wie ein Bürogehilfe um einen freien Tag bitten.«

»Das ist aber nur die halbe Wahrheit, oder?«

»So kann es jedenfalls nicht weitergehen. Ich werde die Sozietät aufgeben, und er wird mich mit dem größten Vergnügen auszahlen.«

Obwohl der Wortwechsel lebhaft war, führten sie ihn

mit leiser Stimme, eine Vorsichtsmaßnahme gegen das zufällige Belauschtwerden, falls das Schreibmaschinengeklapper plötzlich aufhören sollte.

Nun sagte Roger noch leiser: »Um Himmels willen, Ruth, bring doch nicht wegen einer Handvoll übergeschnappter Weiber deine ganze Karriere in Gefahr.«

»Ich sehe das anders.«

»Dann beteilige dich weiter daran, wenn es unbedingt sein muß, aber laß jemand anders die Führung übernehmen. Es gibt bestimmt jede Menge Freiwillige.«

»Natürlich gibt es die, aber das heißt noch lange nicht, daß es geeignete Kandidatinnen sind.«

»Ich weiß nicht, was in dich gefahren ist. Du benimmst dich wie ein unreifes Mädchen und legst ein romantisches Verhalten an den Tag, das ich dir nicht zugetraut hätte.«

»Daran sieht man nur, wie wenig du mich kennst.«

»Ich sage nur, romantisiere die Griechen nicht, das ist alles. Wenn du das tust, machst du einen schrecklichen Fehler.«

»Die Griechen haben damit nichts zu tun.«

»Ach, und dabei kam es mir so vor, als sollte das eine moderne Version von *Lysistrata* werden, mit Betonung auf dem Verhalten einer ganz bestimmten Frau gegenüber einem ganz bestimmten Mann.«

»Wenn es so wäre, was nicht der Fall ist, dann sollte man aber auch erwähnen, daß der Mann im Gegensatz zur Frau verheiratet ist.«

»Das steht jetzt nicht zur Debatte. Aber gut, lassen wir die Griechen aus dem Spiel. Eines allerdings sage ich dir: Ob Griechen oder Engländer, du wirst aus Frauen nie

Politiker machen. Sie nehmen jedes Problem zu persönlich.«

»Ist das vielleicht ein Fehler?«

»Aber sicher. Den Beweis hast du doch hier im Büro vor Augen. Wenn eine von den Tippsen ein Problem mit ihrem Liebesleben hat, mußt du ihr die Briefe ständig zur Korrektur zurückgeben. Bei den männlichen Angestellten dagegen hat die Arbeit immer das gleiche Niveau.«

»Ein niedrigeres Niveau als bei den Frauen, wenn sie in Hochform sind.«

»Eben, du sagst es. Und um es grob zu formulieren, meine Liebe, eine Frau ist regelmäßig einmal im Monat für mehrere Tage nicht in Form. Nein, Frauen haben schon ihre Verdienste, aber sie werden die Männer nie ablösen.«

»Daß das nicht von heute auf morgen passiert, weiß ich auch.«

»Es wird nie passieren. Sicher, außergewöhnliche Frauen wird es immer geben; es gibt sie schon seit dem Beginn der Geschichte. Ich war immer der Meinung, daß manche Mätressen von Königen große Staatsmänner gewesen sein müssen – oder besser gesagt, Staatsfrauen. Teufel noch mal, irgendwas müssen sie ja gewesen sein; nach ihren Porträts zu urteilen, waren sie fast alle häßlich wie die Sünde.«

»Die Sünde ist also häßlich?«

»Du nimmst mich beim Wort, wie? Meine Liebe, es gibt verschiedene Definitionen von Sünde, und die meisten Frauen leiden an zu vielen Tabus. Das hindert sie daran, schöpferische Künstler zu sein.«

»Das einzige, was sie daran hindert, Künstler zu sein, ist ihr Schicksal, für die Bedürfnisse der Familie sorgen zu müssen. Wenn eine Frau ein Buch schreiben oder ein Bild malen will, muß sie zuerst den Abwasch machen und sich um das Baby kümmern.«

»Genau. Frauen sind dazu da, um Kinder und nicht um Kunst zu produzieren.«

Daraufhin warf sie ihm einen derart gequälten Blick zu, daß er froh war, die Hand nach dem Telefon ausstrecken zu können, das in diesem Moment klingelte, als wäre es ebenfalls männlichen Geschlechts und wollte ihm aus der Klemme helfen.

»Ja, bitte?« sagte er ungeduldig. »Ach, es ist für Sie, Miss Mirbel. Lady Kestrel.« Er räumte den Platz am Apparat für sie und erkundigte sich pantomimisch, ob er sich zurückziehen solle. Sie schüttelte den Kopf.

»Ruth Mirbel hier«, sagte sie. »Guten Morgen, Lady Kestrel. Was kann ich für Sie tun?«

Cynthias Stimme klang angespannt und bang. »Ruth, es geht um Sack-und-Asche. Haben Sie's nicht gehört?«

»Nein; was hat sie denn nun schon wieder?«

»Sie ist letzte Nacht gestorben.«

»Was?«

»Ja, ist das nicht lästig? Eine Überdosis Schlaftabletten. Wir müssen uns sehen.«

»Wann dachten Sie denn?«

»Jetzt gleich, wenn es irgend geht. Ich bin in meiner Wohnung.«

»Na schön. Ich komme jetzt gleich zu Ihnen hinüber.« Sie legte auf. Roger polterte los: »Mein Gott, Ruth, du kannst doch nicht schon wieder gehen... du forderst den Ärger ja förmlich heraus.«

»Der Ärger ist bereits da«, antwortete sie grimmig. »Amy Asshenden ist vergangene Nacht gestorben.«

»Ts! Na, bei ihrem fortgeschrittenen Alter hätte sie soviel Verstand haben sollen, keinen Kreuzzug zu unternehmen. Vermutlich hat die Aufregung sie umgebracht.«

»Nein. Eine Überdosis Schlaftabletten.«

Er starrte sie entsetzt an. Dann gab er einen langen, ausdrucksvollen, halblauten Pfiff von sich.

Ruth fand Lady Kestrel mit einem zu ihrer Stimme passenden Gesicht vor. Sie war zudem nicht mit der von ihr gewohnten Sorgfalt gekleidet, und man sah ihr die Jahre an, wie viele es auch sein mochten. Fast schockiert nahm Ruth Falten wahr, die sie vorher nie bemerkt hatte: von der Nase zum Mund, vom Mund zum Kinn. Aber jetzt war nicht der Zeitpunkt, sich allzu lang bei solchen Details aufzuhalten, obwohl sie sie von ihrem üblichen Unterlegenheitsgefühl befreiten.

»Wie haben Sie von alledem erfahren? Wer hat es Ihnen gesagt?« fragte sie übergangslos, nachdem die beiden Frauen ins Wohnzimmer gegangen waren. Cynthia zündete sich eine Zigarette an, ein sicheres Zeichen für ihre angegriffenen Nerven. Sie war der Ansicht, daß Rauchen dem Aussehen abträglich war, und tat es nur selten. Sie schob Ruth die Schachtel hin.

»Ihre Hauswirtin hat mich angerufen. Ich war nämlich gestern dort. Aber das wissen Sie ja. Sie hatten davon gesprochen, daß Sie später noch vorbeischauen wollten. Ich habe mich gefragt, ob Sie es getan haben.«

»Nein, das war nur so dahingesagt. Ich hatte nicht vor, an dem Tag noch hinzugehen. Um die Wahrheit zu sagen, ich war erst einmal dort, und das hat mir gereicht. Ich habe von ihrer Wohnung das kalte Grausen gekriegt.«

»Sie war wohl nicht sehr komfortabel«, sagte Cynthia geistesabwesend. »Ich kann es nicht ändern, aber ich habe offen gestanden gehofft, Sie hätten Ihr Wort gehalten.«

»Aber wieso? Was hätte das denn genützt? Vermutlich hat sie die Dinger zur Schlafenszeit genommen. Selbst wenn ich hingegangen wäre, wäre ich da längst wieder weg gewesen.«

»Sie hätten mir einige Unannehmlichkeiten erspart«, sagte Cynthia mit gequältem Gesicht.

»Wieso denn? Es war ein reines Versehen, oder etwa nicht? Sie hätte nie so geredet, wenn sie an Selbstmord gedacht hätte. Sie war nach der Trauerfeier offenbar sehr nervös. Wahrscheinlich hat sie welche genommen, es dann vergessen und später noch mal welche genommen, genau wie Mrs. Squirl bei dem Fest. Das passiert leicht.«

»Ich weiß nicht, was passiert ist. Ich weiß nur, daß ich Streit mit ihr hatte, einen richtigen Heidenkrach. Das Haus ist ziemlich hellhörig, und die Hauswirtin, eine Oberschnüfflerin, wie sie im Buch steht, hat alles mitbekommen. Amy Asshenden hat auf vornehm gemacht und nach ihr geläutet, damit sie mich hinausbegleitet, und dabei hat sie meinen Namen aufgeschnappt. Daher der Anruf.«

»Aber ich verstehe immer noch nicht...«

»Wenn Sie nicht verstehen, ist ja vielleicht alles in Ordnung. Ich habe eigentlich damit gerechnet, daß die Polizei sich mit mir unterhalten will. Ich habe mich gefragt, was man dazu anzieht.«

»Sie glauben, daß der Wortwechsel, den Sie miteinander hatten, den Ausschlag gegeben hat. Ist es das?«

»Ich weiß nicht, was ich glauben soll. Wenn ich sie doch bloß nicht so angefahren hätte, die dumme alte Närrin. Wir haben uns noch nie ausstehen können, und ich will auch gar nicht so tun, als ob sie mir tot mehr bedeutet als zu Lebzeiten. Aber es war von meiner Seite schlechtes Benehmen. Und was ich gesagt habe, hat gestimmt, und das macht es besonders abscheulich.«

Ruth überlegte einen Moment. Dann sagte sie: »Ich sehe trotzdem nicht, was ein Besuch von mir geändert hätte.«

»Sie hätten gesehen, wie sie sich danach berappelt hat. Wir haben uns nämlich bei einer Tasse Tee wieder vertragen. Obwohl die Versöhnung natürlich nicht alle Probleme ausgebügelt oder meinen Haupteinwand aus der Welt geschafft hat.«

»Und der wäre?«

»Schlicht der, daß sie, als Nachfolgerin von Rollo betrachtet, eine komplette Niete war.«

»Und Sie waren der Meinung – verzeihen Sie, wenn ich es so direkt formuliere –, Sie seien für diese Aufgabe geeigneter?«

»Wir brauchen untereinander nicht drumherum zu reden: ja. Sie sind der einzige andere Mensch, der dafür in Frage käme, und Sie haben Ihren Beruf. Das wird ein Ganztagsjob. Falls sich später noch jemand Qualifizierteres anbietet, kann ich selbstverständlich jederzeit zurücktreten.«

»Sie haben also vor weiterzumachen?«

»Warum denn nicht?«

»Ein kleinerer Geist könnte die Todesrate vielleicht als einschüchternd empfinden.«

»Ach was! Ich weiß schon seit einiger Zeit, daß Rollo ein schwaches Herz hatte. Sie hat es mir einmal in einem Anfall von Vertraulichkeit erzählt, aber ich hätte es mir auch so denken können. Die rote Gesichtsfarbe war nicht zu verkennen. Ich habe vom Krieg her eine gewisse Erfahrung als Schwester. Aber sie war zu stur, um sich etwas sagen zu lassen, und kurzzutreten lag ihr überhaupt nicht. Und was Amy Asshenden angeht, die war nichts als ein von Willenskraft belebtes Gerippe. Sie hätte auch ohne die Barbiturate jederzeit abtreten können.«

Ruth sagte zögernd: »Mrs. Rollos Tod kam zwar furchtbar plötzlich, war aber offenbar ganz natürlich. Ist Ihnen nie der Gedanke gekommen, daß er es vielleicht doch nicht war?«

Lady Kestrel gab ein kurzes, schnaubendes Lachen von sich und sagte: »Ich weiß genug von Ärzten, um alles für möglich zu halten. Ich habe einmal von einem Arzt gehört, der eine natürliche Todesursache bescheinigte, als ein Mann mit dem Gesicht nach oben und sechs Stichwunden im Rücken dalag. Aber für eine Einäscherung braucht man zwei Unterschriften, vergessen Sie das nicht.«

»Die meisten Ärzte sehen nur das, was sie zu sehen erwarten, das erklärt wohl auch die fehlerhaften Totenscheine. Und sofern man die Vorgeschichte nicht kennt, ist ein Essen unter Frauen wohl kaum die Art von Ereignis, die man mit einem Mord in Verbindung bringen würde.«

»Mord! Sie glauben doch nicht im Ernst, daß Roly-Poly einer vorsätzlichen Tat zum Opfer gefallen ist?«

»Ich halte das für sehr wahrscheinlich.«

Mit ihren scheinbar ausdruckslosen blauen Augen starrte Cynthia sie scharf an. Es verging vielleicht eine halbe Minute, ehe sie trocken fragte:

»Sie versuchen doch nicht etwa, mich abzuschrecken?«

»Ich versuche, Sie zu warnen, das ist alles.«

Zwischen Lady Kestrels flaumigen Brauen kerbten sich flüchtig zwei senkrechte Falten ein. Während sie sich wieder glätteten, meinte sie leichthin: »Dann nehmen Sie bitte zur Kenntnis, daß ich nicht so leicht Angst bekomme. Und außerdem, sofern nicht ein nagelneues Präparat auf den Markt gekommen ist, was durchaus sein könnte, kenne ich nichts, was einen derart fix um die Ecke bringt, außer Zyankali, und das kann selbst der miserabelste Arzt nicht übersehen.«

»Sie scheinen auf diesem Gebiet ja ziemlich umfassende Kenntnisse zu besitzen.«

»Ja, früher habe ich mir geschmeichelt, mich einigermaßen im Arzneibuch auszukennen, aber seit dem National Health Act weiß jeder so gut Bescheid, daß ich mir wie die reinste Ignorantin vorkomme. Trotzdem, wenn Sie mir unbedingt diese Schauergeschichten einreden wollen, kann ich Ihnen versprechen, daß ich mich vor ungesunden Substanzen in acht nehmen werde, und ich habe einen guten Geruchssinn, auch wenn mir das bei Blausäure nichts nützen würde. Wenn ich mich recht erinnere, war das Essen an dem Tag auch ohne spezielle Zusätze ungesund genug.«

»Ich habe nicht ans Essen gedacht, sondern ans Trinken.«

»Falls Sie speziell an das Bitter Lemon denken, das Sack-und-Asche der armen alten Roly-Poly gebracht hat, würde ich sagen, Sie sollten sich einer sinnvolleren Beschäftigung zuwenden.«

»Wir haben uns alle um ihren Stuhl versammelt. Und jede von uns hätte Gelegenheit gehabt, ihr etwas in den Drink zu tun, wenn wir das gewollt hätten. Selbst wenn Sie recht damit haben, daß alles, was Mrs. Rollo unmittelbar hätte töten können, festgestellt worden wäre, ist es trotzdem möglich, daß sich jemand auf irgendeine Weise an dem Drink zu schaffen gemacht und geglaubt hat, sie sei daran, und nicht an einer Thrombose gestorben. Sie hat davon getrunken und ist dann gestorben. Darüber können Sie nicht hinwegsehen.«

»Andersherum wäre es ja wohl auch schlecht möglich gewesen«, meinte Cynthia schnodderig.

Ruth überhörte das und fuhr ernsthaft fort: »Falls Miss Asshenden geglaubt hat, sie hätte Mrs. Rollo umgebracht, könnte das ihren eigenen Tod erklären. Vielleicht ist sie von Gewissensbissen gepackt worden.«

»Zu kompliziert. Und von Gewissensbissen war nicht viel zu merken, als sie den trauernden Ehemann um Rollos Siebensachen anging. Dabei fällt mir ein, daß ich die jetzt selbst brauchen werde. Eigentlich müßte ich mich beim Geist der armen alten Amy entschuldigen. Ich habe sie deswegen heruntergeputzt, aber jetzt sehe ich, daß sie auf ihre Weise recht hatte. Rollos Kopfarbeit bringt uns genausoviel wie unsere eigene. Als erstes aber müssen wir die beiden freien Plätze im Komitee neu besetzen. Und das heißt wohl noch eine Sitzung, allerdings in kleinerem Rahmen. Ich denke, wir veranstalten sie hier. Wir nehmen noch die Squirrel, Meade und Doris dazu und versuchen, alles zu klären. Ich persönlich finde, wir sollten ein paar Männer mit hereinnehmen, die das Organisatorische für uns übernehmen. Würde auch viel mehr Spaß machen.«

»Aber wir sind eine reine Frauenbewegung. Männer dazuzunehmen würde alles ad absurdum führen.«

»Das sehe ich nicht so. Der Tierschutzverein wird auch nicht von Tieren geleitet.«

»Sie sind völlig verantwortungs- und prinzipienlos!« rief Ruth, der vor Zorn die Röte in Gesicht und Hals stieg. »Und meiner Meinung nach noch viel weniger als Amy Asshenden für eine Vertrauensstellung geeignet.«

»Da kann ich Ihnen nicht zustimmen«, erwiderte Lady Kestrel, einen stählernen Unterton in der verbindlichen Stimme, »und ich sage Ihnen auch, warum. Glauben Sie ja nicht, Sie könnten mich je aus dem Sattel stoßen. Im Gegensatz zur armen alten Amy kann ich festhalten, was ich habe. Ich glaube nicht eine Sekunde an Ihre alberne Theorie, Amy hätte versucht, Rollo kaltzumachen, und dann Zustände gekriegt und Selbstmord begangen. Und ich weiß auch, daß es kein Versehen war.«

»Woher denn? Vielleicht könnten Sie mich in diesem Punkt aufklären.«

»Sie hat nie Schlaftabletten genommen. Das hat sie mir selbst gesagt.«

»Warum sollte sie Ihnen so etwas sagen?«

»Sie hat mir welche gegeben, die ihr der Arzt verschrieben hat. Das Röhrchen war voll, und sie hat mir etwa die Hälfte davon gegeben. Ich hatte schlecht geschlafen, und sie hat gemeint, sie würden mir vielleicht helfen. Sie dachte wohl, man könnte davon abhängig werden – jedenfalls hat sie vor Medikamenten Angst gehabt.«

»Zeigen Sie sie mir, dann glaube ich Ihnen vielleicht.«

Aber Lady Kestrel wechselte an dieser Stelle plötzlich ihren Kurs. »Um Himmels willen, meine Liebe, so beruhigen Sie sich doch. Ich möchte nicht in den Ruf geraten, ein Streithahn zu sein. Wenn wir uns jetzt miteinander anlegen, machen wir alles kaputt. Es ist auch so schon kitzlig genug. Sie tun gut daran, nichts von den Tabletten zu sagen, und ich werde ganz bestimmt den Mund halten. Ich muß meine eigene Haut retten, und das werde ich auch. Gehen Sie jetzt nach Hause, und lassen Sie sich noch einmal alles durch den Kopf gehen. Ich rufe Sie an, wenn ich einen Termin für die Sitzung festgelegt habe. Was ist übrigens mit der Beerdigung?«

»Was soll damit sein?« fragte Ruth wie aus dichtem Nebel heraus.

»Das arme alte Luder hat keine Angehörigen, sie hat sie alle überlebt. Ich weiß nicht, was an Geld da ist – vielleicht eine Versicherung. Aber wenn keines da ist, möchte ich sie trotzdem anständig begraben lassen. Das schulde ich ihr. Was meinen Sie, wird der Klub dafür aufkommen?«

»Ich denke schon. Es sind genügend Mittel da, falls das Geld, das unter der letzten Vorsitzenden gesammelt wurde, noch nicht weiterverwendet worden ist. Das andere Geld dürfen wir selbstverständlich nicht anrühren.«

»Was für eine Paragraphenreiterin Sie sind.«

Um ihren Quälgeist nicht ansehen zu müssen, schaute Ruth zum Fenster hinaus. Die Wohnung lag im ersten Stock, weil Jacko nicht schwindelfrei war und gern unauffällig hatte kommen und gehen wollen. Ruth hatte ausgezeichnete Augen. Trotzdem meinte sie nun, ihnen nicht trauen zu können. Neben der Telefonzelle auf der anderen Straßenseite war ein kleiner Zeitungskiosk. Die Mittagsausgaben waren gerade herausgekommen, und auf der Anschlagtafel sah sie in großen, kühnen Buchstaben die Worte »Das Neueste von der Frauenpartei«. Sie hielt den Atem an. Sie spürte Lady Kestrel hinter sich.

»Was ist denn?«

»Das Plakat da. Gegenüber.«

»Können Sie das von hier aus lesen? Also ich kann das nicht. Was steht denn drauf?«

»Das Neueste von der Frauenpartei. Meinen Sie, das bezieht sich auf Miss Asshendens Tod? Wenn ja, kann es nur unter Letzte Meldungen stehen. Wie haben die das nur so schnell erfahren?«

»Dreimal dürfen Sie raten«, sagte Lady Kestrel gelassen. »Vielleicht bin ich doch verantwortungsbewußter, als Sie glauben.«

Ihr Telefon klingelte, und sie ging zum Apparat hinüber, um abzunehmen. Erneut wechselte ihr Gesichtsausdruck, diesmal von Zufriedenheit zu Unzufriedenheit. Sie bedeckte die Sprechmuschel mit der sorgfältig manikürten Hand und murmelte: »Was habe ich gesagt? Es ist die Polizei, der Teufel soll sie holen. Wahrscheinlich werden sie herkommen; wenn Sie mir also kein Alibi geben wollen, schlage ich vor, Sie sausen jetzt los und überlassen die Sache mir. Ja? Ja, hier ist Lady Kestrel...«

Damit war Ruth entlassen, und während sie rasch die Straße hinunterging, beschäftigte sie an diesem Gespräch am meisten etwas, das nicht vorgekommen war. Lady Kestrel hatte nicht ein Mal ihr berühmtes Lächeln gezeigt. Nicht ein einziges Mal.

Die Nachricht von einem zweiten unerwarteten Hinscheiden in Wytt's End bestärkte Larry in seiner Meinung, daß die Sache in sein Ressort fiel und nichts mit der Frauenseite zu tun hatte. Er schaute bei seiner Kollegin Gabrielle Patch herein, um ihr das zu sagen, und traf sie in schlechter Laune an, weil die Abendzeitungen ihr den Knüller gestohlen hatten. Er zeigte wenig Mitgefühl für die seiner Ansicht nach schlampige journalistische Arbeit.

»Du bist selber schuld. Wieso bist du nicht an der Alten drangeblieben, die die Sache ausgelöst hat?«

»Sie ist durchgedreht«, sagte Gabby grob. »Ständig rufe ich sie an, und jedesmal sagt sie, sie ist nicht da. Als ob ich diese zickige Stimme nicht überall erkennen würde.«

»Also wenn ich für die Sache zuständig gewesen wäre...«

»Das bist du vielleicht demnächst. Vielleicht ist das die beste Möglichkeit, die Sache tiefer zu hängen. Ich komme gerade vom Alten, und er kriegt kalte Füße. Er steht unter Druck. Sämtliche Parteibonzen sind hinter ihm her. Das ist das Schlimmste am Unabhängigsein. Man hat überhaupt keine Freunde.«

»Tja, es hat eben alles seine zwei Seiten«, räumte Larry

fairerweise ein. »Ich habe dir gesagt, die Sache ist Dynamit. Angesichts der Wahlen im nächsten Jahr springen sie alle im Dreieck. Und wer weiß schon, welche Partei unter einem solchen Blödsinn am meisten leiden wird? Ich jedenfalls nicht. Weibsen sind so verdammt unberechenbar. Es könnte auf einen großen Wechsel zur Labour Party hinauslaufen, wenn die Arbeiterfrauen weiter wie ihre Männer stimmen und die konservativen sich an die Emanzipationsmasche hängen. Ich habe versucht, den Prozentsatz weiblicher Wähler bei jeder Partei festzustellen, aber es war ums Verrecken nicht rauszukriegen. Jeder Werbefritze kann dir sagen, wie verrückt Frauen auf alles Neue sind, und wenn sie es schaffen, sich schnell genug zu organisieren, besteht sogar die Möglichkeit, daß deine Truppe an die Macht kommt. Gott bewahre«, setzte er schaudernd hinzu.

»Es ist nicht meine Truppe«, rief Gabby wütend. »Wenn ich gewußt hätte, wo das alles hinführt, hätte ich die Sache nicht mit der Feuerzange angefaßt. Und jetzt sagt der Chef, ich soll mich bei meiner Tante einquartieren, um auf dem laufenden zu bleiben.«

»Paß auf, daß du nicht auch ermordet wirst«, meinte Larry. »Aber wenn, dann schreib ich was Schönes über dich. Für eine gute Freundin tu ich alles.«

»Dudley«, sagte Mrs. Squirl verzweifelt. »Dudley!« Dudley sagte nichts.

»Dudley«, sagte Mrs. Squirl. »Ich war gestern abend bei Miss Asshenden, und jetzt ist sie tot.«

»Teufel auch!« rief Dudley, der vor Schreck das Schmollen vergaß.

»Ich glaube nicht, daß es jemand weiß. Ich war nur ein paar Minuten drin.«

Dudley starrte seine Frau an, als wäre sie verhext. Dann räusperte er sich, war aber nach wie vor heiser.

»Daß das alte Mädchen gestorben ist, damit hast du doch nichts zu tun, oder?«

»Natürlich nicht. Es ist nur so, daß ich nicht weiß, was ich jetzt machen soll. Du mußt mit mir reden. Ein Ehemann hat die Pflicht, seiner Frau mit Rat und Tat zur Seite zu stehen.«

»Das fällt dir ja gerade zum richtigen Zeitpunkt ein! Wenn du von Anfang an auf meinen Rat gehört hättest, dann säßest du jetzt nicht in der Klemme. Das ist alles andere als komisch, das kann ich dir sagen. Ehe du dich's versiehst, findest du dich am Galgen wieder.«

»Ach, Dudley!«

»Na, ist doch wahr. Was hast du überhaupt bei Miss Asshenden zu suchen gehabt?«

»Sie hat mich ständig angerufen und gesagt, sie wäre jetzt zuständig und ich müßte ihr alles berichten. Und außerdem wollte ich sie etwas fragen. Ich hätte dich gefragt, aber du warst ja so gemein. Ich hab's versucht, und du hast keine Antwort gegeben.«

»Worum ging es denn?«

»Ich habe einen sehr netten Brief von einer Firma aus der Stadt bekommen. Sie wollten für ein noch auszuhandelndes Honorar die Organisation der Partei übernehmen. Sie würden in diesem Falle die Korrespondenz und alles erledigen, dann bräuchten wir uns nicht mehr darum zu kümmern.«

»Mein Gott! Und darauf fällst du herein! Irgendein Hai reißt das Maul auf, und du springst prompt hinein. Das gibt es doch wohl nicht!«

»Es waren bestimmt keine Haie. Der Brief war auf gutem Papier getippt, und die Adresse war aufgeprägt. Außerdem haben sie sich ganz ehrlich angehört.«

»Pah!«

»Na ja, jedenfalls wollte ich den Brief Miss Asshenden zeigen und sehen, was sie dazu meint, deshalb bin ich zu ihr nach Hause gegangen.«

»Um welche Zeit war das?«

»Kurz nachdem du deine Fleischbrühe gegessen hattest. Es hat Fleischpastete gegeben, wenn du dich erinnerst.«

»Ich will nicht wissen, was es zu essen gegeben hat. Ich will wissen, um welche Zeit, nach unserer Uhr, du bei Miss Asshenden angekommen bist.«

»Unsere Uhr hatte ich dort nicht, und ich habe vergessen, auf meine Armbanduhr zu sehen. Aber ich bin um sieben von zu Hause weg. Ich muß gegen halb acht dort gewesen sein. So weit ist es ja nicht.«

»Was für ein Haus ist das?«

»Ein ganz gewöhnliches, mit einem Dach, einer Tür und Fenstern.«

»Das meine ich nicht. Ich meine, gehört es ihr oder wohnen dort noch andere Leute?«

»Sie hat eine Hauswirtin, aber sie ist die einzige Mieterin. Sie hat Zimmer gemietet.«

»Und war die Hauswirtin da?«

»Nein. Miss Asshenden hat mir selbst aufgemacht und sich entschuldigt, daß ihre Hauswirtin die meisten Abende weg ist. Dann sind wir auf ihr Zimmer gegangen, und sie hat angeboten, mir eine Tasse Tee zu machen, aber ich habe abgelehnt. Erstens hatte ich gerade Tee getrunken, und außerdem hatte sie von davor noch nicht abgewaschen.«

»Sie hat also vor dir schon Besuch gehabt?«

»Eine Besucherin. Es war Lady Kestrel, hat Miss Asshenden jedenfalls gesagt. Sie hat etwas sonderbar gewirkt und behauptet, Lady Kestrel wolle sie loswerden, aber sie sei entschlossen, sich nicht abschieben zu lassen. Mein Gott, du denkst doch nicht etwa, Lady Kestrel ...?«

»Ich denke gar nichts«, sagte Dudley hastig, »und du auch nicht. Erzähl mir einfach in schlichten Worten genau, was passiert ist, dann sage ich dir, was du zu tun hast. Und tu es auch, sonst übernehme ich keine Verantwortung.«

»Na ja, ich habe ihr den Brief gezeigt. Deswegen bin ich ja hingegangen. Und sie hat gesagt, ich soll ihn wieder mitnehmen, zerreißen und vergessen.«

»Gott sei Dank, wenigstens etwas. Ich hoffe, genau das hast du auch getan.«

»Ja. Bloß vergessen hab ich ihn nicht.«

»Hat dich jemand von dort weggehen sehen?«

»Nein, ganz bestimmt nicht. Ich habe noch gedacht, wie einsam es dort ist und daß ich nicht in einer Sackgasse ohne Durchgangsverkehr wohnen wollte.«

»Dann streich die Sache aus deinem Gedächtnis. Vergiß, daß du je dort gewesen bist. Das mußt du einfach, verstehst du?«

»Ja, Dudley.«

»Glaubst du etwa, ich würde meinen Job behalten,

wenn du in den Zeugenstand gezerrt würdest, von der Anklagebank ganz zu schweigen?«

»Nein, Dudley. Aber was ist mit Lady Kestrel?«

»Ihre Ladyschaft soll selbst auf sich aufpassen«, sagte Dudley barsch. »Die kann das besser als du. Und laß künftig die Finger von diesem gefährlichen Unfug, auf den du dich da eingelassen hast. Egal wer jetzt zuständig ist, du schreibst ihr, daß dein Mann gesagt hat, du sollst abtreten.«

»Aber ich kann jetzt nicht kneifen, Dudley. Das wäre nicht richtig. Jetzt muß ich es auch zu Ende führen.«

Dudley sah in ihr kleines, unbewegtes Gesicht, auf dem sich ein Ausdruck hartnäckiger Entschlossenheit breitgemacht hatte. Während er so dastand, blasiert und von sich selbst überzeugt, hörte er gewissermaßen ein fernes Grollen, und der feste Boden unter seinen Füßen begann zu schwanken. Und er fragte, zu Tode verängstigt: »Bist du sicher, Dorothy ... bist du sicher, daß du nichts damit zu tun hast?«

In Rogers Büro zurückgekehrt, fragte Ruth Mirbel ihn: »Roger, was weißt du über Zyankali? Ist der Umgang damit wirklich gefährlich, und sind es die Dämpfe, die tödlich sind?«

»Ich weiß nicht. Ich denke ja. Ich glaube, es ist ziemlich stark.«

»Ist es das einzige Gift, das augenblicklich tötet?«

»Du lieber Gott, frag mich nicht. Ich hoffe, du führst nichts gegen den alten Cross im Schilde«, fügte er in scherzhaftem Ton hinzu, aus dem mehr als nur ein Anflug von Unbehagen herauszuhören war.

11

Bei Lady Kestrel waren alkoholische Getränke an der Tagesordnung. Jacko hatte als Abschiedsgeste das Flaschenschränkchen aufgefüllt; vielleicht fand er, er habe sich relativ leicht aus der Affäre gezogen. Deshalb gönnte Cynthia ihren Besucherinnen ein oder sogar zwei Gläser von einem der billigeren Sherrys. Außerdem ersparte ihr das die Mühe, Kaffee zu machen. Sich selbst hatte sie einen steifen Whisky gemixt, wie wenn sie ihn brauchte. Ihre Begegnung mit der Polizei in Form eines Kriminalinspektors hatte sie mit fliegenden Fahnen hinter sich gebracht, aber sie hatte den häßlichen Verdacht, daß der geistige Zweikampf noch nicht gewonnen war. Noch stand die gerichtliche Untersuchung aus, und sosehr sie das Rampenlicht schätzte, hatte sie keine Lust auf ein Debüt im Zeugenstand. Man konnte so leicht hereingelegt und zu fatalen Eingeständnissen verleitet werden. Wie sie befürchtet hatte, besaß Miss Asshendens Hauswirtin die für diesen Menschenschlag typische, große Leidenschaft für Streitereien und ein nicht zu verachtendes Talent zur glaubhaften Ausschmückung. Unglücklicherweise hatte sie zwar die schrillen Stimmen des Streites, nicht aber die ruhigeren Töne der Versöhnung mitbekommen. Es hatte erheblicher Raffinesse bedurft, der Situation genau den leichten, ironischen Anstrich zu verleihen, der sie vor nackter Häßlichkeit bewahrte. Lady Kestrel hatte ihr Lächeln durch übermäßigen Gebrauch nahezu erschöpft, und trotzdem war der Inspektor zwar verbindlich, aber keineswegs hingerissen gewesen. Zwei Tage waren nun seit Miss Asshendens Tod vergangen, lange Tage nach ihrem Empfinden, und Cynthia hatte, ihrem eigenen, gegenüber Ruth Mirbel gemachten Vorschlag folgend, Dorothy Squirl, Estelle Meade, Doris, die Schriftführerin, und Ruth eingeladen. Die drei erstgenannten saßen in einer Reihe auf einem dreisitzigen Sofa, hatten ihre Hüte aufbehalten und sahen aus, als führen sie mit einer Fahrkarte zweiter Klasse in der ersten. Dieser Eindruck wurde noch dadurch verstärkt, daß jede zu ihren Füßen eine Tasche stehen hatte, zwei eine Aktentasche und eine einen Attachékoffer. In der rechten Hand hielten sie ihr Sherryglas. Doris hatte ihres erhoben und »Cheers« gesagt, Estelle wußte, daß das unfein war, und Dorothy Squirl war so eingeschüchtert, daß sie sich lediglich fragte, wie sie es hinunterbringen sollte; für sie war Alkohol eine Medizin. Alle drei betrachteten mit bewundernden Blicken Lady Kestrel, die für sie eine Zweitvorstellung ihrer Szene mit dem Inspektor gab. Für sie besaßen die Wohnung und ihre Besitzerin den ganzen Zauber des Exotischen. Sie stellten fest, daß es zwischen ihrem Geschmack und dem von Lady Kestrel einen Unterschied gab, den sie ihr zusammen mit ihrem Titel und ihrer Erziehung als gebührendes Recht zugestanden. Was Cynthia anging, so wußte sie, daß die anderen früher oder später von ihrem Streit mit der armen Amy erfahren würden, und es war ihr lieber, sie erfuhren es von ihr selbst, dargestellt aus ihrer persönlichen Sicht. Sie stellte fest, daß es auf ihre Zuhörerinnen einen günstigeren Eindruck machte als auf den Inspektor.

»Wenn sie so eine Schnüfflerin war«, sagte Estelle Meade, die von Miss Asshendens Vermieterin sprach,

»dann verstehe ich nicht, wieso sie erst am nächsten Morgen gemerkt hat, daß etwas nicht stimmt.«

»Meine Liebe, sie ist geradewegs in den Pub gegangen, sobald er geöffnet hat«, meinte Lady Kestrel und nahm nach ihren Mühen einen erfrischenden Schluck. »Und dort ist sie bis zur Polizeistunde geblieben. Sie kennen doch diese Sorte von Frauen.«

»Hat sie denn der armen Miss Asshenden kein Abendessen machen müssen?«

»Dem Inspektor zufolge hat sie ihr einen Teller Sandwiches mit Zunge gerichtet und ihn, mit einem Suppenteller abgedeckt, in der Küche stehen lassen. Sie waren nicht angerührt worden, obwohl der gute Mann zugegeben hat, daß auf dem oberen Teller Amys Daumenabdruck war. Wahrscheinlich hat sie ihn bloß angehoben und ist dann zurückgeschreckt. *Zunge*, ich bitte Sie!«

Die drei Damen, die Zunge insgeheim für eine Delikatesse hielten, gaben angemessene Entsetzenslaute von sich. Dorothy Squirl machte den Mund auf, schloß ihn aber eingedenk Dudleys Rat sofort wieder.

»Es wäre heuchlerisch von mir zu behaupten, ich hätte in allem mit der armen Amy übereingestimmt«, sagte Lady Kestrel schlicht. »Aber ich empfinde ihren Tod als echten persönlichen Verlust. Und was unser Lieblingsprojekt angeht, haben wir natürlich einen schweren Rückschlag erlitten. Sie hatte soviel Erfahrung, auf die wir uns hätten stützen können, und ich für mein Teil habe ihre Ideen zur Erziehung nie für überholt oder altmodisch gehalten.«

Sie warf einen raschen Falkenblick auf Ruth Mirbel, die

ihr in einem Sessel gegenübersaß und ruhig und in sich gekehrt wirkte.

»Sie war vielleicht nicht die beste Organisatorin und sicher nicht mehr in der Blüte ihrer Jahre wie meine liebe Freundin Bertha Rollo, aber sie war sehr aufrichtig. Mir bedeutet das viel.«

»Ich will ja nichts Schlechtes über die Toten sagen«, meinte Doris, »aber ich finde, als Führerin sind Sie besser als die beiden.«

»Ach, meinen Sie wirklich? Das macht mir Mut. Ich möchte weitermachen, weil ich weiß, daß die beiden es so gewollt hätten. Aber ich bin mir meiner Schwächen durchaus bewußt. Ich hoffe, Sie haben Geduld mit mir. Deswegen habe ich Sie heute unter anderem auch hergebeten. Ich hatte das Gefühl, daß ich es ohne Ihre volle Unterstützung nicht schaffen würde. Ihrer aller Unterstützung. Mrs. Squirl, ich hoffe doch, Sie fassen das nicht so auf, daß ich Sie aus dem Amt als Vorsitzende verdrängen will.«

»Ich will gar nicht mehr Vorsitzende sein«, sagte Dorothy Squirl. »Aber ich möchte gern weiter helfen.« Nachdem sie das losgeworden war, nahm sie einen Schluck von ihrem Sherry und spürte, wie er hinunterrann und dabei ihr Inneres verbrannte.

»Aber selbstverständlich, meine Liebe. Sie können uns dabei helfen, das Problem zu lösen, wie wir sicherstellen, daß die Schecks und die Briefe direkt an die Schriftführerin oder an mich gehen. Sie wollen den ganzen Kram ja nicht bei sich zu Hause haben, und es wäre zuviel verlangt, daß Sie sich damit abgeben. Ich werde eine entsprechende Erklärung aufsetzen, Sie unterschreiben sie, und wir setzen sie in sämtliche Zeitungen. Dann liegt alles in einer Hand.«

Doris nickte beifällig. Genau das hatte sie gemeint, als sie gesagt hatte, Lady Kestrel sei eine bessere Führerin als Mrs. Rollo oder Miss Asshenden. Sie verstand es ausgezeichnet, schwierige Probleme zu meistern.

»Was die Schriftführung angeht«, fuhr Lady Kestrel fort, »ist Doris natürlich unverzichtbar. Aber wir können nicht von ihr erwarten, daß sie alles allein bewältigt. Wir haben Geld in der Kasse, und ich denke, wir sollten zwei zusätzliche Schreibkräfte einstellen.«

»Genau meine Rede«, pflichtete Doris eifrig bei. »Aber ich habe nie von zweien zu träumen gewagt.«

»Bei der Geschwindigkeit, mit der unsere Korrespondenz zunimmt, wären zwei besser. Wir können ohne weiteres Schreibmaschinen mieten, aber wo können sie arbeiten?«

»Nicht in meinem Eßzimmer, soviel steht fest. Mein Männe würde einen Anfall kriegen.«

»Ich habe hier ein klitzekleines Zimmer, das ich nicht benutze. Vielleicht ginge das vorläufig, ich würde auch nur eine symbolische Miete dafür nehmen. Dann könnten Sie mit ihnen in Verbindung bleiben, Doris. Sie könnten sie von Zeit zu Zeit anrufen, um sie auf Trab zu halten. Sie würden hier arbeiten, wären aber Ihnen unterstellt. Was meinen Sie?»

»Das hört sich prima an, Lady Kestrel, wenn sie Ihnen nicht zur Last fallen.«

»Och, sie könnten sich in der Wohnung nützlich machen«, meinte Lady Kestrel vage. Sie fuhr rasch fort:

»Estelle, meine Liebe, Sie sind als Schatzmeisterin das reinste Gottesgeschenk. Mir wird ganz schwindelig, wenn ich daran denke, welche Wunder Sie vollbracht haben.«

»Ich habe die Bücher hier«, sagte Estelle, auf die freundliche Worte berauschend wirkten. »Es ist alles bis auf den letzten Heller verbucht und auf der Bank, obwohl Len keinen Finger gerührt hat. Und es kommt immer noch mehr – haufenweise.«

»Wunderbar! Unglaublich! Aber, meine Damen, Sie werden mir zustimmen, daß wir schrecklich auf der Hut sein müssen, da es sich hier um Spendengelder handelt. Wir müssen unsere kleine Hobbybuchhalterin schützen« – sie milderte den Schlag mit einem Lächeln ab –: »Wie es der Zufall so will, kenne ich genau den richtigen Knaben, der uns hier helfen kann. Er ist ganz bezaubernd und beherrscht die Materie aus dem Effeff. Und da es sich um einen engen Freund handelt, wird er natürlich nicht viel dafür verlangen.«

Einen Augenblick herrschte Schweigen, dann sagte Doris verständnislos: »Aber er ist ein Mann.«

»Genau wie Estelles Angetrauter, hoffe ich, und dessen Hilfe hätten wir nicht ausgeschlagen, wenn er sie angeboten hätte.«

»Ist er denn entsprechend qualifiziert?« fragte Estelle, bemüht, sich ihre Verstimmung nicht allzu sehr anmerken zu lassen.

»Aber meine Liebe, was glauben Sie denn? Er arbeitet für eine renommierte Firma in der Stadt. Lassen Sie mir die Bücher einfach da.«

Von dem Wort ›Stadt‹ alarmiert, platzte Dorothy Squirl los: »Miss Asshenden hat mich davor gewarnt, mich mit solchen Firmen einzulassen. Es waren praktisch ihre letzten Worte. Und Dudley hat gesagt –« Hier verstummte sie ebenso plötzlich, wie sie begonnen hatte. Ihr war gerade eingefallen, was Dudley sonst noch gesagt hatte.

Aber sie war zu spät zur Besinnung gekommen. Mit einemmal starrten alle sie an, selbst Ruth Mirbel. Und Lady Kestrel fragte, ein abgewandeltes Zitat des berühmten Filmtitels, in viel schärferem Ton, als sie ihn zuvor angeschlagen hatte:

»Wann haben Sie Miss Asshenden zuletzt gesehen?«

Nun bekam Dorothy Squirl richtig Angst. Ihre Finger krampften sich um den Stiel des Sherryglases, und sie stammelte: »Ich weiß nicht mehr. Vielleicht habe ich sie gar nicht gesehen. Vielleicht hat sie mich angerufen.«

»Warum haben Sie dann gesagt, es seien praktisch ihre letzten Worte gewesen? Wann hat sie Sie angerufen?«

»Das weiß ich wirklich nicht. Und das war bloß so eine Redensart. Nach Mrs. Rollos Tod wäre es schließlich kein Wunder gewesen, wenn ich es so empfunden hätte.«

»Aber worum ging es? Von welcher Firma hat sie gesprochen, und wieso?«

»Es war so, daß ich einen Brief von einer Firma bekommen habe, die für ein noch auszuhandelndes Honorar alles für uns organisieren wollte. Ich bin damit zu ... nein, ich muß sie deswegen angerufen haben. Meine Güte, ich bin ganz durcheinander.« Auf der Suche nach einer Eingebung schaute sie nach unten auf den kleinen, dunklen Klecks, der von ihrem Sherry übrig war, und sagte bemüht heiter: »Sie müssen verzeihen, aber ich fürchte, ich bin das Trinken nicht gewohnt.«

»Na, wenn Sie das Trinken nennen!« bemerkte Lady Kestrel. »Na schön, Kinder, wir wollen noch einmal nachfüllen, ehe wir mit der eigentlichen Sitzungsarbeit anfangen. Ruth, vielleicht würden Sie das übernehmen. Es steht alles da neben Ihnen. Dann kann ich eben rasch einen Blick in Estelles Bücher werfen.« Sie war nicht nur neugierig auf die Gesamtsumme, sondern hielt es auch für klug, die Bücher in Besitz zu nehmen, ehe Estelle den Hang entwikkelte, sich daran festzuhalten. Außerdem hatte sie blitzschnell entschieden, sich Dorothy Squirl später allein vorzuknöpfen; es war deutlich zu erkennen, daß im Augenblick nichts mit ihr anzufangen war.

Ruth hatte den gleichen Gedanken, während sie gehorsam zum Cocktailschränkchen hinüberging. Ein baldiges Gespräch mit Mrs. Squirl war eindeutig wünschenswert. Bis dahin wollte sie Cynthia nicht weiter gegen sich aufbringen; sie fand, daß sie sich in dieser Hinsicht genug oder eigentlich schon zuviel geleistet hatte.

Cynthia und Estelle beugten sich gemeinsam über den Inhalt einer der Aktentaschen, die anderen beiden Frauen stellten sich zu Ruth. Sie mochten sich nicht von ihr bedienen lassen; wegen Ruths beruflicher Position und weil sie das Gefühl hatten, sie stehe auf eigenartige Weise über ihnen, war ihnen das unangenehm. Mrs. Squirl tauschte ihr Sherryglas dankbar gegen ein Wasserglas Ginger-ale, das ihr genausowenig schmecken würde. Ruth goß Doris noch einmal das gleiche ein und ging dann zu Estelle und Cynthia hinüber, um deren Bestellungen entgegenzunehmen. Als sie zurückkam, hatten sich Doris und Mrs. Squirl wieder auf das dreisitzige Sofa gesetzt und eine Lücke zwischen sich gelassen. Sie versorgte ihre Gastgeberin mit einem weiteren Whisky, Estelle mit noch etwas Sherry und sich selbst mit einem Gin Tonic, ehe sie Platz nahm, ›eine Rose zwischen zwei Dornen‹, wie Doris es scherzhaft bei sich formulierte. Die Nähe machte ihre beiden Sitznachbarinnen leicht verlegen und lähmte ihnen die Zunge.

»Was haben Sie denn in Ihrer Aktentasche?« fragte sie Doris sanft, mehr als Gesprächseröffnung denn aus echtem Interesse.

»Ein, zwei heikle Briefe und etwas, das nicht von mir stammt, sondern eher eine Gemeinschaftsarbeit ist«, antwortete Doris. Froh, über etwas reden zu können, erklärte sie sodann, wie einige von den Damen zu dem Schluß gekommen seien, ihre Partei brauche ein Programm wie andere Parteien auch, daß jede für sich zu Hause darüber nachgedacht habe und dies bei ihren Überlegungen herausgekommen sei. Daß sie das Programm vor der Satzung in Angriff nahmen, störte sie offenbar nicht im mindesten.

»Das ist ja wirklich interessant«, sagte Ruth. Sie meinte es ganz ehrlich. Sie hatte nicht geglaubt, daß die Damen mit ihren verschwommenen Vorstellungen etwas derart Praktisches zustande brächten.

»Das ist natürlich nur eine Rohfassung«, sagte Doris, »aber ich habe es Lady Kestrel gesagt, und sie meint, wir sollten es zusammen durchgehen und ein bißchen überarbeiten.«

»Wird da etwa mein Name unnütz im Munde geführt?« frage Cynthia. »Wir wollen das vorläufig verschieben,

Estelle, meine Liebe. Lassen Sie mir Ihre Sachen da, ich gehe sie dann später gründlich durch. Die Zeit drängt, und es gibt noch andere Punkte zu besprechen, solange wir alle zusammen sind. Der erste ist, daß das Komitee zwei Leute zuwenig hat, und ich finde schon, wir sollten uns wieder auf die alte Stärke bringen. Ich würde vorschlagen, wir fragen Mrs. Orbit, sie ist ein vernünftiges Geschöpf; und außerdem Hebe Dunne, sie ist so gutmütig, daß sie uns alle bei Laune halten wird. Hat jemand Einwände gegen meinen Vorschlag?«

Niemand meldete sich, und Doris klappte ihre Tasche auf, holte ihren Notizblock hervor und notierte sich, ehe sie es vergaß, daß sie die beiden informieren mußte.

»Ich möchte meine Stellvertreterin und wertvollste Helferin bitten, sich an die Ausarbeitung einer juristisch ausgefeilten Satzung zu machen. Das können Sie doch, nicht wahr, Ruth?«

Die Größe der Aufgabe, die man ihr da so leichthin anvertraute, entsetzte Ruth, und ihr schossen alle möglichen Fragen durch den Kopf. Wie standen sie eigentlich mit Thorby-Smith und der Mutterorganisation? Sollten sie sich davon lösen oder in Verhandlungen eintreten? Mit Hilfe vergleichbarer Dokumente konnte sie zweifellos etwas aufsetzen, das sich als Grundlage zur Weiterarbeit verwenden ließe, aber man würde es peinlichst genau ausformulieren müssen. Das könnte Monate dauern. Wie schon einmal bekam sie angesichts der gewaltigen Vorstellung, die von ihnen Besitz ergriffen hatte, und der Unzulänglichkeit ihrer Mittel Angst. Lady Kestrel mochte berechnend sein, ohne rechtes Verständnis für den Kampf, der vor ihnen lag, aber ihr Verhalten heute und ihr geschickter Umgang mit dem Fußvolk zeigten sie in einem neuen, einem erschreckenden Licht. Doch was auch geschah, Ruth durfte nicht den Eindruck erwecken, sie zeige Widerstand. Sie nahm ihre wirren Gedanken zusammen und sagte leise: »Ich versuche es mal. Was ist mit Mrs. Rollos Unterlagen?«

»Darum kümmere ich mich. Ich lasse Ihnen eine Kopie zukommen. So, Doris, dann wollen wir uns einmal Ihre Wundertüte ansehen. Falls Sie es nicht schon wissen, ein Teil der Bande war damit beschäftigt, ein Manifest herauszugeben, und das hier ist es.«

»Als Dingsbums kann man's eigentlich kaum bezeichnen«, meinte Doris. »Es sind bloß ein paar eigene Gedanken, die sich Leute gemacht haben.« Sie kicherte. »Manche von ihnen sind selber ein bißchen eigen.«

»Schauen wir es uns trotzdem an. Es hätte ja keinen Sinn, wenn es sich nicht von anderen unterscheiden würde, nicht wahr? Und an ein Manifest hält sich ohnehin niemand. Im Grunde ist es die Verpackung, auf die es ankommt. Ich kenne jemanden in der Werbebranche, der könnte uns etwas wirklich Umwerfendes auf die Beine stellen.«

Sie ging nicht näher auf das Geschlecht ihres Bekannten ein, da sie das zu diesem Zeitpunkt nicht für klug hielt. Sie war außerdem mit einem gutaussehenden Rechtsanwalt befreundet, den sie später mit hereinzunehmen gedachte, damit er Ruths Satzungsentwurf prüfte. Sie spielte sogar mit dem Gedanken an männliche Schreibkräfte, wollte vorläufig aber niemanden überfordern.

»Soll ich vorlesen?« fragte Doris.

»Ja, bitte.«

Doris stellte ihr Sherryglas auf den Teppich, sortierte ihre Blätter und begann vorzulesen. Der Klang des nasalen Leierns erinnerte Ruth Mirbel an die berühmte Sitzung, bei der Mrs. Squirl zur Vorsitzenden nominiert worden war.

»Das erste ist gleiche Bezahlung und gleiche Berufsaussichten für alleinstehende Frauen und Witwen.«

»Wieso die Unterscheidung? Wieso nicht für alle Frauen?« fragte Lady Kestrel verblüfft.

»Das wird später erklärt. Das zweite ist die Wiederherstellung menschenwürdiger Verhältnisse unter besonderer Berücksichtigung der Wohnungsfrage.«

»Ja, aber der Wohnungsbau ist ein schrecklich alter Hut, nicht wahr?«

»Also wir finden, es müßte ein Dringlichkeitsprogramm geben, damit jeder zu einer bezahlbaren Miete anständig untergebracht ist. Wir finden, es müßte einen Arbeitsdienst geben, und wenn Nonnen und Winston Churchill mauern können, kann man das jedem beibringen. Wir finden, das könnten Arbeitstrupps von Jungen aus dem Erziehungsheim machen, und wenn sie einen guten Vorarbeiter hätten, könnten sie von da, wo sie gerade sind, auch nicht so leicht entwischen wie jetzt.«

»Aber das ist eine Frage der Gewerkschaftsrechte und der Grundstückspreise, nicht wahr?« fragte Ruth.

»Keine Ahnung. Wir finden, vernünftige Wohnverhältnisse machen so viel aus, daß sich massenhaft andere Probleme von allein lösen würden, wenn das erst verwirklicht wäre. Wenn Leute versuchen, in beengten Verhältnissen Kinder aufzuziehen, leiden alle: die Kinder, die Frau und der Ernährer. Die Frau versucht zu flüchten oder ihre Lage zu verbessern, indem sie sich einen Job sucht, die Kinder verwahrlosen, und der Mann geht wütend zur Arbeit und stellt alle möglichen Dummheiten an, die er nie begehen würde, wenn er ein schönes Zuhause hätte, das reibungslos funktioniert.«

»Aber Sie können doch einer Frau nicht befehlen, zu Hause zu bleiben und sich um ihre Familie zu kümmern.«

»Nach unseren Plänen würde sie dafür Lohn bekommen, direkt in die eigene Tasche, wie Kindergeld. Erzählen Sie mir nicht, die meisten Frauen würden nicht lieber zu Hause bleiben, wenn sie dafür bezahlt würden. Wir haben an fünf Pfund die Woche gedacht. Wenn sie zu Hause wären und schöne neue Herde hätten, würden sie mehr kochen, und dann wäre Schluß mit dem Kantinenessen, das sowieso miserabel ist. Alle wären gesünder. Sie könnten füreinander babysitten, und wer sich darauf versteht, könnte den Kleinen das Abc beibringen, so wie's Miss Asshenden immer gesagt hat.«

»Das hört sich aber nicht nach Emanzipation der Frau an.«

»Sie können die Frauen nicht vom Kinderkriegen emanzipieren. Aber wer den Hausfrauenlohn nicht will, kann jederzeit arbeiten gehen. Gerechter geht's ja wohl nicht.«

»Sie fahren wohl besser mit Nummer drei fort«, schlug Lady Kestrel vor, der die Wohlfahrtspflege ein zartes Gähnen entlockte.

»Das ist ein Plan für den Einsatz der Armee und der

Polizei zur Bekämpfung der Kriminalität. Die Armee hat nicht genug zu tun und die Polizei zuviel. Es geht darum, daß sie einander ergänzen. Die Idee stammt von Phyllis Dawks. Ich weiß immer noch nicht recht, ob es vernünftig oder völlig bekloppt ist.«

»Jedenfalls ist es neu«, meinte Ruth überaus belustigt. »Wer weiß? Vielleicht ist es sogar machbar.«

»Haben Sie denn nichts über den Tod im Straßenverkehr?« fragte Cynthia. »Wir brauchen etwas richtig Aktuelles.«

»Dazu komme ich sofort. Ja, da ist es. Schluß mit dem Tod im Straßenverkehr.«

»Wie herrlich einfach das bei Ihnen klingt!«

»Nein nein, wir haben uns schon einige Gedanken gemacht! Kein Alkohol am Steuer, wie in Schweden. Keine Vollkaskoversicherung, wie es John Creasey fordert. Wir sind gegen viele große Straßen, weil wir glauben, daß sie die Leute zum Rasen verleiten, und außerdem können wir sie sowieso nicht alle ausbauen – und wollen das auch gar nicht. Wir finden, daß Waren wieder mit der Eisenbahn transportiert werden sollten, dann würde die sich auch rentieren. Die Güterzüge wären schnell, und es gäbe viele davon, und das wäre viel billiger, als Sachen auf der Straße zu befördern. Dann gäbe es auch weniger Lastwagen, und die Lastwagenfahrer könnten die Busse fahren.«

»Aber wird das Eisenbahnsystem nicht schon verbessert?«

»Ja, aber nicht schnell genug. Wenn ein Geschäft sich nicht rentiert, verbessert man es ja auch nicht dadurch, daß man die Hälfte des Angebots aus dem Schaufenster nimmt und für den Rest das Doppelte verlangt. Gertie Gant sagt, wenn die Eisenbahn wie Marks and Spencer geführt würde, würden wir alle damit fahren wollen. Sie findet, man sollte Großindustriellen die Leitung des öffentlichen Verkehrssystems übertragen und sie zur Belohnung zu Lords machen.«

Ruth lachte. »Und das Verkehrsproblem?«

»Wir sind ziemlich sicher, daß die meisten ihren Privatwagen stehenlassen würden, wenn es in London wirklich gute Busverbindungen und viele billige Taxis gäbe. Wenn man einen gesalzenen Preis für die Genehmigung bezahlen müßte, in die Innenstadt fahren zu dürfen, brächte das auch etwas. Und es müßte bei allen U-Bahnstationen am Stadtrand riesige Parkplätze geben, die man kostenlos benutzen darf.«

»Sie gehen aber sehr verschwenderisch mit öffentlichen Mitteln um, nicht wahr?«

»Geld gibt es immer genug«, sagte Estelle. »Es kommt nur darauf an, es an die richtigen Stellen zu leiten.«

»Wie recht Sie haben«, seufzte Lady Kestrel.

»So allmählich werde ich heiser. Möchten Sie noch mehr hören?«

»Wieviel kommt denn noch?«

»Zig Seiten. Elsie Grummer hat einen ganzen Abschnitt über Geräte und Vorrichtungen verfaßt, die mehr Arbeit machen, als sie einsparen, und zwar unter der Überschrift ›Verbot des Verkaufs frustrierender Gegenstände‹.«

»Da würden sich die Hersteller aber freuen! Noch etwas?«

»Von Mrs. Peters stammt ›Zulassung von Frauen aus der

Gemeinde zum Predigeramt‹. Ich weiß auch nicht, was da in sie gefahren ist.«

»Ich denke, die Religion lassen wir besser aus dem Spiel, nicht wahr?« meinte Estelle.

»Aber unbedingt.«

»Ich verstehe immer noch nicht, warum Sie alleinstehenden Frauen und Witwen die größten Möglichkeiten einräumen«, sagte Ruth.

Doris wurde rot. Dann sagte sie: »Wir dachten, daß die meisten Frauen lieber verheiratet sind. Es war so eine Art Trost.«

Worauf Ruth in ihrer Demütigung nichts erwidern konnte.

»Sie alle haben Ausgezeichnetes geleistet«, sagte Cynthia. »Wenn Sie schon an einem Tag so viel zustande bringen, dann frage ich mich, was Sie erst in einem Jahr schaffen. Es ist wirklich höchst ermutigend. Vertrauen Sie mir die Ergebnisse Ihrer Arbeit an, ich werde mich bemühen, die entscheidenden Punkte herauszuarbeiten.«

»Wären Sie so nett? Mein Gott, wie spät es schon wieder ist! Ich muß los, sonst bin ich nie im Leben vor meinem Männe zu Hause.«

»Ich kann dich mitnehmen«, sagte Estelle im Aufstehen.

»Was ist mit dir, Dorothy?«

»Ich hätte gern noch kurz mit Mrs. Squirl gesprochen, wenn sie noch bleiben kann«, sagte Lady Kestrel rasch, und es war gleichbedeutend mit einem Befehl. Doch Mrs. Squirl warf einen verschreckten Blick in ihre Richtung, ermannte sich und verkündete sehr bestimmt: »Nein, ich kann nicht, tut mir leid. Ich muß nach Hause, aber zuerst möchte ich noch einen Besuch machen, deshalb nehme ich den Bus, wenn es dir nichts ausmacht, Estelle.«

Estelle zuckte die Achseln, und Lady Kestrel fuhr mit noch größerer Bestimmtheit fort: »Dann muß ich Sie morgen vormittag sprechen. Bitte kommen Sie gegen elf hierher.« Mit einer raschen Bewegung bemächtigte sie sich des Attachékoffers von Mrs. Squirl. »Vermutlich ist das die Korrespondenz. Lassen Sie ihn hier, dann müssen Sie ihn nicht hin- und hertragen; wir gehen es dann gemeinsam durch, wenn Sie kommen. Bitte warten Sie noch, Ruth, ich möchte Sie kurz sprechen. Ich helfe den Damen eben in die Mäntel und begleite sie hinaus.«

Als sie zurückkam, war Ruth aufgestanden, als sei auch sie im Gehen begriffen.

»Nein, diese armen Einfaltspinsel!« sagte Cynthia und strebte geradewegs dem Cocktailschränkchen zu.

»Ich fand ihre Vorschläge erstaunlich vernünftig«, sagte Ruth steif.

»Aber mein Gott, wir wollen eine Partei gründen, keine Revolution anfangen.«

»Muß man sich deshalb über Aufrichtigkeit lustig machen?«

»Aufrichtigkeit ist kein Kennzeichen von Politik.«

»Für eine Parteiführerin aber eine entscheidende Voraussetzung.«

»Das ist reine Auffassungssache.« Lady Kestrel musterte ihren verbliebenen Gast mit spöttischer Miene. »Sie können mich auf den Tod nicht leiden, nicht wahr?«

»Vielleicht sollte man besser sagen, ich mag Ihren Typ nicht«, meinte Ruth düster.

»Ich bin also ein Typ. Aber ich bin auch eine Frau, genau wie Sie, vergessen Sie das nicht. Frauen haben es nicht leicht auf dieser Welt, ganz gleich auf welcher Stufe der Gesellschaft. Wir haben von Anfang an schlechte Karten, und wenn wir nicht ein paar Asse im Ärmel haben, sind wir immer die Verlierer. Sie finden vielleicht, ich mag die Männer zu sehr. Sie haben völlig recht. Ich glaube, daß sie den Frauen in jeder Hinsicht überlegen sind. Sie sind mir lieber, und ich beneide sie ungeheuer! Und weil ich weiß, daß kein von Frauen verfaßtes und herausgegebenes Manifest je dazu führen wird, daß ich ihnen ebenbürtig bin, bediene ich mich jeder mir zur Verfügung stehenden List, um von ihnen zu bekommen, was ich will.«

»Was Sie mit Männern anfangen, ist Ihre Sache«, sagte Ruth. »Mich interessiert nur, was Sie mit Frauen anzufangen gedenken. Ich fordere Sie in aller Form auf, jegliche Verbindung zu dieser Bewegung abzubrechen.«

»Und ich weigere mich, meine Liebe. Glauben Sie mir, ich bin nicht so weit gegangen, nur um mich zur Umkehr zwingen zu lassen!« Plötzlich lächelte sie. »Und da wir nun genau wissen, woran wir miteinander sind, wollen wir noch etwas trinken und ohne Groll auseinandergehen. Was hatten Sie?«

Das war um halb sieben. Um halb acht am selben Abend sagte ein früherer Liebhaber von Lady Kestrel zu einem reichen Geschäftsmann mit politischen Interessen, mit dem er beim Essen saß: »Das ist doch ganz einfach, alter Junge. Wenn Sie der Sache ein Ende machen wollen und Lady K. die Verantwortliche ist, dann weiß ich die Lösung. Nein, einschüchtern können Sie sie nicht, sie hat reichlich Mumm. Hat während des Luftkrieges einen Krankenwagen gefahren. Es gibt zwei Dinge, die das Mädchen interessieren, und eines davon ist Bargeld. Gehen Sie bis tausend? Plus zehn Prozent Provision. Abgemacht! Ich hänge mich gleich an die Strippe und kaufe sie. Diskretion? Das versteht sich doch von selbst.«

In Lady Kestrels – oder war es noch Jackos? – Wohnung klingelte das Telefon, aber es nahm niemand ab. Das wiederholte sich in Abständen bis halb elf. Jemand wollte Cynthia unbedingt tausend Pfund anbieten, und sie hatte kein Interesse. Und obwohl sie keinen Mucks von sich gab, lächelte sie immer noch – schauerlicher als zu Lebzeiten.

12

Ruth befand sich in dem durch Hartfaserplatten abgeteilten Kabuff, das sich ihr Büro nannte, und war dabei, die aufgrund ihrer mehrfachen Abwesenheit entstandenen Arbeitsrückstände aufzuholen, als Chefkriminalinspektor Lynch sie aufsuchte. Da es ihr schwerfiel, sich zu konzentrieren, und sie ihn halb erwartet hatte, war sie über sein plötzliches Erscheinen eher erleichtert als beunruhigt. Sie kannte ihn schon von einigen der seltenen Gelegenheiten, bei denen sie für die Kanzlei in weniger bedeutenden Fällen vor Gericht hatte auftreten dürfen, und hatte ihn stets als verbindlich und angenehm empfunden. Ja sie mochte ihn, und er mochte sie, soweit er überhaupt irgendeine Frau mögen konnte. Er war Junggeselle, der dem weiblichen Geschlecht im allgemeinen mit innerer Angst und Skepsis begegnete, und er verfluchte das Schicksal, das ihm diesen speziellen Auftrag aufgehalst hatte. Normalerweise war er ein fröhlicher Mensch voller Bonmots und Scherze, doch heute machte er ein Gesicht wie sieben Tage Regenwetter, und sein Verhalten war kurz angebunden, als er ihr einen guten Morgen wünschte.

»Was kann ich für Sie tun, Inspektor Lynch? Hat einer unserer Mandanten etwas angestellt?«

»Nein, ich fürchte, es betrifft Sie persönlich, Miss Mirbel. Könnte ich Sie unter vier Augen sprechen?«

Sie umschloß mit einer Handbewegung den Raum.

»Nein, ich hätte es gern etwas ungestörter, am liebsten irgendwo, wo die Wände bis zur Decke reichen. Vielleicht bei Ihnen zu Hause?«

»Aber – aber so etwas habe ich nicht«, stammelte sie. »Ich wohne in einer kleinen Pension und habe nur ein Schlafzimmer.«

»Sie legen doch wohl keinen Wert darauf, mit aufs Revier zu kommen?«

»Nein, natürlich nicht.« Sie durchforstete ihr Gedächtnis nach etwas, das seinen Anforderungen entsprach, und das einzige, was ihr einfiel, war die Außenstelle am Grinder's Common, wo sie sich mit Roger zu treffen pflegte. Nur dort konnten sie ungestört sein. Eine Frau mittleren Alters war dafür zuständig, aber es gab ein Hinterzimmer, und das Büro war nur an drei Tagen in der Woche geöffnet; der heutige gehörte nicht dazu. Sie schlug ihm diese Lösung vor, und er stimmte zu.

»Gut. Fahren wir gleich hin. Ich habe einen Polizeiwagen draußen mit einem Constable im Schlepptau. Nein, nein, nichts auffällig Offizielles, und er ist in Zivil, genau wie ich.«

»Das klingt alles sehr beunruhigend. Demnächst werde ich noch sagen, daß ich nichts mehr sage, bis ich mit meinem Anwalt gesprochen habe.«

Er gab anstelle eines Lachens ein kurzes Bellen von sich und hielt ihr die Tür auf. Als sie ihren Hut und Mantel holen ging, begegnete sie Roger, der ihr einen besorgten, fragenden Blick zuwarf.

»Ich fahre mit Kriminalinspektor Lynch zum Grinder's Common. Wir haben etwas zu besprechen. Ich habe die Schlüssel, aber ruf nicht an. Ich weiß nicht, wie lange es dauern wird.«

»Aber –«

»Irgendwann muß es ja herauskommen.« Damit ging sie weiter und überließ ihn einem Widerstreit von Ängsten und Zweifeln. Er versuchte, den genauen Sinn ihrer Worte zu entschlüsseln. Bezog sie sich auf den Tod von Amy Asshenden – oder sprach sie etwa von der Enthüllung ihrer Liaison? Ehebruch mochte moralisch verwerflich sein, war aber kein Verbrechen. Allerdings wirkte sie im Moment derart aus dem Gleichgewicht, daß ihr jede Indiskretion zuzutrauen war. Der leise Hauch des Gefährlichen, der der heimlichen Affäre einen zusätzlichen Reiz verliehen hatte, hatte gewaltige Dimensionen angenommen.

Er hatte furchtbare Angst. Er erkannte, daß er möglicherweise mehr verlor, als er gewonnen hatte. Er nickte dem Inspektor zu und versuchte, seiner Geliebten eine Warnung zukommen zu lassen, während sie auf dem Weg zur Tür das Vorzimmer durchquerten.

»Brauchen wir den Constable?« fragte Ruth, als die drei sich, nach wie vor im Mantel, auf die verschiedenen Sitzgelegenheiten des Zimmers in der Außenstelle verteilten. Sie hatte zuvor das Fenster aufgerissen; es war stickig, da lange nicht gelüftet worden war.

»Ja, den brauchen wir. Ich möchte eine Aussage von Ihnen.«

Obwohl der Constable sich in eine dunkle Ecke gesetzt hatte, als scheue er die Aufmerksamkeit, hatte sie mittlerweile bemerkt, daß er sein Notizbuch hervorgeholt hatte, und sie fragte sich sehr, ob er bei seiner Lichtscheu überhaupt würde lesen können, was er schrieb. Das war allerdings nicht ihr Problem. Ihre Worte sorgfältig wählend, sagte sie:

»Ich glaube nicht, daß eine Aussage von mir Ihnen weiterhelfen wird. Ich habe Miss Asshenden nicht mehr gesehen, nachdem ich mich am Tag der Beisetzung von Mrs. Rollo vor Mr. Rollos Haus von ihr verabschiedet habe. Sie haben zweifellos gewisse Informationen, aber ich kann ihnen leider nichts hinzufügen.«

Er warf ihr einen sonderbaren, scharfen Blick zu und erwiderte: »Wie kommen Sie darauf, daß dieses Gespräch etwas mit Miss Asshenden zu tun hat?«

»Aber ich bitte Sie, Inspektor, müssen wir denn Versteck spielen? Ich glaube, die gerichtliche Untersuchung ist auf Ende dieser Woche festgesetzt. Lady Kestrel hat mir selbst gesagt, daß Sie sie aufgesucht haben. Es gab da eine gewisse Andeutung einer Meinungsverschiedenheit zwischen ihnen, über die die Hauswirtin hinterher berichtet hat. Wissen Sie, Frauen verlieren oft die Beherrschung und sagen Dinge, die sie nicht so meinen. Lady Kestrel war offenbar ganz unbesorgt deswegen, ja sogar leicht belustigt.«

»Sie geben also zu, daß Sie Lady Kestrel besucht und mit ihr darüber geredet haben?«

»Ja, warum denn nicht? Es mag vielleicht indiskret von ihr gewesen sein, aber gerade daß sie darüber gesprochen hat, zeigt doch, daß sie keine Schuldgefühle hatte, auch wenn sie es vielleicht bedauert hat.«

»Wann war das?«

»Gestern abend. Ich war in ihrer Wohnung, zusammen mit drei anderen Frauen. Wir haben die Weiterungen eines Projekts besprochen, von dem Ihnen vielleicht sogar in der Einöde des Polizeireviers Gerüchte ans Ohr gedrungen sind.« Sie schenkte ihm ein flüchtiges Lächeln, das er mit einer Frage erwiderte.

»Sie wissen also nicht, daß Lady Kestrel gestern abend gestorben ist?«

»Was!«

Ihre ganze Selbstsicherheit fiel von ihr ab. Sie begann heftig zu zittern. Um Fassung ringend, fragte sie:

»Aber woran? Aus welchem Grund?«

»Wir wissen nicht, aus welchem Grund. Wir kennen die Autopsieergebnisse noch nicht, aber sie ist offenbar daran gestorben, daß sie ein Glas Whisky mit Zyankali getrunken oder Zyankalidämpfe eingeatmet hat. Der Glasinhalt ist größtenteils ins Sofa gesickert.«

»Das verstehe ich nicht.«

»Ihre Putzfrau, die einen Schlüssel hatte, hat sie auf einem großen, dreisitzigen Sofa liegend vorgefunden. Sie hat zunächst geglaubt, Lady Kestrel wäre betrunken, dann ist ihr ein Licht aufgegangen, und sie hat die Polizei angerufen. Die Putzfrau war ziemlich mitgenommen; nicht so sehr hysterisch, eher bekümmert.«

»Bei solchen Leuten war Lady Kestrel immer beliebt«, sagte Ruth mit schwankender Stimme.

»Wollen Sie damit sagen, daß Sie persönlich sie nicht gemocht haben?«

»Das habe ich nicht gesagt. Abgesehen von unserem Interesse an der bereits erwähnten Angelegenheit hatten wir nichts gemeinsam.«

»Glauben Sie, daß diese Angelegenheit irgend etwas mit ihrem Tod zu tun hat?«

»Falls Sie damit meinen, ob ihre Verbindung damit sie veranlaßt haben könnte, Selbstmord zu begehen, würde ich sagen nein.«

»Zyankali ist wohl kaum ein Gift, bei dem man an gnädige Erlösung denkt«, meinte der Inspektor trocken.

»Ist es leicht feststellbar?«

»Warum fragen Sie das?«

»Ich überlege gerade ... Mrs. Rollo ist auch ganz plötzlich gestorben, als oder kurz nachdem sie etwas getrunken hatte. Ist es möglich, daß bei ihr die gleiche Todesursache vorliegt?«

»Ganz unmöglich, würde ich meinen. Kennen Sie den Begriff ›Blausucht‹? Die Symptome einer Dosis Blausäure sind schon für einen Laien ohne weiteres erkennbar, von einem Mediziner ganz zu schweigen. Was meinen Sie denn, wer Mrs. Rollo hätte vergiften wollen?«

»Das herauszufinden ist Ihre Aufgabe, nicht meine. Außerdem steht für Sie ja ohnehin fest, daß ich Unsinn rede.«

»Das einzige, was für mich feststeht, ist, daß ich dieser verdammten Geschichte auf den Grund gehe«, sagte Lynch in einem Ausbruch von Gereiztheit. »Und nun mal schön der Reihe nach.«

»Ich brauche überhaupt nichts zu sagen.«

»Also wenn Sie auf Ihren Rechten bestehen – Sie kennen das Gesetz genausogut wie ich; ich hätte allerdings gedacht, daß sie aufgrund Ihres Berufes bereit wären, uns nach besten Kräften zu helfen. Wenn Sie nichts zu verbergen haben, haben Sie auch nichts zu befürchten. Würden Sie offener reden, wenn ich ihn hinausschicke?« Er deutete mit dem Daumen in Richtung des Protokollanten.

»Nein, er kann ruhig bleiben. Er soll bloß zu schreiben aufhören.«

»Was jetzt kommt, ist inoffiziell, klar, Junge? Sie können sich entspannen.«

»Ja, Sir.«

»Sie wissen doch sicher von der Bewegung zur Gründung einer Frauenpartei?«

»Ich lese Zeitung, wie jeder andere auch«, bejahte der Inspektor säuerlich.

»Aber Sie kennen aufgrund Ihrer Ortszugehörigkeit auch die beteiligten Personen?«

»Das ließ sich unglücklicherweise nicht vermeiden.«

»Dann können Sie sich auch denken, daß es im Hinblick

auf die Schlüsselposition eine gewisse Konkurrenz gab. Mrs. Rollo war zunächst strikt gegen die ganze Idee, aber als sie erkannt hat, daß sie wahrscheinlich einschlagen würde, ist sie umgeschwenkt, und ihr erstes Ziel war, Dorothy Squirl, von der die Idee stammt, abzusetzen und die Sache selbst komplett in die Hand zu bekommen.«

»Also ein Übernahmeversuch.«

»Genau. Das wäre auch alles gut und schön gewesen, aber es gab andere, die das gleiche Ziel verfolgten, Miss Asshenden zum Beispiel. Ich weiß nicht, ob Sie in jüngster Zeit mit Miss Asshenden zu tun gehabt haben, aber sie wurde sehr wunderlich. Sicher war das einfach eine Frage ihres Alters. Es ist sehr traurig, einen brillanten Verstand im Niedergang zu erleben, und beängstigend wird es, wenn die Willenskraft nicht in gleichem Maße abnimmt. Ich muß zugeben, daß mir bei Begegnungen mit ihr jedesmal ganz anders wurde. Meiner Ansicht nach wäre sie vor nichts zurückgeschreckt, um ihre Ziele zu erreichen. Mrs. Rollos Tod hat sie vollkommen gleichgültig gelassen, und als ich von ihrem eigenen Tod erfuhr, habe ich mir die Frage gestellt, ob sie nicht die Täterin gewesen sein könnte und in einem lichten Moment aus Reue beschlossen hat, die Sache auf ihre Weise in Ordnung zu bringen. Aber ein Gespräch mit Lady Kestrel hat mich dann auf eine ganz andere Spur gebracht.«

»Wie das?«

»Auch sie blieb von Mrs. Rollos Tod völlig unberührt, obwohl die beiden einander stets unterstützt haben und ich sie für befreundet hielt. Ich habe festgestellt, daß Lady Kestrel medizinische Kenntnisse besaß. Sie ist mit Amy

Asshenden zusammengewesen, kurz bevor diese starb, und die beiden hatten einen Streit, der zu Lady Kestrels Pech belauscht wurde und bei dem es vermutlich um die Vormachtstellung ging. Bis dahin war mir gar nicht klar, wieviel Lady Kestrel die Sache bedeutete, und ich verstehe es eigentlich immer noch nicht. Es war wohl eine Laune.«

Lynch schnaubte. »Ihre Ladyschaft hatte niemals Launen. Es überrascht mich, daß Sie das nicht wissen. Alles, was sie tat, hatte einen Zweck, und dieser Zweck war der eigene Vorteil. Sie hatte bei allem Getue verdammt viel Grips und war knochenhart. Wenn sie sich auf die Sache eingelassen hat, dann mit offenen Augen dafür, was für sie dabei herausspringen könnte.«

»Oh, ihre Intelligenz habe ich nie bezweifelt. Was sie gesagt hat, brachte mich zu der Überzeugung, daß sie genau gewußt hat, was mit Amy Asshenden passiert ist, und zwar ungeachtet dessen, was im Hinblick auf Mrs. Rollo bekannt geworden war.«

»Was hat sie denn gesagt?«

»Sie hat gesagt, Miss Asshenden hat niemals Schlaftabletten genommen. Sie hat welche gehabt, sich aber davor gefürchtet, sie zu nehmen.«

»Woher hat sie gewußt, daß Miss Asshenden welche gehabt hat?«

»Offenbar hatte Cynthia Kestrel darüber geklagt, daß sie schlecht schlief, und Miss Asshenden hatte ein Röhrchen hervorgeholt und ihr die Hälfte davon gegeben. Wahrscheinlich können Sie das überprüfen. Wenn es stimmt, müßten sie noch bei ihren Sachen sein. Bei denen von Lady Kestrel, meine ich.«

»Wenn sie wirklich ihre Hand im Spiel hatte, warum um alles in der Welt sollte sie Ihnen das dann erzählen? Zu mir hat sie kein Wort davon gesagt, und ich halte es auch für naheliegend, daß sie es für sich behalten hat.«

»Ich habe gedacht, sie wollte mich von einer Mitbewerbung abschrecken«, sagte Ruth zögernd.

»Sie sind also die nächste Kandidatin?«

»Es sieht ganz danach aus.«

Der Inspektor wurde überaus nachdenklich. Nach längerem Schweigen fragte er: »Haben Sie ebenfalls ein Recht auf den Titel angemeldet?«

Plötzlich schien Ruth Gefahr zu wittern. Sie strich sich mit der Hand über die Stirn, schwieg ihrerseits kurz und sagte dann müde:

»Nur ein Verrückter hätte geglaubt, Cynthia Kestrel sei für einen Posten geeignet, der vor allem absolute persönliche Integrität erfordert. Wenn ich sie außerdem für fähig hielt, einen Mord zu begehen, gleichzeitig aber nichts beweisen konnte, dann erhöhte sich meine Verantwortung dadurch zwangsläufig.«

»Sie haben eine Menge erklärt. Nicht erklärt haben Sie allerdings Lady Kestrels Tod.« Er sagte es beiläufig, aber der Blick, den er ihr dabei zuwarf, war es keineswegs.

»Ich kann ihn nicht erklären. Es sei denn, sie und nicht Miss Asshenden ist von Reue gepackt worden.«

»In diesem Fall hätte sie aber doch die Tabletten benutzen können, wenn sie sie hatte. Wie ich schon sagte, Blausäure bietet keinen leichten Ausweg für einen Lebensmüden. Außerdem haben wir keinen Behälter gefunden.« Er preßte die Lippen zusammen. Dann sagte er mit sachlicher Stimme: »Wir wollen wieder protokollieren. Brown?«

»Ja, Sir.«

»Schön, Miss Mirbel, vielleicht würden Sie mir freundlicherweise Name und Adresse der Frauen nennen, die sich gestern mit ihnen in Lady Kestrels Wohnung aufhielten.«

Als das erledigt war, wandte er sich mit peinlichster Sorgfalt den Einzelheiten des Besuches zu – was gesagt, getan, getrunken worden war. Da Ruth wußte, daß das bei den anderen überprüft werden würde, machte sie keine Ausflüchte und konnte, da ihr Kreuzverhöre nicht fremd waren, die Geschicklichkeit seiner Fragen nur bewundern. Sie spürte, wie die Belastungsmomente gegen sie ständig zunahmen, obwohl ihr juristischer Verstand, der ganz automatisch das Beweismaterial sichtete, ihr sagte, daß nichts bewiesen oder beweisbar war. Am schwersten zu ihrem Nachteil wog die Tatsache, daß sie nach dem Weggang der anderen noch in der Wohnung geblieben war. Als sie den Eindruck hatte, daß die ausgedehnte Befragung abgeschlossen war, fragte sie: »Wissen Sie schon, um welche Zeit sie gestorben ist?«

Sein erster Impuls war, sie zurechtzuweisen und daran zu erinnern, daß er hier die Fragen stellte. Aber auch Polizisten haben Gefühle, und angesichts ihres gequälten Gesichts und weil er sich bewußt war, welcher Strapaze er sie ausgesetzt hatte, überlegte er es sich anders und meinte statt dessen: »Nun ja, wie ich Ihnen schon sagte, ist der Bericht noch nicht eingegangen, aber wir haben einen Anhaltspunkt. Ein Freund von ihr hat heute morgen angerufen, als wir in der Wohnung waren; er hat sie am Vorabend um halb acht zu erreichen versucht und dann in Abständen bis zehn Uhr immer wieder angerufen, man kann also davon ausgehen, daß sie davor gestorben ist.«

Dann fügte er hinzu: »Lady Kestrel hatte eine Menge solcher Freunde, wissen Sie, und außer ihrem Interesse an dieser Frauenpartei noch so manches Eisen im Feuer. Bis vor kurzem ist sie in dieser Wohnung von einem pensionierten Brigadegeneral ausgehalten worden, und er hat sie vor seiner Eheschließung mit einer letzten Getränkelieferung abgefunden.«

»Das habe ich nicht gewußt. Dann besteht doch die Möglichkeit, daß eine der Flaschen ...?«

»Das werden wir untersuchen, keine Sorge. Vorderhand lassen wir Ihre Aussage tippen, und ich gehe sie noch einmal mit Ihnen durch, ehe Sie sie unterschreiben. Ich brauche Sie nicht davor zu warnen, irgendwelche Dummheiten zu machen, wie zum Beispiel den Versuch, den Bezirk zu verlassen.«

»Nein, ich werde hierbleiben. Ich habe viel zuviel zu tun, um mich aus dem Staub zu machen. Außerdem ist es unwahrscheinlich, daß ich weitere Belastungsmomente liefere.«

»Sie haben doch nicht etwa vor, dieses abwegige, unselige Projekt weiterzuverfolgen?«

»Aber gewiß doch.«

»Dann steh Gott Ihnen bei.«

Von seinen eigenen Problemen bedrängt, traf Roger um zwei Uhr in der Außenstelle ein. Bei seinem Kommen saß sie nach wie vor am Schreibtisch des Hinterzimmers, einen Kugelschreiber in der Hand und ein mit Notizen bedecktes Blatt Papier vor sich.

»Du bist ja immer noch da!« rief er aus. »Hast du denn noch nicht zu Mittag gegessen? Also, was war denn nun? Was hast du gesagt? Ich habe mich zu Tode geängstigt.«

»Immer noch besser, als mit einer Dosis Blausäure zu Tode gebracht zu werden.«

»Was willst du damit sagen? Hast du den Verstand verloren?«

»Ich habe gar nichts verloren. Aber Cynthia Kestrel hat ihr Leben verloren.«

Er starrte sie mit hervorquellenden Augen an.

»Das meinst du doch nicht im Ernst!«

»Aber gewiß. Genau wie der Inspektor. Ehe er mich des Mordes beschuldigt und ins Gefängnis steckt, möchte ich dir die neueste Führerin der Frauenpartei vorstellen.«

»Ruth!«

»Ja, jetzt gehört alles mir, mit allem Drum und Dran. Du kannst mich beglückwünschen.«

»Aber das ist doch Wahnsinn!«

Und noch während er das sagte, spürte er das Kribbeln auf der Kopfhaut, dem sich der Ausdruck »die Haare standen ihm zu Berge« verdankt. Sie saß ganz passiv da, und die Widerspenstigkeit, die ihn nach ihrem Wortwechsel mit Cross gerade durch ihre Vitalität – die blitzenden Augen, das gerötete Gesicht, die störrischen Locken – bezaubert hatte, erschreckte ihn nun in ihrer neuen Erscheinungsform als ungebärdiger, mürrischer Trotz. War sie tatsächlich wahnsinnig, und war das teilweise seine

Schuld? War das Ausleben ihrer beider Leidenschaft mit dem (für Ruth) regelmäßigen Nachspiel von Selbstvorwürfen zuviel gewesen für eine Psyche, die er für robuster gehalten hatte, als sie offensichtlich war? Er sprach sich umgehend frei. Sie war eine erwachsene Frau, und er hatte es nicht darauf angelegt, sie zu verführen. Sie hatte sich aus freien Stücken auf das Arrangement eingelassen; sie war sich seiner sämtlichen Verpflichtungen, der beruflichen wie der privaten, vollkommen bewußt. Nein, mit ihm hatte das nichts zu tun. Es war dieses neu hinzugekommene Hirngespinst; das fanatische Verlangen von Frauen, sich einem wie auch immer gearteten Anliegen zu verschreiben. Und sie hatte sich auch ein richtig schönes ausgesucht! Er wollte nichts mehr mit ihr zu tun haben. Er wünschte sich nichts lieber, als wieder im Gefängnis seines duftenden Schlafzimmers geborgen zu sein, mit seiner verletzlich hinter ihrer Behinderung verschanzten rechtmäßigen Ehefrau. Ihm fielen Ruths merkwürdige, seltsam beunruhigende Fragen zu den Eigenschaften von Zyankali wieder ein, und er faßte die entsetzliche Möglichkeit ins Auge, daß er mit einer Mörderin geschlafen hatte. Sie könnte es auf Anne abgesehen haben, sie könnte es auf jeden abgesehen haben. Um seiner eigenen Sicherheit willen beschloß er, sie mit äußerster Vorsicht zu behandeln. Der Bruch mußte vollzogen werden, aber es mußte mit aller Raffinesse geschehen, zu der nur er fähig war.

Mit bemüht ruhiger Stimme sagte er: »Erzähl mir davon.«

»Ich habe drei Stunden mit dem Inspektor verbracht. Erwartest du etwa, daß ich alles noch einmal durchkaue?«

»Nein, bloß eine Zusammenfassung. Die wichtigsten Punkte, damit ich im Bilde bin. Du kannst das. Das ist eine deiner Stärken.«

Also gab sie ihm den erbetenen Überblick, und dabei wurde ihr der Ernst ihrer Lage mit schrecklicher Deutlichkeit klar. Über ihre inoffiziellen Enthüllungen gegenüber dem Inspektor ging sie rasch hinweg, da sie annahm, daß er an reinen Vermutungen nicht sonderlich interessiert war. Aber sie hatte genug gesagt, um ihn zu der Überzeugung zu bringen, daß sie mehr denn je übergeschnappt war. Er kam zu dem Schluß, daß ein solches Gefasel nur einem kranken Gehirn entspringen konnte. Ihr weiterer Verbleib in der Kanzlei konnte sich zur Katastrophe auswachsen; der alte Cross mußte sie loswerden, so rasch es rechtlich möglich war. Bis dahin mußte man sie anderswo kaltstellen. Objektive Augen mußten ihre Geisteskrankheit feststellen. Falls sie Geschichten von ihm erzählte, so würde man sie mit Vorbehalt aufnehmen, und sie könnten sogar dazu beitragen, ihren Zustand zu belegen. Er sagte mit fester Stimme: »Du brauchst Beratung.«

»Kannst du das nicht übernehmen?«

»Ruth, du weißt doch, daß das nicht unser Gebiet ist. Außerdem wäre es nicht ratsam. Man würde uns Voreingenommenheit vorwerfen. Es ist ebenso undenkbar wie ein Arzt, der seine eigene Frau behandelt.«

»Ich bin aber nicht in der Position einer Ehefrau.«

»Mir fällt schon der Richtige ein. Und an deiner Stelle würde ich jetzt nicht in die Kanzlei zurückgehen. Geh essen, oder besorg dir irgendwo eine Kleinigkeit, falls es zum Essengehen zu spät ist. Schade, aber ich habe gegessen, ehe ich hierher gekommen bin. Und dann geh in deine Pension zurück, und leg dich ein bißchen hin.«

»Nein, ich fahre mit dir im Auto zurück. Ich kann jetzt nichts essen; außerdem muß ich Cross sprechen. Ich möchte die Sozietät auflösen, ehe die Kanzlei durch die Verbindung mit mir Schaden nimmt.«

»Also, ich muß sagen, das ist äußerst rücksichtsvoll von dir. Wenn du es so begründest, wird Cross bestimmt keine Einwände erheben und dir soviel Geld geben, wie du brauchst, bis die finanzielle Seite geregelt werden kann. Ich kann dir gar nicht sagen, wie leid mir persönlich dein Ausscheiden tut, aber das weißt du ja.«

»Das weiß ich, ja«, wiederholte sie dumpf.

»Du hast doch dem Inspektor nichts von unserer kleinen Affäre gesagt, oder?«

»Nein, warum sollte ich? Das hat mit dem anderen nichts zu tun.«

»Gut. Ich denke da nicht an mich, sondern an dich. Wir wissen, daß es nichts daran gab, dessen wir uns schämen müßten. Es war eine wunderschöne Erfahrung, und ich werde mich nie davon abbringen lassen, daß du die wunderbarste Frau der Welt bist. Aber es ist ein Glück, daß wir diskret waren. Es wäre verheerend, wenn jetzt alles herauskäme. Könnte dir ungeheuer schaden.«

»Ich dachte, Ehebruch wäre in den Augen der Justiz nicht mehr verwerflich.«

»Ach, so sehr haben sich die Leute gar nicht geändert. Bist du dann soweit?«

»Ja. Wie seltsam, daß wir uns in diesem Zimmer trennen, wo wir einander so nah waren.«

»Ich mache das Fenster zu und verriegle es«, sagte Roger.

Als Ruth in ihre Pension zurückkam, wurde sie von der Geschäftsführerin mit den Worten empfangen: »Ach, Miss Mirbel, eine Dame ruft fortwährend an und fragt nach Ihnen. Beim letzten Mal hat sie ihre Nummer hinterlassen und darum gebeten, Sie möchten sie auch ganz bestimmt zurückrufen. Da auf dem Block steht sie.«

»Hat sie einen Namen genannt?«

»Nein.«

»Na schön. Ich erledige das gleich. Und dann gehe ich nach oben. Ich möchte heute abend nichts essen. Und ich möchte nicht gestört werden. Wenn später noch Anrufe kommen, dann sagen Sie bitte, daß ich nicht da bin, ganz gleich, wer es ist.«

»Möchten Sie nicht eine Kleinigkeit mit nach oben nehmen?«

»Nein danke, sehr freundlich von Ihnen.«

Sie fühlte sich nicht bloß müde, sondern vollkommen gefühlsleer. Als sie die Nummer wählte, fragte sie sich nicht einmal, wer am anderen Ende abnehmen würde. Doch kaum hörte sie Mrs. Thorby-Smith sich melden, als sie mit einem Schlag wieder hellwach war.

»Ja! Hier ist Ruth Mirbel. Sie wollten mich sprechen?«

Aus dem Hörer dröhnte es wütend: »Das will ich in der Tat. Ich habe versucht, mich mit Lady Kestrel in Verbindung zu setzen, und schließlich hat dort ein Mann abgenommen und mich in äußerst unverschämtem Ton gefragt, was ich von ihr wollte. Als ich ihm gesagt habe, daß es mit dem Wytt's End Luncheon Klub zu tun hat, hat er mir Ihren Namen genannt. Ich möchte mit jemand Zuständigem sprechen. Mit dieser Frau, die als Ihre Schriftführerin fungiert, kann ich nicht reden. In meinen Augen ist sie schwachsinnig.«

»Es tut mir leid, das zu hören. Mir kommt sie immer recht vernünftig vor.«

»Ich hätte lieber mit Lady Kestrel gesprochen. Ich bin ihr bei vielen gesellschaftlichen Anlässen begegnet und kenne sie besser, als ich Sie kenne.«

»Ich bedaure, daß Sie ihr künftig nicht mehr bei irgendwelchen Anlässen begegnen werden, weder bei gesellschaftlichen noch bei sonstigen. Lady Kestrel ist gestern abend in ihrer Wohnung gestorben.«

Es folgte ein derart entgeistertes Schweigen, daß Ruth schon meinte, ihre Gesprächspartnerin habe aufgelegt. Doch gleich darauf fragte sie: »Sagten Sie, sie ist gestorben? Aber sie war doch offenbar bei bester Gesundheit.«

»Sie ist trotzdem gestorben«, sagte Ruth düster.

Mrs. Thorby-Smith war offensichtlich ratlos. Endlich erkundigte sie sich: »Und Sie sind die neue Vorsitzende?«

»Nein, aber ich bin verantwortlich und kann sämtliche Fragen beantworten, die Sie stellen möchten.«

»Dann darf ich Ihnen sagen, daß ich mich mit meinem Komitee beraten habe, und wir verlangen, daß Ihr Klub uns unverzüglich sämtliche Zuschriften und sämtliche Gelder übersendet, die Sie zugunsten der geplanten Frauenpartei erhalten haben. Wir werden Ihnen dann zu einem späteren Zeitpunkt mitteilen, wie wir damit zu verfahren gedenken.«

»Wir weigern uns.«

Mrs. Thorby-Smiths Stimme hob sich. »Aber ich sage Ihnen doch, wir verlangen es. Sie haben in diesem Punkt gar keine Wahl.«

»Unsere Schriftführerin hat mich davon unterrichtet, daß der Gesamtvorstand des Verbandes zum Monatsende eine außerordentliche Versammlung einberufen hat.«

»Das ist richtig.«

»Und bis dahin handelt es sich bei dem Verband um eine unpolitische Vereinigung, die solche Gelder und Zuschriften gar nicht annehmen kann, ohne gegen ihre eigene Satzung zu verstoßen.«

»Und was ist mit Ihrem Klub?«

»Wir beabsichtigen, unsere Auflösung als Unterorganisation Ihres Verbandes zu erklären. Wir werden uns unabhängig davon neu konstituieren.«

»Aber das können Sie nicht! Wir haben die außerordentliche Versammlung eigens zu dem Zweck einberufen, um über eine Satzungsänderung zu diskutieren.«

»Dann werden wir Briefe und Gelder zurückbehalten, bis eine solche Änderung erfolgt ist.«

»Richten Sie Ihren Mitgliedern von mir aus, daß ich höchstpersönlich dafür sorgen werde, daß ein Klub, der sich so wenig an die Satzung hält, mit sofortiger Wirkung ausgeschlossen wird.«

»Nach Ihrer Verfahrensordnung können Sie nicht einmal das, ohne die Satzung zu ändern«, sagte Ruth wütend und knallte den Hörer auf die Gabel.

13

»Großer Gott!« sagte Dudley. Er war gerade an der Haustür gewesen und hatte die Abendzeitung hereingeholt. »Sieh dir das an!« Als er das wegen des engen Briefkastenschlitzes mehrmals gefaltete Blatt aufschlug, schrie ihm die Balkenüberschrift entgegen: »GEFAHR DURCH DRITTE PARTEI?« Darunter stand zur Erklärung die Zeile »Rätsel um den Tod einer Prominenten«, neben der ein Porträtfoto der verstorbenen Lady Cynthia Kestrel eingerückt war. Seit dem letzten Gespräch mit seiner Frau hatte im kalten Krieg leichtes Tauwetter eingesetzt. Nun befreiten Schock und Überraschung ihn endgültig von seinem selbstauferlegten Schweigen. Es war ein echter Schock. Denn lange, lange Zeit hatte Lady Kestrel in seiner unterbewußten Wertskala einen festen Platz als vorbildliche Frau eingenommen. In jüngster Zeit hatte sich diese Ansicht, wiederum auf die gleiche unbewußte Weise leicht gewandelt. Aber die Erkenntnis, daß sie tot war, konfrontierte ihn unmittelbar mit der Realität und überführte Lady Kestrel vom Idealen ins Wirkliche. Er war fassungslos. Er erlebte das erstaunliche Gefühl, den Kopf im Schoß seiner Frau vergraben und wie ein Schuljunge heulen zu wollen.

Sie saß in einem Sessel und tat so, als sei sie mit ihrer Strickarbeit beschäftigt. Owen war irgendwo außer Haus, er zog das in letzter Zeit vor. Nun ließ sie jeden Anschein einer Beschäftigung mit linken und rechten Maschen fallen und blickte ängstlich zu ihrem Mann auf.

Der überflog den Leitartikel und stieß beim Lesen abgerissene Worte hervor. »Zyankali! Whisky! Augenblicklich eingetreten... gestern abend...« Plötzlich verschwamm ihm die schwarze Schrift vor den Augen; er ließ die Zeitung sinken, erwiderte aufrichtig entsetzt ihren Blick und fragte anklagend, als kenne er die Antwort bereits:

»Du hast davon gewußt?«

»Es ließ sich nicht vermeiden, Dudley«, erwiderte sie kläglich. »Ich war mit drei von den anderen in ihrer Wohnung, mit Ruth Mirbel, Estelle Meade und Doris. Ich wollte dich nicht damit behelligen, aber es ließ sich nicht vermeiden. Irgendwann mußt du es ja doch erfahren. Ich habe heute nachmittag die Polizei hier gehabt; sie haben das überprüft.«

»Du hast die Polizei *hier* gehabt?« Er klang so empört, als hätte sie das Haus als Bordell benutzt.

»Ich dachte, es ist dir lieber, ich habe sie hier, als daß ich aufs Revier gehe. Sie waren in Zivil«, fügte sie hinzu, als rechtfertige das alles. »Und der Inspektor war riesig nett.«

»Was wollten sie wissen?«

»Na ja, was geredet wurde und wie lange wir da waren. Und was wir getrunken haben.«

»Du hast getrunken!«

»Nur ein kleines Glas Sherry und ein Ginger-ale.«

»Es geht nicht darum, was du getrunken hast, sondern um die Tatsache als solche. Ist dir denn nicht klar, daß sie an etwas in ihrem Drink gestorben ist? Ist dir denn nicht klar, daß ihr alle unter Verdacht steht, ihr etwas in ihren Drink getan zu haben?«

»Aber sie war doch am Leben, als wir gegangen sind. Sie war völlig in Ordnung.«

»Das ist immerhin etwas«, gab er widerwillig zu.

»Es war ganz anders als sonst manchmal. Wir sind phantastisch miteinander ausgekommen. Es wäre wunderbar gewesen mit ihr an der Spitze, viel besser als mit Mrs. Rollo oder Miss Asshenden. Sie hat genau gewußt, worauf es ankommt, und alles auf nette Art erledigt. Alle hatten massenhaft Ideen, und sie hat zugehört und einen ernst genommen.«

»Da hat allerdings jemand eine Idee gehabt«, sagte Dudley grimmig. »Jemand hat die Idee gehabt, sie um die Ecke zu bringen. Du sagst, ihr seid alle zur selben Zeit gegangen?«

»Alle außer Ruth Mirbel. Lady Kestrel wollte kurz mit ihr allein reden, deshalb ist sie noch dageblieben.«

»Bei Gott, dann ist sie es gewesen, und dich wird man in den Zeugenstand zerren.«

»Aber sie war es nicht. Das weiß ich, weil ich hinterher noch einmal hingegangen bin, und da war Lady Kestrel noch am Leben, und ihr hat überhaupt nichts gefehlt.«

»Du bist hinterher noch einmal hingegangen? Allein?«

»Ja. Verstehst du, ich war eigentlich schon auf dem Heimweg, und da ist mir eingefallen, daß wir über das Wichtigste gar nicht gesprochen hatten. Und das war meine Ansicht zum Krieg.«

»Zum Krieg?«

»Na, du weißt doch. Daß Frauen am ehesten Kriege verhindern können, weil sie am meisten darunter leiden. Und was es für einen Sinn hat, Kinder zu bekommen und sich jedesmal neun Monate damit abzuplagen und die vielen Schmerzen bei der Geburt zu ertragen, wenn dann ohnehin alles umsonst ist. Ich weiß, daß die Front heutzutage überall ist, aber das macht es auch nicht besser. Es ist eine Vergeudung von Leben, und Leben ist nicht so einfach zu haben. Außerdem ist das etwas, was allen Frauen gemeinsam ist, ganz gleich welche Sprache sie sprechen und aus welchem Land sie kommen. Ich dachte, wir richten einen Appell an die Frauen auf der ganzen Welt und stellen ihn an den Anfang unseres Manifests, und das wollte ich Lady Kestrel sagen.«

»Und die Polizei weiß das? Sie wissen, daß du noch einmal hingegangen bist?«

»Nein. Ich wußte, du würdest böse werden, wenn ich das verrate. Außerdem haben sie mich nicht danach gefragt. Sie wollten nur wissen, was wir zusammen dort gemacht haben, nicht, was ich allein dort gemacht habe.«

»Du hast geglaubt, ich würde böse werden! Ja begreifst du denn nicht, daß du am Galgen landen kannst, wenn das herauskommt?«

»Ich habe gedacht, heute kommt niemand mehr an den Galgen, außer er hat einen Polizisten umgebracht.«

»Dorothy! Um Himmels willen, nimm dich zusammen. Ich glaube, du bist nicht mehr ganz bei Trost.«

Das Schreckliche daran war, daß er sich tatsächlich ernsthaft zu fragen begann, ob sie nicht ganz richtig im Kopf war. Sie verhielt sich in letzter Zeit so eigenartig. Er liebte seine Frau innig, hatte sie aber nie für sonderlich gescheit gehalten. Er war stets felsenfest überzeugt gewesen, daß sie nur deshalb zurechtkam, weil sie ihn im Rükken hatte. Man brauchte sich nur anzusehen, wie man sie ständig an alles erinnern mußte. Ihr ganzes Eheleben lang hatte er sie durch häufige Ermahnungen und ständige Ratschläge beschützt. Nun sah es so aus, als müsse dieser Schutz möglicherweise noch ausgeweitet werden. Für sie dagegen stellte es sich so dar, daß sie wieder einmal ausgeschimpft wurde. Angesichts der vorausgegangenen Ereignisse war das zuviel. Sie begann leise und hilflos zu weinen. Sofort kniete er neben ihr.

»Dorothy! Weine nicht. Bitte weine nicht. Hier, nimm mein Taschentuch. Es wird bestimmt wieder alles gut.« Er betupfte ihr ungeschickt die Augen. »Aber du mußt vernünftig sein und dich konzentrieren und mir alles sagen. Ich schwöre, es ist mir egal, auch wenn du's getan hast. Wir schaffen das schon irgendwie. Beruhige dich doch.«

Sie starrte ihn mit schwimmenden Augen an. »Heißt das, du würdest zu mir halten, wenn ich jemanden ermordet hätte? Selbst wenn das bedeuten würde, daß du deinen Job verlierst und es dir mit allen Ratsherren verdirbst?«

»Das weißt du doch. Weißt du, wie lange wir schon verheiratet sind? Zwanzig Jahre. Glaubst du, das zählt nicht? Ich kenne dich besser, als ich mich selbst kenne. Ich weiß, du könntest keiner Fliege etwas zuleide tun, aber – aber – na ja, du bist eben ein bißchen durcheinander.«

»Warum bist du dann so gemein zu mir gewesen?«

»Es ist dieser ganze Unsinn. Du hast nicht die leiseste Ahnung, was du da in Gang gesetzt hast. Der ganze Stadtrat ist in Aufruhr, besonders die Männer. Sie wissen, wie weibliche Stadträte sind. Und sogar die Frauen müssen an ihre Parteien denken und sich an die Parteilinie halten. Sie wollen bei den nächsten Stadtratswahlen auch nicht plötzlich als unabhängige Kandidatinnen dastehen. Du förderst die Sache der Frauen nicht, du machst sie kaputt.«

»Bist du sicher, daß du das am besten weißt?«

»Ja, bin ich. Männer und Frauen sollten zusammenhalten. Ehemänner und Ehefrauen auch. Sag mir, was du getan hast, und ich werfe es dir noch nicht einmal vor.«

»Aber ich habe nichts getan. Ich bin nur ein paar Minuten geblieben. Und Lady Kestrel war furchtbar nett. Sie hat mir gratuliert und gemeint, ihrer Meinung nach sei das ein wichtiger Punkt und ich solle nach Hause gehen und alles ihr überlassen. Und das habe ich auch getan.«

»Hat dich jemand weggehen sehen?«

»Nein. Ich bin die Treppe hinuntergegangen, und in der Eingangshalle war niemand.«

»Was ist mit dem Pförtner?«

»Wenn es einen gibt, war er nicht da.«

»Dann tu genau das gleiche wie im Falle von Miss Asshenden. Sag kein Sterbenswörtchen davon.«

»Aber sollte ich nicht lieber doch, wegen Miss Mirbel? Wird es für sie sonst nicht unangenehm?«

»Sie ist doch Anwältin. Das ist nicht ganz das gleiche wie ein normaler Sterblicher. Sie kann auf sich selbst aufpassen. Wenn sie unschuldig ist, kann niemand das Gegenteil beweisen. Bist du sicher, daß du, als du dort warst, nichts davon gesagt hast, daß du weiter Vorsitzende sein willst?«

»Ja, ich habe gesagt, daß ich es nicht mehr sein will. Das

habe ich auch so gemeint. Ich habe es nicht mehr ertragen können, daß du böse auf mich bist. Ich wollte weiter helfen, aber ich wollte auch mehr zu Hause bei dir und Owen sein und daß wieder alles genauso wird wie früher. Jedenfalls fast.« Sie schniefte.

»Mein armes Lämmchen. Alles wird gut. Und mit diesem Spuk hier ist es jetzt sowieso vorbei ...« Er stieß die zu Boden gefallene Zeitung heftig mit dem Fuß an. »Das da hat der Sache den Rest gegeben. Es werden keine Postanweisungen über eine halbe Krone mehr kommen. Dazu haben die Frauen jetzt zuviel Bammel.«

»Die dritte Partei, heißt es hier – aber das stimmt nicht, es wäre die vierte gewesen«, sagte Dorothy Squirl, ein wenig wehmütig.

»Das ist doch so einem Zeitungsfritzen egal«, bemerkte ihr Mann ziemlich bissig. Von der Titelseite sah ihn die irdische Hülle der armen Cynthia Kestrel an, immer noch wie vorwurfsvoll lächelnd. Doch leider muß die Illusion stets der Wirklichkeit weichen.

Auch an Doris und Estelle waren die Aufregungen des Tages nicht spurlos vorübergegangen. Sie hatten sich zwecks Erfahrungsaustausch in einem nahe gelegenen Café verabredet, dem einzigen Ort, der ihnen auf Anhieb als Refugium vor ihren Ehemännern einfiel. Sie saßen tief im Herzen eines Bambusdschungels und tuschelten miteinander im Schutze des Gedudels der Musikbox, die von einem trübsinnigen Stammgast zur eigenen Unterhaltung gefüttert wurde.

»Ich habe Len noch nie so vergrätzt erlebt.«

»Mein Männe ist vielleicht hochgegangen. Gott sei Dank war die Polizei schon wieder weg, wie er nach Hause gekommen ist.«

»Ich glaube im Leben nicht, daß das Selbstmord war.«

»Die hätte uns doch nie und nimmer eingeladen, wenn sie so was vorgehabt hätte. Blausäure! Das ist ja schlimmer, als wenn man den Kopf in den Gasherd steckt!«

»Bei der ist doch bestimmt sowieso alles elektrisch.«

»So was kann man doch nicht versehentlich nehmen.«

»Willst du etwa behaupten, es war eine von uns?«

»Jedenfalls sterben die Leute auf einmal wie die Fliegen«, zischelte Doris.

Jede musterte argwöhnisch den Schaum ihres Espresso, als vermute sie, die andere habe eine Dosis Arsen hineingetan. Draußen war es hell, in dem kleinen Café jedoch dunkel.

»Ruth Mirbel war die einzige, die noch dageblieben ist«, sagte Estelle. Beide probierten verstohlen ein paar Schlückchen.

»Aber wollte die denn überhaupt Vorsitzende werden?« fragte Doris. »Anmerken lassen hat sie sich's jedenfalls nie. Der Inspektor hat mich extra noch gefragt, ob da irgendwelche Feindseligkeiten gewesen wären, und ich habe nein gesagt.«

»Ich auch. Da war bloß eine komische Sache, nämlich als Dorothy Squirl was sagen wollte und dann gleich wieder still war und Lady Kestrel gesagt hat, sie wollte sie am nächsten Morgen sprechen.«

»Ich fand, die beiden haben Dorothy ein bißchen seltsam angeguckt, Ruth Mirbel und Lady Kestrel, meine ich.

Glaubst du, sie hat irgendwas verbrochen und Angst gehabt, daß die beiden dahinterkommen?«

»Aber was soll sie denn verbrochen haben? Sie sollte alles Geld mir übergeben. Außer da waren irgendwelche krummen Touren mit großen Schecks, von denen wir nichts gewußt haben.«

»Ihr Mann arbeitet beim Stadtkämmerer, aber das heißt ja wohl nichts, oder?«

»Außer sie stecken unter einer Decke. Ich könnte Len fragen, was er von ihm hält, wo sie doch beide den gleichen Beruf haben, aber ich traue mich nicht.«

»Es hat was mit Miss Asshenden zu tun gehabt, oder? Sie hat irgendwas von Miss Asshendens letzten Worten gesagt. Glaubst du, das könnte heißen, sie war bei Miss Asshenden, nachdem Lady Kestrel von dort weggegangen war?«

»Möglich wär's wohl schon. Jedenfalls habe ich es dem Inspektor gesagt.«

»Ich auch.«

»Tja, der ganze Kram ist noch dort, da können wir gar nichts machen. Wahrscheinlich ist Ruth Mirbel jetzt verantwortlich, ob es ihr gefällt oder nicht.«

»Ja, wahrscheinlich«, sagte Doris. »Estelle, ich weiß ja nicht, was du meinst, aber ich finde, wir sollten das Ganze lassen. Allmählich wird es des Guten zuviel. Ich meine, die gerichtliche Untersuchung für Miss Asshenden hat noch nicht mal stattgefunden. Und jetzt Lady Kestrel ... Also ich finde, es wäre sicherer, nicht mehr mitzumachen.«

»Aber können wir den Krempel denn so einfach hinwerfen? Ich meine, ich bin immer noch Schatzmeisterin, und du bist immer noch Schriftführerin. Wer soll sich um die Briefe kümmern und das Geld zur Bank bringen, wenn wir es nicht tun? Damit ist ja nicht Schluß, bloß wegen eines – Unfalls.«

»Ich glaube doch. Jedenfalls glaube ich, daß es weniger wird und irgendwann ganz aufhört. Ich habe mir überlegt, daß ich einen Rücktrittsbrief schreibe. Wir werden für unsere Arbeit sowieso nicht bezahlt.«

»Nein, und das ist auch so ein Punkt. Lady Kestrel hätte nie davon geredet, Schreibkräfte, Buchhalter und Werbeleute zu beschäftigen, wenn sie wirklich eine Ahnung gehabt hätte, daß sie das nicht mehr erlebt. Wenn du schriftlich zurücktrittst, dann mache ich das auch, und wir geben die Briefe gleich morgen früh auf. Am besten tippen wir sie und sprechen uns wegen der Formulierung ab. An wen sollen wir sie schicken?«

»An Ruth Mirbel, denke ich. Oder lieber an den Bezirk?«

»Schicken wir sie sicherheitshalber an beide. Dann kann sich Mrs. Thorby-Smith die Rechnungsbücher aus Lady Kestrels Wohnung abholen, wo sie doch so scharf darauf ist.«

»Was ist mit den Aktentaschen?«

»Ach so, ja; schreiben wir vorläufig doch nur an Ruth Mirbel, mal sehen, was passiert. Sag mal, du glaubst doch nicht –«

»Ich wüßte nicht, was sie uns tun kann, bloß weil wir zurücktreten. Aber wir können ihr ja aus dem Weg gehen, wenn du das für klüger hältst. Wir erfinden irgendeinen Grund, und wenn es Ärger gibt, decken wir uns gegenseitig. Versprich mir, daß du nicht allein zu ihr in die Pension gehst.«

»Aber sicher.«

»Vorsicht ist die Mutter der Porzellankiste«, sagte Doris, trank ihren Kaffee aus und machte dann ein leicht panisches Gesicht. »Komm, ich zahle.«

»Eigentlich schade, wo das Manifest so schön geworden ist.«

»Vom Grab aus kann man kein Manifest herausgeben«, meinte Doris. »Und jetzt gehe ich heim und erzähl's Männe. Vielleicht kriegt er sich dann wieder ein.«

»Was machen wir jetzt?« wollte Hebe Dunne am Telefon von Gertie Gant wissen.

»Ist es nicht furchtbar?«

»George ist ziemlich deutlich geworden. Er sagt, wir müssen alle so schnell wie möglich aus der Sache aussteigen.«

»Das finde ich auch.«

»Aber wie?«

»Wir müssen eine Sitzung einberufen.«

»Aber eine Sitzung einberufen kann nur die Vorsitzende.«

»Und wer ist die Vorsitzende?«

»Wenn ich das wüßte. Ist es noch Dorothy Squirl?«

»Die ist so durchgedreht. Wahrscheinlich ist Ruth Mirbel jetzt dran.«

»Was, so schnell? Wieso, ist sie auf dem Polizeirevier?«

»Nein, ich meine mit dem Vorsitz.«

»Ach, da bin ich aber froh. Das Ganze war natürlich ein

Unfall. Arme Lady Kestrel. Ich kann es immer noch nicht recht glauben. Das Foto von ihr ist aber wirklich nicht gut. Da kenne ich viel bessere.«

»Was kann ihr das jetzt noch ausmachen, der Ärmsten?«

»Gar nichts, wahrscheinlich. Aber irgendwie ist es nicht fair. Mir fällt gerade ein, Gertie, brauchen wir überhaupt eine Sitzung? Können wir nicht einfach austreten? Du weißt schon, einen Brief schreiben.«

»Du meinst, wir alle?«

»Ja, ich habe keine große Lust auf eine Sitzung. Du weißt ja wohl noch, was der armen Mrs. Rollo passiert ist.«

»Aber ich habe gedacht, du findest ... egal, wir besprechen das besser nicht am Telefon. Allerdings weiß ich nicht, ob das richtig ist, Hebe. Wenn wir austreten, lassen wir Doris und Estelle im Stich. Was sollen die dann mit dem ganzen Geld und den Briefen anfangen?«

»Mein Gott, wenn ich das wüßte. Es ist alles so kompliziert. Ich denke, am besten bitten wir alle für morgen vormittag hierher und beschließen dann, wie wir vorgehen. Wenn ich die eine Hälfte anrufe, rufst du dann die andere Hälfte an?«

Sie verbrachten einige Minuten mit der Aufgabenzuteilung. Dann sagte Hebe: »Am besten kommst du vor den anderen. Dann können wir schon mal genau festlegen, worüber wir reden wollen. Außerdem kannst du mir helfen, den Kaffeetisch zu decken. Sollen wir einen richtigen Kaffeeklatsch draus machen? – Ach, das hab ich ganz vergessen. Es gibt dann ja gar keinen Klub mehr. Ist das nicht furchtbar schade?«

Sie mußte immer noch daran denken, wie schade alles war, als sie sich wieder ins Wohnzimmer zu ihrem Mann begab. Er saß vor dem Fernseher und sah sich eine Mordgeschichte an, von der er sich jedoch so weit losriß, daß er in drängendem Ton fragen konnte:

»Also, was willst du jetzt unternehmen, hm?«

»Wir treffen uns alle morgen vormittag hier und entscheiden dann, wie wir die Sache am besten beenden.«

»Na hoffentlich. Du bist einfach zu alt, um dich noch in einen Mord verwickeln zu lassen.«

»Es steht doch gar nicht fest, daß es ein Mord war, Lieber. Gertie meint, es muß ein Unfall gewesen sein. Oder habe ich das gemeint? Egal, schlimmstenfalls war es Selbstmord.«

»Aber wer hat denn Zyankali im Haus oder im Cocktailschränkchen?«

»Na und, das ist auch bloß ein Haushaltsartikel. Man benutzt es zur Vernichtung von Wespennestern.«

»Wo gibt's denn in so einem Luxusschuppen Wespennester?«

»Ich habe schon immer in so einem Haus wohnen wollen«, seufzte Hebe. »Als Estelle mir gesagt hat, daß sie und Doris dort eingeladen sind, bin ich ganz rasend geworden vor Neid.«

»Du kannst deinem Glücksstern danken, daß du nicht eingeladen warst.«

»Es hätte Estelle oder Doris sein können, oder sogar Dorothy Squirl. Es muß gar nicht Ruth Mirbel gewesen sein«, meinte Hebe nachdenklich.

»Sag so was bloß nicht laut, Frau«, warnte George mit

einem ängstlichen Blick zur Tür. »Sonst wirst du noch wegen Verleumdung verklagt. Und denk um Himmels willen daran, daß ihr morgen lediglich zu beschließen habt, wie ihr alle aus diesem verdammten Luncheon Club austretet, nicht, wie ihr einen Mordfall löst. Eines steht fest: Wenn es je eine Partei für Frauen gibt, werden sie sich bald alle zu Tode quatschen.«

»Männer sind viel schlimmer. Bla, bla, bla, mehr tun sie doch nicht, von einer Konferenz zur anderen.«

»Blödsinn.«

»Schade ist es aber doch«, seufzte Hebe. »Jetzt wird es nie dazu kommen. Dabei hatten wir so viele gute Ideen, und meine war die allerbeste.«

»Was hast du denn für eine Idee gehabt?« fragte ihr Mann nachsichtig, nun da ein Ende des ganzen Unsinns abzusehen war.

»Gemütliche Wohnungen.«

»Aber du hast eine gemütliche Wohnung. Ich habe ein Vermögen dafür ausgegeben, daß du eine gemütliche Wohnung hast.«

»Aber die Idee war, daß jeder eine gemütliche Wohnung haben soll, nicht bloß wir.«

»Und wie soll das bezahlt werden? Aus der Tasche des Steuerzahlers, natürlich.«

»Wie das bezahlt werden soll, ist mir egal«, sagte Hebe träumerisch. »Nur gemacht werden müßte es.«

»Jetzt gib endlich Ruhe, damit ich mich konzentrieren kann. Vorhin habe ich gedacht, ich weiß, wer's war.«

»Du mit deinem doofen Mord«, seufzte Hebe.

»Im Fernsehen. Da gehört so was hin.«

14

Am nächsten Morgen wurde Ruth nach einem kurzen Besuch in der Kanzlei, wo sie ihre Post und ein paar persönliche Habseligkeiten abgeholt hatte, auf dem Nachhauseweg von einem kleinen, an eine Wanze erinnernden Auto abgefangen, das neben ihr anhielt und aus dem eine Stimme ihr anbot, sie mitzunehmen. Sie spähte hinein, erkannte die Fahrerin und gab ein schroffes »Nein, danke« von sich.

»Sie wissen, wer ich bin, nicht wahr?«

»Ja, Sie sind Miss Patch, oder? Ich will nichts mit der Presse zu tun haben.«

»Dann darf ich Sie darauf hinweisen, daß in der Eingangshalle Ihrer Pension drei der hartnäckigsten Reporter von Fleet Street auf Sie warten, falls Sie jetzt dorthin gehen.«

»Ist das schlimmer als eine Zeitungsreporterin in einem Auto?«

»Nun seien Sie doch nicht so«, bat Gabrielle. »Ich will mit Ihnen reden, und ich will Ihnen helfen. Alles inoffiziell. Ich schwöre, so wahr ich hier sitze, daß ich nichts davon verwende. Kommen Sie auf die andere Seite, und steigen Sie ein. Sie haben bereits einen Beschatter, aber den werden wir gleich los. Er, ist per pedes unterwegs.«

Mit einem Gefühl der Verzweiflung tat Ruth wie geheißen. Noch während die Tür zufiel, fuhr das Auto an, und sie meinte:

»Wahrscheinlich ist das die Polizei.«

»Ihr Schutzengel ist es bestimmt nicht. Obwohl ich mir

da auch nicht so sicher wäre. Bei mir sind Sie jedenfalls völlig sicher.«

»Ich weiß nicht, was Sie meinen.«

»In der geplanten Frauenpartei gibt es Todesfälle wie Sand am Meer, oder etwa nicht? Besonders im Führungszirkel.«

»Wo fahren wir hin?«

»Zu meiner Tante, dort können wir ein Zimmer für uns allein haben. Außerdem ist sie sowieso stocktaub.« Nach einem Blick in den Rückspiegel fügte sie zufrieden hinzu: »Dachte ich's mir doch, daß wir ihn loswerden.«

»Er wird die Nummer haben.«

»Soll er ruhig. Ich will Sie ja nicht für immer entführen. Ich möchte nur Zeit gewinnen.«

Das Gespräch erstarb, bis sie vor einem kleinen Reihenhaus auf halber Höhe eines belaubten Hügels anhielten. Als sie einen mit Mosaiksteinchen belegten Weg entlang auf die von Buntglas gezierte Haustür im Windfang zugingen, über dem eine mit Zinn eingefaßte Laterne hing, bemerkte Gabrielle: »Typisch, wie? Aber Sie wissen ja, ich bin in dieser Gegend geboren. Hier kommen mehr scheußliche elektrische Vorrichtungen auf den Quadratzentimeter als in jedem anderen Viertel von London.« Sie schob den Sicherheitsschlüssel ins Schlüsselloch und verkündete: »Willkommen bei Tantchen.«

Aber sobald sie sich zwischen den Nippes und den gräßlichen Einrichtungsgegenständen im Vorderzimmer ihrer Tante niedergelassen hatten, legte sie ihren schnodderigen Ton ab und meinte ganz nüchtern:

»Sie sitzen ziemlich in der Tinte, wie?«

»Falls Sie damit meinen, daß ich die Rolle der Hauptverdächtigen spiele, haben Sie vermutlich recht. Ich wundere mich, daß Sie in Gesellschaft eines möglichen Mörders, oder besser gesagt einer Mörderin, Ihr Leben riskieren.«

»Mein Gott, Sie glauben doch nicht etwa, daß ich denke, Sie waren es. Wenn es so wäre, wären wir nicht hier.«

»Danke für diesen rührenden Vertrauensbeweis. Ich dachte schon, Ihre Sensationsgier wiegt vielleicht das persönliche Risiko auf.«

»Ich mag Journalistin sein, aber ich bin auch eine Frau. Das eine schließt das andere nicht aus.«

»Wollen Sie damit sagen, daß Ihnen das Wohlergehen der geplanten Partei wirklich am Herzen liegt?«

»Ach was. Die ganze Idee ist verrückt. Es ist ein kurzlebiger Knüller – der Traum jeder Zeitung. Praktisch durchführbar ist es nicht.«

»Und wieso nicht?«

»Weil Frauen so sind, wie sie sind, und Männer so sind, wie sie sind. Haben die Ereignisse Sie nicht einmal das gelehrt?«

»Ich habe gelernt, daß Frauen einander mißtrauen und oft in Konflikt miteinander geraten. Meinen Sie das?«

»Nicht ganz. Zwischen den Geschlechtern besteht auch ein Konflikt. Trotzdem kommen sie soweit ganz gut miteinander aus, solange die Fiktion der männlichen Überlegenheit aufrechterhalten wird. Und eine Frau kann viel Freude an ihnen haben, wenn sie es richtig anstellt. Aber wir sind hier, um über Ihre mißliche Lage zu sprechen, nicht über die Beziehung zwischen den Geschlechtern.«

»Ich verstehe nicht, wieso Sie das interessiert.«

»Es interessiert mich, weil ich mich teilweise dafür verantwortlich fühle.«

»Falls Sie damit meinen, daß die Publizität, für die Sie gesorgt haben, das Ganze von einer lokalen zu einer landesweiten Angelegenheit aufgebläht hat, sind Sie das vermutlich auch.«

»Das meine ich doch überhaupt nicht. Hören Sie, was gedenken Sie jetzt zu tun? Machen Sie damit weiter, oder hören Sie auf?«

»Wenn Cynthia Kestrel weitermachen konnte, und zwar – da bin ich mir mittlerweile sicher – in der Gewißheit, daß sie damit ihr Leben riskiert, dann möchte ich ihr nicht nachstehen.«

»Ach du Schande! Ich habe die Frau gekannt. Ihre Motive waren nicht so lauter wie Ihre. Jeder geht ein Risiko ein, wenn der Gewinn hoch genug ist. Sie hatte gerade den Laufpaß gekriegt und wußte, daß sie sich nach einer neuen Futterkrippe umtun muß. Aber dumm war sie nicht. Wer, hat sie geglaubt, wollte ihr ans Leder?«

»Rückblickend denke ich, sie hat geglaubt, ich.«

»Jemand wollte, daß sie das glaubt. Und das hat sie vorsichtig gemacht.«

»Und ich habe geglaubt, sie steckt hinter allem, und wollte sie deshalb unter keinen Umständen reizen.«

»Sie hätten sie also ungestraft davonkommen lassen, solange Sie nur den dämlichen Plan weiterverfolgen konnten, eine gackernde Schar Frauen ins Parlament zu bringen?«

»Ich glaube, das ist wichtig. Ich glaube, das ist ein echter Wendepunkt in der Geschichte. Ich glaube ...«

»Schluß jetzt mit dem Glaubensbekenntnis«, unterbrach Gabrielle Patch. »Ich glaube, daß eine Wahnsinnige frei herumläuft, die zwei Frauen aus dem Weg geräumt hat und auf dem besten Weg ist, auch noch die dritte aus dem Weg zu räumen.«

»Ich verstehe Sie immer noch nicht.«

»Aber das ist doch klar wie dicke Tinte. Bei Ihnen braucht Sie gar keine weiteren Schritte zu unternehmen. Sie muß nur abwarten und der Justiz ihren Lauf lassen. Sobald genügend Beweise vorliegen, sind Sie geliefert.«

»Wie kann es denn Beweise geben, wenn ich unschuldig bin?«

»Ausgerechnet Sie als Anwältin fragen mich das! Fakten lassen sich auf mehr als eine Art interpretieren. Lesen Sie ein paar Konkurrenzblätter, wenn Sie mir nicht glauben.«

Ruth schwieg. Nach einigem Nachdenken fragte sie: »Kann es jemand geben, der dieser Bewegung so feindlich gegenübersteht, daß er vor nichts zurückschreckt? Haben Sie eine Ahnung, wer das sein könnte?«

»Na, sicher. Und sie ist keineswegs gegen die Bewegung. Sie ist ganz und gar dafür. Das Problem ist nur, daß sie den Ruhm mit niemandem teilen will, genau wie am Anfang. Es ist Dorothy Squirl.«

»Aber das ist doch absoluter Unsinn!«

»Da irren Sie sich. Und mich trifft die Schuld daran, denn ich bin diejenige, die ihr Ego aufgebaut hat. Ich habe sie mit diesem Heilige-Johanna-Zeugs gefüttert und ihr gezeigt, wo es langgeht. Mir war völlig klar, was ich da tue; mir war klar, daß sie in höheren Regionen schwebte. Aber das war mir ganz recht. Ich wollte diesen Typ von kleinem

Frauchen für meine Kampagne. Ich wollte nicht die dicke, rechthaberische Rollo oder ein altes Reff von pensionierter Schullehrerin oder einen schicken Vamp. Auch Sie nicht. Ich wollte jemanden, mit dem sich jede Hausfrau im Land identifizieren kann. Aber wenn ich gewußt hätte, daß das alles zu Mord und Totschlag führt – Teufel auch, dann hätte ich mir lieber die Zunge abgeschnitten.«

»Das alles glauben Sie wirklich?«

»Warum geht sie mir denn sonst aus dem Weg? Ich komme nicht an sie heran. Ich glaube zwar, daß sie verrückt ist, aber Sie wissen ja, jemand Durchgedrehtes kann ganz schön raffiniert sein. Ich schätze, sie ahnt irgendwie, daß ich ihr auf der Spur sein könnte.«

»Eines ist tatsächlich merkwürdig. Als wir alle bei Lady Kestrel waren, hat sie praktisch zugegeben, daß sie am Abend von Miss Asshendens Tod in deren Wohnung war. Sie hat etwas von Miss Asshendens letzten Worten gesagt, und dann hat sie ganz plötzlich geschwiegen, und man konnte nichts mehr aus ihr herausbringen. Und daraufhin hat Lady Kestrel sich für den nächsten Vormittag mit ihr verabredet.«

»Das nützt uns nichts. Ihre Ladyschaft war um halb acht schon hinüber.«

»Jetzt weiß ich es wieder. Sie hat Mrs. Squirl gebeten, noch zu bleiben, aber die wollte nicht.«

»Das ist doch klar. Aber sie hätte noch einmal zurückkommen können.«

»Ja. Estelle hat ihr angeboten, sie mitzunehmen, aber sie hat abgelehnt. Sie hat gesagt, sie müßte noch irgendwo einen Besuch machen, aber das hat sich nach einem Vorwand angehört. Ich habe gedacht, es liegt daran, daß sie Estelle und Doris nicht mag. Vor der Rede ist sie bei den Essen immer sehr für sich geblieben. Ich glaube nicht, daß sie im Klub eine Freundin hatte.«

»Es sind immer die Stillen, In-sich-Gekehrten, glauben Sie mir.«

»Ich glaube Ihnen keineswegs. Ich glaube, daß Dorothy Squirl ebensowenig wie ich, oder noch weniger, fähig ist, einen Mord zu begehen.«

»Eine durchgedrehte Frau ist zu allem fähig. Und Sie können mir glauben, zum Durchdrehen braucht es nicht viel. Ich habe da so meine Erfahrungen gemacht. Eine unglückliche Liebesgeschichte, eine Geburt, die Wechseljahre ... so was in der Art reicht schon. Und Sie wollen die Frauen an die Macht bringen! Aber ich will hier keine großen Vorträge vom Stapel lassen; bleiben wir beim Thema. Die Frage lautet: Ist Dorothy Squirl zu Lady K.s Wohnung zurückgegangen oder nicht?«

»Wäre sie dann nicht gesehen worden?«

»Unwahrscheinlich. Die Wohnung liegt in einem Flügel des Hauptgebäudes, gleich im ersten Stock. Pförtner bleiben normalerweise gemütlich in ihrem Kabuff in der Haupteingangshalle sitzen, soweit ich mich mit ihnen auskenne, und zeigen sich nur, wenn sie Geld klimpern hören. Wenn man sie schon von Miss Asshenden nicht hat weggehen sehen, ist es noch unwahrscheinlicher, daß man sie von dem Apartmenthaus hat weggehen sehen. Sie ist ohnehin genau die Sorte von grauer Maus, die man nicht bemerkt.«

»Wenn an dem, was Sie sagen, irgend etwas dran ist,

dann hätte sie wahrscheinlich gar nicht unbedingt noch einmal zurückgehen brauchen. Wir sind alle zur einen oder anderen Zeit um das Cocktailschränkchen herumgestanden. Man hätte einen fertig präparierten Drink zurücklassen können – eine Kapsel in einem Glas. Lady Kestrel hat Whisky aus einem dickwandigen Glas getrunken, ziemlich gut gefüllt, wenn ich mich recht entsinne. Das Glas, meine ich, nicht Cynthia Kestrel, obwohl sie, glaube ich, mehr als üblich intus hatte. Wenn ich doch bloß mehr über Zyankali wüßte.«

»Ich bin froh, daß es nicht so ist.«

»Aber ich bin ganz und gar nicht überzeugt. Und wenn wir Dorothy Squirl schon angreifen, dann, finde ich, sollte sie auch Gelegenheit bekommen, sich zu verteidigen.«

»Nichts wäre mir lieber. Aber ich sage Ihnen ja, ich komme nicht an sie heran. Was mich angeht, ist sie die unsichtbare Frau.«

»Wo wohnt sie eigentlich?«

»Gleich hier um die Ecke. Aber wenn man mit ihr telefonieren will, sagt sie, sie ist nicht da, und wenn man an der Tür klingelt, macht niemand auf. Es ist zum Auswachsen.«

»Ich rufe sie an und bitte sie, hierherzukommen.«

Gabrielle zuckte die Achseln. »Versuchen können Sie's ja. Das Telefon ist in der Halle.«

Ruth überlegte einen Augenblick und sagte dann: »Ich glaube, ich weiß, wie ich es anstellen muß.«

Kurz darauf kehrte sie zurück. »Sie kommt sofort.«

Gabrielle war fassungslos. »Wie haben Sie das denn geschafft?«

»Och, das war ganz einfach. Ich habe angeboten, zu ihren Gunsten zurückzutreten.«

»Und das hat gereicht?«

»Völlig. Sie wollte mich sofort sprechen.«

»Weiß sie, daß ich auch hier bin?«

»Ich habe ihr gesagt, daß ich im Haus Ihrer Tante bin.«

»Also, das ist doch zum Aus-der-Haut-Fahren! Warum ist mir das nicht eingefallen?«

»Sie sind zu schlau, Gabrielle. Sie übersehen das Naheliegende.«

»Sonst hat sie nichts gesagt?«

»Nein, nur daß sie zwei Fliegen mit einer Klappe schlagen kann, wenn Sie auch da sind.«

»Das gefällt mir nicht besonders.«

»Wir sind zwei kräftige Frauen, und es würde mich wundern, wenn wir nicht mit der armen, kleinen Dorothy Squirl fertig würden, selbst wenn sie der Wahnsinn gepackt hat. Zigarette?«

»Danke, ja. Beweist das nicht, daß ich recht habe?«

»Im Augenblick beweist das gar nichts, außer daß Mrs. Squirl uns beide sprechen will. Aber ich bin es gewohnt, aus dem Verhalten und den Aussagen von Zeugen meine Schlüsse zu ziehen. Ich hoffe, ich sehe nach diesem Gespräch alles etwas klarer. Und außerdem, selbst wenn sie die Schuldige ist, habe ich sie schon im voraus entwaffnet.«

»Das ändert aber nichts an dem, was schon vorgefallen ist.«

»Mit diesem Problem beschäftigen wir uns, falls und wenn es sich stellt.«

»Ich finde Sie sympathischer, als ich gedacht habe.«

»Schön. Wir müssen uns häufiger sehen. Vielleicht können Sie mich im Gefängnis besuchen.«

Sie lachten, verfielen dann in Schweigen und rauchten in gemütlicher Zweisamkeit ihre Zigaretten. Aber noch ehe sie den letzten Zug getan hatten, war Dorothy Squirl bei ihnen.

Als sie ins Zimmer kam, wirkte sie abgehärmt und ein wenig kränklich, aber merkwürdig gefaßt. Ruth fand, daß sie genau die gleiche Art von naiver Würde ausstrahlte, die schon bei Mrs. Rollo von ihr ausgegangen war, als ihre Rede erste Früchte getragen hatte.

Gabrielle, unter deren harter Schale sich, wie schon bemerkt, ein weicher Kern verbarg, verspürte einen Stich von Mitleid. Sie brachte ihre Besucherin in einem Sessel unter und sagte in denkbar lässigstem Ton: »Lange nicht gesehen. Wo haben Sie sich denn versteckt?«

»Als ich dringend Ihre Hilfe gebraucht hätte, haben Sie sich am Telefon verleugnen lassen«, antwortete Mrs. Squirl ohne Groll, »also haben Sie auch kein Recht, sich zu beklagen, wenn Sie meine brauchen und ich sie Ihnen verweigere.«

Gabby wurde rot. Dann sagte sie: »Schön, lassen wir die Vergangenheit ruhen. Jetzt sind Sie jedenfalls hier.«

»Ja. Und ich bin froh, daß Sie auch hier sind, denn jetzt können wir alles klären, und Sie können es dann in Ihrer Kolumne allgemein bekanntmachen.«

Ruth, die sie genau beobachtete, verspürte ein plötzliches Gefühl der Beklemmung.

Ihr wurde klar, daß sie nicht wollte, daß Dorothy Squirl den Rest ihres Lebens in einem Käfig verbrachte, selbst wenn sie total verrückt war. Der Spitzname, den Lady Kestrel ihr verliehen hatte, besaß die unfehlbar treffende, absolute Genauigkeit, die einen Verstand verrät, der mit schlafwandlerischer Leichtigkeit alles zu klassifizieren und zu beschreiben versteht, was ihm unterkommt. Lady Kestrels Verstand hatte mit der gleichen phantastischen Fixigkeit funktioniert wie ihr Lächeln und sich vielleicht wie dieses nach Belieben ein- und ausschalten lassen.

»Miss Mirbel«, sagte Mrs. Squirl, »als erstes möchte ich unmißverständlich klarstellen, daß ich schon lange nicht mehr Vorsitzende, oder wie Sie das nennen wollen, sein will. Kurz nach dem Tod der armen Mrs. Rollo wurde mir das klar. Da habe ich gewußt, daß ich es nicht sein will, obwohl ich nicht genau gewußt habe, warum. Was ich bei Lady Kestrel gesagt habe, war also nichts als die reine Wahrheit. Aber obwohl sie tot ist und mir das leid tut, finde ich nicht, daß sie eine gute Vorsitzende abgegeben hätte. Sehen Sie, ich habe mir noch einmal durch den Kopf gehen lassen, was sie gesagt hat, und sehe jetzt, daß hinter all dem Charme – und sie war charmant, das läßt sich nicht leugnen – eigentlich nur der Wunsch steckte, ihren Kopf durchzusetzen und es sich so angenehm wie möglich zu machen.«

»Und das entspricht nicht Ihrer Vorstellung von einer Parteiführerin?« fragte Ruth ruhig.

»Nein, meiner Vorstellung entspricht eher jemand wie Sie, der ehrlich und mutig ist, der sich nie für eine Gemeinheit hergeben würde und nur der Menschheit dienen will.«

Ruth Mirbel, die sich vorkam, als hätte sie einem Blinden in den Hut gegriffen, sagte: »Sie entsprechen dieser Beschreibung eher als ich.«

»Aber nein, überhaupt nicht. Ich bin eine ganz gewöhnliche Frau, und manchmal eine ziemlich alberne. Falls es eine Partei geben wird, Miss Mirbel, dann sind Sie genau die Richtige, um sie zu führen.«

»Meinen Sie, daß es jetzt nicht mehr dazu kommt?«

»Ich meine, es ist besser, wenn es nicht dazu kommt, und es tut mir leid, daß ich je etwas gesagt habe, was den Leuten diese Idee in den Kopf gesetzt hat.«

»Aber wieso? Wieso haben Sie Ihre Meinung geändert? Liegt es an den Todesfällen – Mrs. Rollo, Miss Asshenden und jetzt Lady Kestrel?«

»Nein, obwohl ich glaube, daß sie deswegen gestorben sind.«

»Aber wieso? Haben Sie irgendeine Ahnung?«

»Nein, ich weiß auch nicht, wie das zusammenhängt. Ich habe mich sehr bemüht dahinterzukommen, aber ich schaffe es nicht.«

»Schön, lassen wir das. Sagen Sie mir einfach, warum Sie Ihre Meinung geändert haben.«

»Wegen etwas, was Dudley gesagt, und etwas, was er getan hat.«

»Und das wäre?«

»Er hat gesagt, Männer und Frauen sollten zusammenhalten. Und als ich darüber nachgedacht habe, ist mir klargeworden, daß er recht hat. Wir müssen gemeinsam vorwärtskommen und nicht einen Kampf darüber vom Zaun brechen, wer auf der Welt am meisten Gutes tun kann. Und genau darauf liefe es hinaus: auf einen Kampf bis aufs Messer. Männer können es nicht ertragen, wenn Frauen an der Spitze stehen. Ihr Stolz verkraftet das nicht, und wenn wir ihnen ihren Stolz nehmen, können wir sie genausogut kastrieren.«

Diese freimütige Äußerung traf die beiden sehr viel welterfahreneren Frauen völlig unvorbereitet. Sie waren sich danach keineswegs mehr sicher, ob es klug war, sich zu erkundigen, was Dudley zusätzlich zu seinen Worten getan hatte, und warteten deshalb darauf, daß Mrs. Squirl aus eigenem Antrieb fortfuhr, was nach einer Unterbrechung, in der sie ihre Gedanken ordnete, auch geschah.

»Dudley ist das, was man einen sehr konventionellen Mann nennen könnte. Manche würden ihn sogar als engstirnig bezeichnen. Jedenfalls hat er gern alles genau so, wie es seiner Meinung nach sein sollte, und er lebt in ständiger Angst davor, was die Leute sagen, wenn es anders ist. Seine Arbeit ist ihm ganz schrecklich wichtig, und sein größter Wunsch ist es, Stadtkämmerer und nicht bloß Stellvertretender Stadtkämmerer zu sein. Mit seiner Entscheidung, zu mir zu halten, auch wenn ich einen Mord begangen hätte, ist mir klargeworden, daß Mann und Frau zu sein eine der stärksten Bindungen überhaupt ist und daß sie unter allen Umständen erhalten werden muß. Um so etwas herauszufinden, lohnt es sich sogar, ein, zwei Morde zu begehen.«

»Ich hoffe doch, Sie haben es nicht getan«, sagte Ruth Mirbel mit schwacher Stimme.

»Nein, natürlich nicht. Aber es hat so ausgesehen, als könnte ich es gewesen sein. Erstens habe ich direkt neben der armen Mrs. Rollo gesessen, als sie zusammengebrochen ist. Und an dem Abend, an dem Miss Asshenden gestorben ist, war ich bei ihr zu Hause, um ihr einen Brief von einer Firma aus der Stadt zu bringen, die die Partei für uns organisieren wollte. Davor war Lady Kestrel dagewesen; Miss Asshenden hat das nämlich erwähnt, als sie angeboten hat, mir eine Tasse Tee zu machen. Aber ich habe abgelehnt, denn ich wollte möglichst bald wieder zu Hause sein. Ich hätte eigentlich gar nicht hinzugehen brauchen. Sie hat mir bloß geraten, den Brief zu zerreißen und mich ja nicht mit Stadthaien einzulassen, wie sie das genannt hat.«

»Wie war sie denn so? Heiter? Traurig? Aufgeregt?«

»Sie war genau wie sonst auch ... da war kein Unterschied.«

»Warum haben Sie das verschwiegen? Warum sind Sie mit Ihrer Geschichte nicht zur Polizei gegangen?«

»Dudley hat gesagt, ich soll nicht. Er hat Angst gehabt, daß das gegen mich spräche.«

»Und warum erzählen Sie es uns jetzt? Hat er seine Meinung geändert?«

»Nein, aber ich habe mir vorgenommen, mich nicht mehr so wie früher von Dudley gängeln zu lassen. Ich glaube, das ist für uns beide gesünder. Soweit ich sehe, spielt es auch keine Rolle mehr, daß ich an dem Abend zu Miss Asshenden gegangen bin. Die einzige, die es hätte begreifen können, ist tot, und daß sie es nicht ernst genommen hat, sieht man schon daran, wie sie sich über die polizeiliche Untersuchung lustig gemacht und gewitzelt hat. Aber es tut mir sehr leid, Miss Mirbel, daß ich nicht sofort gesagt habe, daß ich nach Ihrem Weggang noch einmal zu Lady Kestrels Wohnung zurückgegangen bin, denn ich weiß, ich habe Sie damit ein klein wenig in

Verlegenheit gebracht. Zu dem Zeitpunkt war sie noch kerngesund, obwohl ich fand, daß sie nicht ganz so viel hätte trinken sollen. Sie brauchen sich keine Sorgen zu machen, ich werde das in Ordnung bringen. Wenn ich von hier weggehe, werde ich gleich den netten Inspektor anrufen und ihm alles erzählen.«

»Um Gottes willen, tun Sie das bloß nicht!« rief Ruth. »Jedenfalls vorläufig nicht.«

Auch die Aussicht, selbst entlastet zu werden, konnte sie nicht mit der Vorstellung versöhnen, daß Mrs. Squirl sich ans Messer lieferte. Dorothy Squirls Eigenart, sofort in die Tat umzusetzen, was ihr gerade in den Sinn kam, war für einen juristisch geschulten Verstand geradezu erschreckend, und es wunderte sie nicht, daß Dudley deswegen Bauchschmerzen hatte. Sie sah hilfesuchend zu Gabby hinüber, die in komischer Verzweiflung mit dem Kopf wackelte.

»Warum sind Sie denn noch einmal zurückgegangen?« fragte sie.

»Ich hatte vergessen, ihr von meiner Idee zu erzählen, wie man Kriege verhindern kann. Ich bin aber nur ein paar Minuten geblieben! Ich kann dem Inspektor alles erklären.«

»Versprechen Sie mir, damit zu warten, bis ich es Ihnen sage«, beschwor Ruth sie. »Es ist riesig nett von Ihnen, daß Sie mir helfen wollen, aber unternehmen Sie noch nichts. Bitte geben Sie mir Ihr Wort.«

»Na schön. Wenn Sie meinen, es ist am besten so.« Sie wandte sich an Gabby. »Aber ich möchte, daß Sie das, was ich denke, so bald wie möglich in Ihrer Kolumne bringen.

Falls Miss Mirbel mit Ihren Plänen für die Partei weitermachen will, stelle ich mich dem nicht in den Weg, aber es dürfen kein Geld und keine Briefe mehr an mich geschickt werden. Verstehen Sie, ich halte nichts mehr von der Sache, und das muß ganz deutlich herauskommen, falls ich jemand irregeführt habe. Sie werden schon wissen, wie Sie es formulieren müssen. Und jetzt muß ich nach Hause und Dudleys Essen kochen.«

Gabrielle begleitete sie zur Haustür. Zurückgekehrt, meinte sie: »Jetzt bin ich aber baff! Was halten Sie denn von alledem?«

»Ich halte sie nicht nur für unschuldig«, meinte Ruth, »sondern für ein regelrechtes Unschuldslamm. Und deshalb braucht sie eigentlich gar keinen Schutz, nicht einmal von dem unbeschreiblichen Dudley. Ihr wird nie etwas passieren.«

»Dann soll ich also tun, was sie sagt?«

»Es bleibt Ihnen nichts anderes übrig.«

»Aber Sie haben sie doch selbst davon abgehalten, zur Polizei zu gehen.«

»Wir wollen niemand mehr kopfscheu machen. Es ist jemand anders.«

»Dann muß es Estelle oder Doris sein.«

»Ich gehe jetzt zur Pension zurück und denke darüber nach. Ich gebe Ihnen Bescheid, zu welchen Schlüssen ich komme.«

»Ich fahre Sie hin, und wenn noch welche von meiner Zunft in der Eingangshalle herumlungern, jage ich sie zum Teufel. Kopf hoch. Wir stehen das gemeinsam durch.«

Aber Ruth blieb keine Zeit zum Überlegen. Kaum war

Gabrielle Patch mit zwei ihrer Kollegen gegangen, als sie ans Telefon gerufen wurde.

»Is' da Miss Mirbel?« Es war eine rauhe, verwaschene Frauenstimme, die sie nicht erkannte.

»Ja, wer spricht denn da?«

»Ich bin Miss Asshendens Hauswirtin. Sie kennen mich nich', aber sie hat gegen Ende oft von Ihnen geredet. Sie ha'm irgendwas zu tun gehabt mit diesem Plan da, daß die Frauen ins Parlament kommen. Deswegen find ich, daß Sie's kriegen müssen. Außerdem mach ich grade ihre Schubladen leer und pack alles zusammen, wie's der Inspektor gesagt hat. Verwandtschaft is' nämlich keine da, und ich hab schon jemand Neues für die Wohnung. Ich bin nämlich auf die Miete angewiesen.«

»Worum geht es denn?«

»Och, bloß so'n paar Papiere. Ich selber werd ja nich' schlau draus. Aber da is' 'ne Überschrift. ›Frauenpartei‹ steht da. So bin ich draufgekommen.«

»Stecken Sie einfach alles in einen Umschlag, und schicken Sie es mir.«

»Nee nee, das geht nich'. So'n großen Umschlag hab ich nich', und Zeit, einen zu besorgen, hab ich auch nich'. Das is' ganz schön viel Zeug, Karten und Pläne und all so was.«

»Dann komme ich gleich und hole es ab.«

»Okay, bis gleich. Wiederhören.«

Etwa eine Stunde später rief Ruth Mirbel bei Gabby Patch an.

»Können Sie gleich herkommen?«

»Ja. Was liegt denn an?«

»Ich habe durch reines Glück herausgefunden, was wir wissen wollten.«

»Sind Sie sicher?«

»Absolut sicher. Aber es gibt keinen echten Beweis. Die einzige Zeugin ist leider tot. Wir werden uns eine Art Falle ausdenken müssen.«

»Bin schon unterwegs.«

15

Als Ruth Mirbel in dem schäbigen Zimmer stand, das Miss Asshenden in ihren letzten, freudlosen Jahren beherbergt hatte, und Mrs. Rollos Aufzeichnungen zur Gründung und Struktur einer neuen politischen Partei in Händen hielt, kam ihr als erstes ein absurder Gedanke.

›Gott sei Dank, es war wenigstens keine Frau.‹

Und dann dachte sie: ›Dabei hat er es uns am Tag der Beerdigung praktisch gesagt. Wie war das doch gleich? Irgend etwas von gefährlichem Unsinn, und daß er sich wundert, daß wir angesichts der jüngsten Ereignisse damit fortfahren. Ich erinnere mich noch an seinen Gesichtsausdruck ... so etwas wie empörte Abscheu ... damals wirkte das ganz normal. Dann hat er gesagt, daß sie daran gestorben ist ... daß Mrs. Rollo daran gestorben ist. Jetzt fällt mir der genaue Wortlaut wieder ein. ‚Wenn sie sich nicht darauf eingelassen hätte, wäre sie heute noch am Leben.' Jedenfalls kann niemand behaupten, wir wären nicht gewarnt worden.‹

Und später sagte sie zu Gabby: »Es war uns beiden

peinlich, Lady Kestrel und mir, daß Miss Asshenden an einem solchen Tag um die Aufzeichnungen bat. Wir haben sie deshalb ins Gebet genommen, jedenfalls Lady Kestrel. Miss Asshenden hat darum gebeten, die Aufzeichnungen so bald wie möglich zu bekommen. Sie hätte ihn genausogut auffordern können, sie zu töten. Wenn er seine Frau umbringen konnte, würde es ihm nichts ausmachen, eine Fremde umzubringen.«

»Nun mal langsam! Er hat seine Frau nicht umgebracht. Sie ist durch höhere Gewalt gestorben, wenn man eine Thrombose als solche bezeichnen kann. Daran führt kein Weg vorbei. Aber vielleicht ist er dadurch erst darauf gekommen.«

»Möglicherweise sind seine Fingerabdrücke auf der ersten Seite der Aufzeichnungen«, sagte Ruth zögernd. »Aber das beweist nichts, oder? Wenn niemand ihn hat kommen oder gehen sehen, können wir uns nur auf meine durch nichts bestätigte Aussage stützen.«

»Ein Ehemann kann möglicherweise in Verdacht geraten, seine Frau umgebracht zu haben, aber er würde nie in den Verdacht geraten, zwei Frauen umgebracht zu haben, die er kaum kennt. Dazu noch aus einem solchen Grund! Er muß verrückt sein.«

»Sie haben auch Dorothy Squirl für verrückt gehalten. Aber manchmal hat irrationales Verhalten eine ganz rationale Erklärung. Wir wissen, daß viele Männer sich furchtbar über die ganze Sache erregt haben. Ich könnte ein halbes Dutzend nennen, und es gibt bestimmt noch viel mehr.«

»Und ob. Von meinem Nachrichtendienst habe ich erfahren, daß sämtliche Männer von Fleet Street deswegen im Dreieck springen. Aber ich habe Ihre kostbare Partei ja auch nie ernst genommen.«

»Er ist ein sehr zarter Typ«, sagte Ruth nachdenklich.

»Offenbar aber nicht zu zart, um mit links ein, zwei Morde zu begehen«, meinte Gabby in sarkastischem Ton.

»Ich meine körperlich zart. Er sieht nicht so aus, als könnte er viel verkraften. Genaugenommen hat er geradezu krank ausgesehen, als wir bei ihm waren. Aber es paßt alles hervorragend zusammen. Mir fallen jetzt wieder eine Menge Dinge ein, Gabby. Als wir bei Cynthia waren und sie verlangt hat, daß ich mich an den Entwurf einer Satzung mache, habe ich gesagt, daß ich dazu gern Mrs. Rollos Aufzeichnungen hätte; ich habe gedacht, sie seien noch bei ihr zu Hause. Und Cynthia hat gesagt, sie würde sich darum kümmern. Bestimmt hat sie ihn darum gebeten, und er hat gesagt, daß er sie noch am selben Abend vorbeibringt. Er muß gleich nach Dorothy Squirl dort gewesen sein.«

»Und vermutlich hat sie ihm das Ganze auch sehr leicht gemacht. Sie können darauf wetten, daß noch nie ein Mann dort geläutet hat, ohne auf einen Drink hereingebeten zu werden. Und wenn sie schon einen über den Durst getrunken hatte, hat sie gar nicht gemerkt, was eigentlich los war. Vielleicht hat sie ihn sogar gebeten, die Drinks zu machen.«

»Möglicherweise war sie das so gewohnt. Mich hat sie auch darum gebeten, als ich dort war. Aber wieso Zyankali?«

»Vielleicht wollte er etwas, auf dessen schnelle Wirkung

er sich verlassen konnte. Mitunter wird man nämlich nach einer Überdosis gerettet. Und in einer Mietwohnung ist man nicht so isoliert wie in einem Haus. Es hätte jemand vorbeischauen können, vielleicht sogar jemand mit einem eigenen Schlüssel. Sie hatte massenhaft Freunde.«

»Sie hatte massenhaft Leute, die sie als Freunde bezeichnete«, korrigierte Ruth sie seufzend. »Und wo hat er das Zyankali her?«

»Werden Sie erwachsen, Schätzchen. Es wird in der Industrie verwendet. Jeder Kaufmann in der Stadt könnte sich genug besorgen, um damit die gesamte Bevölkerung von London auszurotten.«

»Dann könnte er also noch mehr davon haben?«

»Wieso nicht? Sie wollen doch wohl nicht mit ihm Tee trinken, oder?«

»Ich gehe zu ihm. Falls er denkt, daß ich trotz allem nach wie vor entschlossen bin, die Idee zu verwirklichen, wird er's auch bei mir versuchen.«

»Wir wollen's nicht hoffen. Aber übersehen Sie da nicht etwas? Er verläßt sich darauf, daß die Justiz Sie aus dem Weg räumt.«

»Aber angenommen, ich erzähle ihm von den Aufzeichnungen und sage ihm auf den Kopf zu, daß er es war?«

»Es steht nur Ihr Wort gegen seins. Was soll er sich darüber aufregen? Es ist ihm vielleicht sogar recht, denn wenn Sie mit dieser Geschichte zu Inspektor Lynch gehen, hält der Sie für geistesgestört, und eine Menge anderer Leute auch. Damit wäre die ganze Geschichte mit Sicherheit am Ende. Sobald eine Bewegung in den Ruf gerat, von einem Spinner geführt zu werden, ist der Ofen aus.«

»Angenommen, ich sage, er ist dabei gesehen worden, wie er Lady Kestrel am Abend ihres Todes besucht hat? Das könnte doch sein. Die Squirl hätte ihn sehen können.«

»Versuchen können Sie's. Aber Sie gehen mir nicht allein da hin. Das ist einfach zu riskant. Ich komme mit und halte Ihr Händchen.«

»Das hat keinen Sinn, Gabby. Ich will eine Zeugin, aber keine Begleiterin. Nur wenn ich allein bin, kriege ich ihn möglicherweise zu irgend etwas.«

»Mein Gott«, stöhnte Gabby und verdrehte die Augen. »Wenn bloß mein Freund Larry hier wäre! Er hat gesagt, bei Verbrechen wäre ich total aufgeschmissen, wie recht er doch hatte. Sie wollen Sherlock-Holmes-Getue, stimmt's? Daß ich mich mit der Nase an der Luftklappe hinterm Lorbeer verstecke oder so.«

»Ach was. Aber es gibt eine Terrassentür und einen Garten, wo man überall Deckung findet.«

»Und einen Gärtner. Und wahrscheinlich auch einen Schäferhund.«

»Keinen Schäferhund. Bertha Rollo hat Hunde gehaßt. Und wir können es sowieso erst nach fünf machen, weil Rollo erst dann vom Büro nach Hause kommt. Nach fünf arbeitet kein Gärtner mehr. Sie können sich neben der Terrassentür an die Wand stellen und lauschen. Bei solchem Wetter sind die Luftklappen garantiert offen. Und wenn die Tür selbst nicht offen ist, könnte ich sie entriegeln, ehe er ins Zimmer kommt.«

»Vielleicht ist er schon vorher da.«

»Das glaube ich nicht. Er steckt meistens in seinem

Arbeitszimmer, einem winzigen Kabuff, das nach vorn hinaus geht. Er ist so dressiert.«

»Dann empfängt er Sie dort, wenn er überhaupt mit Ihrem Besuch einverstanden ist.«

»Unwahrscheinlich. Dazu ist er zu konventionell. Und natürlich ist er mit meinem Besuch einverstanden. Neugier ist nicht nur ein weiblicher Zug, das kann ich Ihnen versichern.«

»Mir gefällt das nicht. Es ist ein Spiel mit dem Feuer.«

»Aber damit spielen wir doch schon die ganze Zeit. Und knifflige Situationen erfordern knifflige Maßnahmen. Wir müssen gewisse Risiken eingehen.«

»Vielleicht gehen Sie eines zuviel ein.«

»Aber woher denn, es gibt doch noch ein Dienstmädchen. Äußerst tüchtig und auf Klingelzeichen sofort da. Sie würde nicht zulassen, daß ich ermordet werde. Für so etwas ist sie viel zu konservativ. Im Ernst, kommen Sie mit?«

»Ich habe ja schon manchen Blödsinn gemacht, aber das hier übertrifft alles. Und Sie sind auch noch Anwältin.«

»Sie würden sich wundern. Anwälte sind leider auch nur Menschen. Sie gehen Risiken ein, wie alle anderen auch.«

»Okay. Und wie wollen Sie Ihr Verhalten erklären, wenn sich herausstellt, daß er genauso unschuldig ist wie Dorothy Squirl?«

»Ich glaube nicht, daß er Erklärungen gewohnt ist. Wahrscheinlich hat ihm seine Frau keine einzige ihrer Handlungen erklärt, selbst wenn sie gekonnt hätte. Er wird davon ausgehen, daß jeder, der sich auf derlei Spielchen einläßt, um kein Haar besser ist.«

Gabrielle Patch schwieg eine Zeitlang. Dann sagte sie: »Ruth, ist da nicht ein Körnchen Wahrheit dran? Was haben Sie bei diesem Verein zu suchen? Mrs. Rollo und Miss Asshenden konnte ich verstehen. Sogar Cynthia Kestrel konnte ich verstehen, weil ich weiß, daß sie aus Gewinnsucht dabei war. Aber aus Ihnen werde ich einfach nicht schlau. Wollen Sie wirklich weitermachen mit diesem Unsinn?«

Ruth inspizierte ihre Fingernägel. »Ich weiß nicht, ob ich kann. Ich habe heute mit der ersten Post eine regelrechte Flut von Briefen bekommen. Sämtliche Damen der Wytt's End Luncheon League haben ihren Austritt erklärt.«

»Um so besser! Dann können Sie auch aufhören.«

»Ich weiß nicht, ob ich das will. Ich habe mich noch nicht entschieden.«

»Jetzt begreife ich gar nichts mehr.«

»Sie glauben also nicht, daß es heutzutage noch so etwas wie Idealisten gibt?«

»Na klar glaube ich das. Die hocken in Mansarden aufeinander und leben davon, daß sie ihre Frauen auf den Strich schicken. Aber Sie sind anders. Sie haben vielleicht Ideale, aber Sie sind zu scharfsinnig, um ein Ideal mit einem Versuchsmodell zu verwechseln. Nein, ich kann nur vermuten, daß ein Mann Sie übel im Stich gelassen hat und daß das hier ein radikaler Sublimierungsversuch ist.«

Als sie das betroffene Gesicht ihrer Freundin sah,

huschte über das ihre ein Ausdruck verblüfften, mitfühlenden Begreifens. »Tut mir leid«, murmelte sie undeutlich. »War blöd von mir. Vergessen Sie's.«

»Sie kommen also mit?« fragte Ruth, als hätte es nicht den geringsten Mißton gegeben.

»Ich komme mit.«

Und so saß Ruth Mirbel nun im Salon der verstorbenen Mrs. Rollo und wartete auf Mr. Rollo, den sie verdächtigte, ein Mörder zu sein. Die Rosen im Garten standen noch in voller Blüte, denn bis zum ersten Frost war es noch lange hin. Sie klammerten sich wie ertrinkende Seeleute an die Tragseile, und Gabrielle, die sich flach an die Hauswand drückte, fand, daß ihr Pfeil und Bogen als Requisit gut zu Gesicht gestanden hätten. Sie kam sich eher albern vor, als daß sie nervös war. Einen Moment lang hatte sie Ruths Gesicht an der Glasscheibe gesehen, aber die Terrassentür stand bereits einen Spalt offen, so daß in dieser Beziehung nichts mehr unternommen werden mußte. Ihren Standort hatte Gabrielle durch den Lieferanteneingang erreicht, den ein Gesträuch diskret von der Haupteinfahrt abschirmte, und zu ihrer Überraschung hatte sie sich viel mehr davor gefürchtet, vom Küchenpersonal als von Mr. Rollo erwischt zu werden.

Auch Ruth, die sich im Zimmer befand, verspürte keine Angst, obwohl sie sich eines Spannungszustandes bewußt war, wie ihn etwa ein Schauspieler am Premierenabend erlebt. Und diese Szene mußte aus dem Stegreif gespielt, improvisiert werden. Sie hoffte nur, daß ihre eigene Darstellungskunst genügen würde.

Er kam schleppenden Schritts ins Zimmer, und ihre erste Reaktion war Mitgefühl. Hatte sie ihn als vor Kummer abgezehrten Mann in Erinnerung, so war er mittlerweile kaum mehr als ein Skelett, über dessen Knochen sich eine graue, leblose Haut spannte. Es war lächerlich, sich vor so jemandem zu fürchten, und ihre ersten Worte waren beinahe sanft.

»Mr. Rollo, ich mußte sie unbedingt sprechen.«

»Miss Mirbel. Ja richtig, ich kenne Sie von der Bestattung meiner armen Frau. Und Sie waren ihr durch gewisse gemeinsame Aktivitäten verbunden, glaube ich. Möchten Sie sich nicht setzen?«

»Danke. Sie sehen nicht gut aus. Fehlt Ihnen etwas?«

»Ich bin nicht gesund. Aber das ist unwichtig. Weswegen sind Sie gekommen?«

»Mr. Rollo, Ihre Frau hat vor ihrem Tod einige Aufzeichnungen zum Aufbau und zur Satzung einer politischen Partei angefertigt. Haben Sie sie zur Hand?«

Falls derart trübe, tiefeingesunkene Augen überhaupt Emotionen zeigen konnten, so zeigten sie möglicherweise jetzt welche. Sein Gesichtsausdruck allerdings blieb unverändert, als er sagte:

»Ich weiß nicht annähernd, was alles zur Habe meiner Frau gehört. Ich habe noch nicht den Mut gehabt, sie durchzusehen – meine Frau ist so vielen, unterschiedlichen Aktivitäten nachgegangen. Wenn ich die Aufzeichnungen finde, schicke ich sie Ihnen zu, wenn Sie mir Ihre Adresse dalassen.«

»Meine Adresse hätte leicht das Gefängnis von Holloway sein können, Mr. Rollo.«

Nicht einmal das rief die geringste Überraschung hervor. Er sagte ohne besondere Betonung: »So?«

»Ja, ich bin nämlich verdächtigt worden, den Tod von Lady Cynthia Kestrel herbeigeführt zu haben, die, wie Sie zweifellos wissen, vorgestern abend an einer Dosis Zyankali im Whisky gestorben ist. Ich war nach den bisherigen Erkenntnissen die letzte Person, die bei ihr in der Wohnung war. Ich sagte, ich *war.*«

»Darf ich Ihre Bemerkung so verstehen, daß der Verdacht sich nun auf jemand anderen richtet? Vielleicht auf eine andere Dame, die mit Ihrer bemerkenswerten Organisation in Verbindung steht?«

Im Zimmer war es ganz still, friedlich und noch warm von der Nachmittagssonne. Sofas und Sessel in Mrs. Rollos Geschmack standen herum wie Wächter des Wohlstandes, die durch ihre luxuriöse Bequemlichkeit und unverwüstliche Solidität eine Ära des Immer-Gleichen garantieren. Mr. Rollo saß wie eine Erscheinung inmitten seiner Besitztümer, und es war unmöglich, ein derart respektables Gespenst mit Mord und Totschlag in Verbindung zu bringen.

Ruth sagte ruhig: »Ich denke, Sie wissen, wer Miss Asshenden und Lady Kestrel umgebracht hat.«

»So.« Er sagte es völlig tonlos. Möglicherweise hätte es ihn stärker beunruhigt, wenn sie ihn darauf hingewiesen hätte, daß seine Rosen Blattläuse hatten.

»Ja. Sehen Sie, Miss Asshendens Hauswirtin hat nach deren Tod unter anderen Papieren die Aufzeichnungen Ihrer Frau gefunden und sie mir überlassen.«

»Wenn Sie sie bereits haben, warum wenden Sie sich

dann an mich? Sie haben sich unter Vorspiegelungen falscher Tatsachen hier Zutritt verschafft; das Beste wird sein, ich läute dem Mädchen, damit sie Sie hinausbegleitet.«

»Mr. Rollo, ich weiß, daß diese Aufzeichnungen hier in Ihrem Haus waren und an dem Abend, als Miss Asshenden starb, zu ihr gebracht worden sind. Lady Kestrel und ich haben gehört, wie sie Sie darum gebeten hat.«

»Aber Lady Kestrel ist tot.«

»Und Sie sind dabei gesehen worden, wie Sie Lady Kestrels Wohnung nach deren Tod verlassen haben, und zwar von einer höchst achtbaren Hausfrau, die das auch vor Gericht bezeugen wird.« Sie hatte die Stimme erhoben und sagte, ebensosehr Gabbys wie Mr. Rollos wegen, laut und deutlich: »Somit ist Ihr Plan fehlgeschlagen, mir Ihr Verbrechen anzuhängen, mich dadurch loszuwerden und damit endgültig jede Hoffnung auf eine wirkliche Vertretung der Frauen und ihrer Rechte in der Politik dieses Landes zu zerstören. Falls ich je Zweifel hatte, haben Sie sie durch Ihre Infamie zerstreut. Jetzt, wo ich entlastet bin, werde ich dem Beispiel Ihrer Frau folgen und mit ganzer Kraft einen neuen Anlauf nehmen.«

»Bei Gott, das werden Sie nicht!« rief er und schoß wie ein Schachtelteufel vom Sessel hoch.

»Nichts und niemand wird mich daran hindern!«

»Doch, ich. Ich werde Sie daran hindern, so wie ich die anderen daran gehindert habe!«

Bei diesen Worten kam, mittlerweile ernsthaft beunruhigt, Gabby hereingestürzt. Aber der zum Schlag erhobene Arm hatte sich bereits wieder gesenkt. Er saß wieder im Sessel, das Gesicht schmerzverzerrt. Die Realität seiner

Qual und sein Bemühen, sie zu unterdrücken, ließ alles Vorausgegangene wie ein reines Melodram erscheinen.

»Was ist denn?« fragte Ruth, ohne die Frage als unstimmig zu empfinden. »Können wir Ihnen irgendwie helfen?«

»Ich habe unheilbar Krebs«, sagte er.

Sie standen da, schauten auf ihn herab und brachten kein Wort heraus. Er sprach als erster wieder. »Wer sind Sie?« fragte er Gabby, »und wo kommen Sie auf einmal her? Ach, ich verstehe, das hier ist ein *roman policier*. Ich bin mit einem Trick dazu gebracht worden, mich zu verraten. Die Falschheit von Frauen! Auch so einer ihrer angenehmen Züge!«

»Sie denken schlecht von uns.«

»Weder schlecht noch gut. Ich weiß einfach, wie Sie sind. Na, warum rufen Sie nicht die grüne Minna? Im Gefängniskrankenhaus kann ich bestimmt genauso bequem sterben wie hier, und mit weniger Aufwand.«

»Aber warum haben Sie es getan? Warum?«

»Ich kann einfach nicht glauben, daß Frauen dazu geeignet sind, die Regierung eines Landes zu übernehmen, auch nicht eines Landes, das seine besten Tage hinter sich hat und auf dem absteigenden Ast ist. Trotzdem habe ich Sie nie unterschätzt oder daran gezweifelt, daß die Drohung ernst zu nehmen ist. Ich weiß, daß Frauen stark und hartnäckig sind. Meine Frau war beides, und zwar in erschreckendem Maße. Was sie angefangen hat, hat sie auch zu Ende geführt. Ihr Ehrgeiz war ungeheuer, hat aber keinen Schaden angerichtet, weil er keine Richtung hatte, bis Sie ihm eine gegeben haben. Sie hätte Sie ins Parlament gebracht und an die Regierung, keine Frage. Und wenn sie das geschafft hätte, hätte sie alles zugrunde gerichtet, denn sie hatte nicht die leiseste Ahnung davon, was sie eigentlich tat. Gott sei Dank ist sie gestorben, bevor sie ihr Ziel erreichen konnte. Glauben Sie mir, damit hatte ich nichts zu tun. Mir ist dadurch klar geworden, daß die einzige Möglichkeit, eine Frau daran zu hindern, sich oder ihre Geschlechtsgenossinnen zum Narren zu machen, darin besteht, sie umzubringen.«

»Miss Asshenden und Lady Kestrel waren aber nicht wie Ihre Frau.«

»Nein, zugegeben. Aber waren sie auch nur einen Deut geeigneter für die Aufgabe? Selbst wenn meine Frau beschlossen hätte, die Welt zugrunde zu richten, hätte ich ihr kein Härchen gekrümmt, denn so dumm sie auch war, ich habe sie geliebt. Ich habe von früh bis spät für sie gearbeitet. Ich habe ihren Schwächen Vorschub geleistet. Ich habe ihr allen Komfort geboten, damit sie von einem verrückten Vorhaben zum anderen Amok laufen konnte. Und als ich erfahren habe, daß ich an dieser Krankheit sterbe, habe ich mich nicht getraut, es ihr zu sagen – um sie nicht zu verärgern. Aber als sie gestorben ist, lag mir nichts mehr am Leben. Was für ein Eingeständnis! Was die anderen angeht, da hatte ich überhaupt keine Gefühle. Es ist besser, daß sie tot sind.«

»Wie können Sie so etwas sagen?«

»Oh, ich bin ein guter Bürger. Ich kenne meine Pflicht gegenüber meinem Land. Und sie haben es mir so leicht gemacht, fast als wollten sie mir dabei behilflich sein. Miss Asshenden hat geglaubt, ich müßte mich wieder einmal gründlich ausschlafen. Sie hat mir ihre Tabletten gegeben und die Tasse Tee gemacht, in die ich sie hineinschütten konnte. Sie ist die Milch holen gegangen, ich habe die Tabletten im Tee aufgelöst, ihr die Tasse gereicht, und sie hat sie getrunken. So einfach war das. Und einen Moment lang habe ich geglaubt, ich hätte die Tassen verwechselt, so schlecht hat der Tee geschmeckt.«

»Zu Lady Kestrel waren Sie nicht so gnädig.«

»Nein, und das bedaure ich. Sie war ziemlich betrunken, deshalb hoffe ich, sie hat nicht allzusehr gelitten.«

»Wo haben Sie die Blausäure herbekommen?« fragte Gabby. Es war ihre erste Frage.

»Ich habe sie gar nicht bekommen. Meine verstorbene Frau hat sie bekommen, so wie sie alles bekommen hat, was sie wollte. Damit sollte ein Wespennest im Garten vernichtet werden, aber der Gärtner hatte andere Vorstellungen. Er hat die Wespen ausgeräuchert und das Fläschchen mir gegeben. Kein Gärtner läßt sich von einer Frau, und sei sie noch so despotisch, Vorschriften machen. Aber nicht einmal er traute sich, ihr zu sagen, daß er nicht gehorcht hatte.«

»Haben Sie noch etwas davon?«

»Nein, ich fand es schon aufopferungsvoll von mir, mich von dem zu trennen, was ich hatte. Um die Wahrheit zu sagen, ich habe es für mich selbst aufbewahrt. Ach, jetzt verstehe ich, was Sie befürchten. Sie glauben, ich ziehe es plötzlich aus der Tasche und versuche, meinem Schicksal zu entgehen. Keine Sorge, meine Beste. Ich sehe jetzt, daß meine Bemühungen nutzlos waren, und ich bin auch viel zu erschöpft, als daß es mir etwas ausmacht. Ich muß die Suppe auslöffeln, solange ich noch lebe, und Miss Mirbel wird ihren triumphalen Vormarsch auf eine nationale Katastrophe zu fortsetzen.«

»Männer können auch ohne Hilfe von Frauen Katastrophen anrichten«, sagte Ruth Mirbel. »Aber Sie können beruhigt sein, Mr. Rollo. Ich habe Sie angelogen. Ich werde den Kreuzzug nicht weiterführen, und ich werde das Kreuzfahrerheer auflösen.«

»Was für ein Gesinnungswandel! Und wieso das? Habe ich Sie überzeugt?«

»Nicht durch Ihre Taten. Aus dem, was Sie gesagt haben, habe ich allerdings etwas gelernt. Ich glaube, Sie und ich sind Opfer unserer jeweiligen Erfahrung. Aber ich bin einen Schritt weitergegangen als Sie, weil ich glaube, daß wir uns davon nicht verbittern oder von dieser Bitterkeit nicht unser Urteil trüben lassen dürfen. Die Gründung dieser Partei hieße, Mann und Frau noch stärker voneinander zu trennen, und um ihrer beider willen ist es notwendig, daß sie zusammenbleiben.«

»Sie sind also eine Idealistin, Miss Mirbel? Dann wären Sie mit meiner Blausäure besser bedient gewesen, denn Sie werden zwangsläufig leiden, und mit der Säure wäre es wenigstens schnell gegangen.«

»Ich denke, Sie sind auch ein Idealist. Und keiner von uns braucht zu verzweifeln. Für mich hat sich gezeigt, daß ganz normale Männer und Frauen, jeder mit seinen Fehlern, eine Einheit bilden können, in die jeder einbringt, was dem anderen fehlt; daß sie einander helfen, Verständnis füreinander haben und in einer Welt, die ihre Kinder vielleicht in Ordnung bringen werden, ein gewisses Maß von Glück finden können.«

»Amen.« Seine Klaue umklammerte Ruth Mirbels Hand. »Rufen Sie die Polizei, meine Liebe, und dann die langmütige Bates. Sie wird mir zu Bett helfen. Und danke für Ihre Zusicherungen. Wenn mehr Frauen wie Sie wären, wer weiß? Vielleicht wäre Ihre Partei eine gute Sache geworden.«

»Ach, ich habe auch meine Schwächen«, sagte Ruth Mirbel und ging zur Klingel hinüber, während die sachlichere Gabrielle ans Telefon trat.

Gabrielle war es auch, die dafür sorgte, daß das Fernsehinterview zustande kam. Es gab keinen Hebel, den sie nicht in Bewegung setzen konnte, wenn sie wollte, und obwohl ihre Kolumne viel gelesen wurde, war ihr klar, daß sie mit der umfassenden Macht und Reichweite dieses Monsters, das noch stärker als die Männer das Leben der Frauen beherrscht, nicht konkurrieren konnte. Ruth blieb nichts weiter zu tun, als die Antworten zu geben, und selbst das wurde für sie geregelt. Man hatte, wie sie fand, bis zum Erbrechen mit ihr geprobt, und ihr war mittlerweile so heiß und unbehaglich, daß sie drauf und dran war, ihren Text über Bord zu werfen und zu sagen, was ihr gerade in den Kopf kam. Man hatte sie außerdem geschminkt, und das Make-up betonte ihre amazonenhaften Züge. Sie fand, daß sie absolut gräßlich aussah, und Ermahnungen, sich zu entspannen, führten nur dazu, daß ihre Gesichtsmuskeln sich noch mehr verhärteten. Wahrscheinlich werde ich den Mund aufmachen, und es wird nichts herauskommen, dachte sie. Gibt es wirklich Leute, die das genießen? Unmöglich! Nichts machte ihr Mut, nicht einmal die sichere

Gewißheit, daß sämtliche Damen der Wytt's End Luncheon League um ihre Fernseher versammelt sein würden wie Wespen um einen Marmeladentopf. Die Wespen erinnerten sie an Edward Rollo, der zusehends verfiel, und die Erinnerung an ihn machte ihr sonderbarerweise Mut. Seltsam, im Gedanken an einen Doppelmörder Auftrieb zu finden, aber sie betrachtete ihn eher als Henker, der ohne Hoffnung auf Lohn oder Entgelt getan hatte, was er für seine Pflicht hielt. Wahrscheinlich würde Edward Rollo nicht zu ihren Zuschauern zählen; trotzdem würde er billigen, was sie zu sagen hatte, und wenn sie hier nicht so offen sein konnte wie im Gespräch mit ihm, so würde er das verstehen. Dieser Gedankengang leitete geradewegs zu dem fatalen Moment über. Plötzlich zählte jemand rückwärts; Techniker sahen zu ihr hin und formten mit den Lippen unhörbar das Wort »entspannen«, das rote Licht war an, und sie saß Millionen von Menschen gegenüber, die sie nicht sehen konnte. Ihr Interviewer feixte sie aufmunternd an und sagte mit fester Stimme: »Miss Mirbel, Sie standen in enger Verbindung mit der Bewegung zur Förderung der Sache der Frau, die die Absicht verfolgte, eine Partei zu gründen, der einzig und allein Frauen angehören sollten.«

Er klang eindeutig vorwurfsvoll, aber sie wußte, daß er im Grunde ein netter junger Mann war, der eine Freundin hatte, und so bemühte sie sich zurückzulächeln und antwortete genau nach Vorschrift: »So ist es.«

»Nun ist diese Idee durchs ganze Land gegangen und hat allem Anschein nach einen wilden Begeisterungstaumel ausgelöst. Wie erklären Sie sich das?«

»Es war wohl etwas Neues. Und vielleicht haben die Frauen das Gefühl gehabt, sie hätten etwas Wertvolles zur Lösung der heutigen Probleme beizutragen.«

»Die vielfältig sind, wie niemand bestreiten kann. Aber, Miss Mirbel, die Gründung Ihrer Partei ist von Anfang an auf erheblichen Widerstand gestoßen. Können Sie mir dafür eine Erklärung geben?«

»Sie erforderte einen Wandel der geltenden Meinung. Die Reaktion des durchschnittlichen Mannes bestand darin, ›Gott bewahre!‹ zu sagen und es dabei bewenden zu lassen.«

Der Interviewer gestattete sich das Lachen, das die Länge des Interviews zuließ, und fuhr wie geprobt fort. »Ich sage nicht, daß ich es ihm nicht nachfühlen kann. Aber auch in Ihren eigenen Reihen herrschte nicht völlige Harmonie?«

»Nein, denn unsere Aktivitäten gingen von der Mitgliedschaft eines Luncheon Club aus, der nur Teil einer größeren, an sich völlig unpolitischen Organisation war.«

»Aber das hätte sich mit der Zeit vielleicht regeln lassen?«

»Vielleicht.«

»Aber leider traten dann andere Ereignisse ein?«

»Ja.«

»Tragödien, genaugenommen. Drei Tragödien, eine nach der anderen. Die Hauptinitiatorin starb. Dann noch jemand. Und zum Schluß Lady Kestrel, eine bekannte Persönlichkeit.«

›Das würde ihr gefallen‹, dachte Ruth bei sich. Ein funkelnder Blick ihres Gesprächspartners erinnerte sie daran, daß sie etwas sagen mußte, und sie sagte hastig: »Ja, ganz recht.«

»Haben diese Tragödien Ihre Pläne in irgendeiner Weise geändert?«

Eigentlich hatte man festgelegt, daß diese Frage zum entscheidenden Punkt des Interviews, der möglichst schmerzlosen Liquidation der Frauenpartei, führen sollte. Doch an dieser Stelle hatte Ruth das verlogene Ping-pong plötzlich satt und schlug den Ball übers Netz ins Aus. »Nein«, sagte sie, »die Änderung der Pläne hat mit den Tragödien nicht das geringste zu tun. Jedenfalls nicht direkt. Sie ergibt sich aus der von uns allen im Klub geteilten Auffassung, daß die Zeit noch nicht reif dafür ist, daß die Frauen ihren Platz in der Regierung der Welt einnehmen. Sie sind noch nicht weit genug, weder in der Beherrschung ihrer Emotionen noch in ihrem logischen Verständnis. Die Männer wehren sich heftig gegen jeden Prestigeverlust und glauben nach wie vor, sie könnten häusliche und Staatsangelegenheiten besser regeln als die Durchschnittsfrau. Aber ich sage folgendes: Sie sollen gut aufpassen auf ihren Lorbeer, denn die Frauen sind ihnen dicht auf den Fersen und überholen sie vielleicht bald. Und das ist noch nicht alles. Sie sollen sich klug und mit neuer Einsicht um die eigentlichen Probleme der Frauen kümmern, damit sie nicht ein ganzes Geschlecht in die Opposition schicken, sondern ein Bündnis mit uns schließen können, das es beiden Teilen ermöglicht, sich endlich damit zu befassen, die Welt in Ordnung zu bringen. Ja, das mag eine weibliche Formulierung sein, aber sie hat den Vorteil der Einfachheit – kann irgendein Mann vielleicht eine bessere vorschlagen?« Sie sah ohne Furcht direkt in das Objektiv der Kamera, denn sie hatte ihr Lampenfieber vergessen und wußte, daß sie nie wieder vor so vielen Männern würde sprechen können, ob nun im Beisein ihrer Frauen oder allein; dann schloß sie:

»Eröffnet uns die Zukunft, und ihr werdet es nicht bereuen. Mann und Frau sollten sich zu einem Menschen ergänzen, und dieser Mensch sollte furchtlos vorwärtsgehen.«

Als sie Atem holte, sah sie, daß Ihr Interviewer ihr heftig Zeichen machte und erst damit aufhörte, als die Kamera unbarmherzig in seine Richtung schwenkte.

»Miss Mirbel, möchten Sie noch etwas zu den bereits eingegangenen Spenden sagen?«

»Ja, richtig«, sagte sie beiläufig, als sei das ein nebensächlicher Gesichtspunkt und keineswegs der Hauptzweck der Sendung. »Wir spenden die bereits zu unserer Verfügung stehenden Gelder der Krebsforschung. Ursprünglich wurde uns das Geld natürlich zur Gründung und Finanzierung einer Frauenpartei zugeschickt. Wenn jemand es allerdings lieber zurückhaben als einem anderen Zweck zugeführt sehen möchte, dann muß er sich lediglich melden, und die Summe wird zurückerstattet. Aber bitte tun Sie das in den nächsten vierzehn Tagen, denn ich ziehe um und möchte das vorher erledigt haben. Meine Adresse wird gleich eingeblendet, und da Sie zweifellos alle lesen können, überlasse ich es den Interessierten, sie sich aufzuschreiben; und ich hoffe, es sind nicht allzu viele«, fügte sie mit einem Aufblitzen der strahlenden Augen hinzu.

»Danke, Miss Mirbel«, sagte ihr Gesprächspartner mit einem Lächeln, dessen Wildheit sie an die verstorbene Lady Kestrel erinnerte.

»Ihretwegen habe ich überzogen«, zischte er sie an, sobald sie nicht mehr auf Sendung waren. »Und warum haben Sie mich nicht meine Arbeit machen lassen? Das kriege ich jetzt ewig und drei Tage zu hören.«

»Und wenn schon, es ist vorbei«, erinnerte sie ihn und dachte bei sich: ›Ja, es ist vorbei, jedenfalls bis zum nächsten Mal.‹ Und dabei dachte sie keineswegs an die Frauenpartei.

»Owen«, sagte Dudley. »Deine Mutter kann jetzt doch nicht Premierministerin werden. Du bekommst einen kleinen Bruder, damit du nicht übermütig wirst. Oder vielleicht eine Schwester, die kann dann eine nagelneue Frauenpartei gründen, wenn sie volljährig ist.«

»Es ist wirklich eine Schande in ihrem Alter«, sagte Owen, der vor Scham rot geworden war. »Das andere war schon schlimm genug, aber davon werde ich mich nie erholen.«

Aber Mrs. Squirl schämte sich keineswegs, sondern überlegte nur.

›Habe ich mich deshalb so komisch verhalten?‹ fragte sie sich. ›Mein Gott, wenn ja, wird es höchste Zeit, daß ich einen Kinderwagen schiebe.‹

Guy Cullingford im Diogenes Verlag

Post mortem
Roman. Aus dem Englischen von Helmut Degner und Peter Naujack. detebe 20369

Wenn Wünsche töten könnten
Roman. Deutsch von Irene Holicki
detebe 21591

Der Zauberer von Soho
Roman. Deutsch von Irene Holicki
detebe 21975

Frauen gemeinsam sind stark
Roman. Deutsch von Nikolaus Stingl
detebe 22528

Barbara Vine im Diogenes Verlag

Liebesbeweise

Roman. Aus dem Englischen von
Renate Orth-Guttmann. Leinen

»*Liebesbeweise* ist Barbara Vines bisher eindringlichster Exkurs in die dunklen Geheimnisse der Obsessionen des Herzens. Dieser Roman betrachtet und prüft mancherlei Arten von Liebe: die romantische Liebe, die elterliche Liebe, die abgöttische Liebe, die besitzergreifende Liebe, die selbstlose Liebe, die erotische Liebe, die platonische Liebe und die kranke Liebe.« *The New York Times Book Review*

»Wer die englische Autorin kennt, weiß, daß es in *Liebesbeweise* wieder um ein veritables Verbrechen geht, daß dieser Kriminalroman aber in Wirklichkeit wieder ein Reisebericht über eine zerklüftete Landschaft emotionaler Verstrickungen ist. Die Landschaften wechseln bei Barbara Vine, gleich bleibt die suggestive Verführungskraft, mit der sie ihre Leser in immer neue Abgründe zieht. Man wird süchtig... Eine besondere Stärke sind die überraschenden Wendungen, die ihre Handlungen nehmen, die quälenden Verzögerungen und rasanten Beschleunigungen, die sie einbaut.«
profil, Wien

»*Liebesbeweise* ist ein erfrischend verstörendes Epos.«
Hamburger Morgenpost

»Diese Frau ist einfach ein Phänomen. Und *Liebesbeweise* ist ein Spitzen-Thriller.«
Frankfurter Rundschau

Das Haus der Stufen

Roman. Deutsch von
Renate Orth-Guttmann. Leinen

Eine der großen Lügnerinnen der Welt nennt Elisabeth die junge Bell. Und trotzdem, oder vielleicht des-

wegen: noch nie zuvor war Elisabeth von einer Frau dermaßen fasziniert. Selbst als Bells kriminelle Vergangenheit offenkundig wird, kann sich Elisabeth nicht aus ihrer Liebe zu Bell lösen. Immer wieder findet sie Erklärungen und Entschuldigungen für das unglaubliche Verhalten dieser mysteriösen Frau.
Im ›Haus der Stufen‹ beginnt Eisabeths mütterliche Freundin Cosette ein neues, unangepaßteres Leben. Auch Bell kommt in das Haus, und schon tauchen seltsame Fragen auf: Was geschah mit Elisabeths Mutter? Warum war Bell im Gefängnis, und was ist ihr so sorgsam gehütetes Geheimnis? Und haben die ungewöhnliche Ähnlichkeit zwischen Bell und dem Bronzino-Portrait einen Zusammenhang mit der sterbenden Heldin in Henry James' ›Die Flügel der Taube‹?

»Barbara Vine alias Ruth Rendell ist in der englischsprachigen Welt längst zum Synonym für anspruchsvollste Kriminalliteratur geworden.« *ORF, Wien*

Es scheint die Sonne noch so schön

Roman. Deutsch von
Renate Orth-Guttmann
detebe 22417

Ein langer, heißer Sommer im Jahr 1976. Eine Gruppe junger Leute sammelt sich um Adam, der ein altes Haus geerbt hat. Sorglos leben sie in den Tag hinein, lieben, stehlen, existieren. Zehn Jahre später werden auf dem bizarren Tierfriedhof zwei Skelette gefunden – das einer jungen Frau und das eines Säuglings...

»Der Leser glaubt auf jeder zweiten Seite, den Schlüssel zur Lösung des scheinbar kriminellen Mysteriums in Händen zu halten, doch – der Schlüssel paßt nicht, sperrt nicht, klemmt... Keine Frage, dieser Roman ist ein geglückter Thriller, ein famos geglückter, wofür diese Autorin auch bürgt.« *Wiener Zeitung*

Die im Dunkeln sieht man doch

Roman. Deutsch von
Renate Orth-Guttmann
detebe 21826

Der Fall der Vera Hillyard, die kurz nach dem Krieg wegen Mordes zum Tod durch den Strang verurteilt und hingerichtet wurde, wird wieder aufgerollt. Briefe, Interviews, Erinnerungen, alte Photographien fügen sich zu einem Psychogramm, einer Familiensaga des Wahnsinns. Schicht um Schicht entblättert Barbara Vine die Scheinidylle eines englischen Dorfes, löst zähe Knoten familiärer Verflechtungen und entblößt schließlich ein Moralkorsett, dessen psychischer Druck nur noch mit Mord gesprengt werden konnte.

»Barbara Vine ist die beste Thriller-Autorin, die das an Krimi-Schriftstellern nicht eben arme England aufzuweisen hat. Ihr Buch ist ein Psycho-Thriller der Super-Klasse. Eine Reportage aus einer Zeit da die ›besseren Herren‹ bei Heirat noch eine Jungfrau erwarten durften – und die Frauen aus dem bürgerlichen Aufsteiger-Milieu eine Menge Tricks anwandten, um diesem Weltbild anscheinend zu entsprechen.«
Frankfurter Rundschau

»Es gibt Bücher, die man eher zufällig und ohne große Erwartungen in die Hand nimmt, um mal einen Blick hineinzuwerfen, und dann passiert es, daß man sich festliest und das Buch gar nicht mehr aus der Hand legen möchte. Barbara Vines Roman, raffiniert aufgebaut und meisterhaft erzählt, gehört für mich in diese Kategorie.« *Süddeutscher Rundfunk*